NOS **180** MEILLEURES RECETTES À LA
mijoteuse

COUP de POUCE

NOS 180 MEILLEURES RECETTES À LA mijoteuse

Les Éditions
Transcontinental

Sommaire

7 savoir-faire

13 amuse-gueule, collations et boissons

29 soupes et potages

67 ragoûts, chilis et caris

145 rôtis, braisés et côtes levées

185 sauces, boulettes et légumineuses

219 légumes et accompagnements

243 desserts

263 index

savoir-*FAIRE*

LES AVANTAGES DE LA MIJOTEUSE

Le principal avantage de la mijoteuse est, bien sûr, d'exiger un minimum d'efforts et de temps dans la cuisine. Mais il y en a d'autres.

→ On peut laisser cuire notre mijoté pendant la nuit ou pendant notre absence de façon sécuritaire.

→ Elle permet de préparer d'excellents bouillons et de cuire les plats de légumineuses à la perfection.

→ Dans une mijoteuse de bonne capacité (5 à 6 L), on peut préparer deux repas en même temps et congeler les restes (les plats mijotés se congèlent habituellement très bien jusqu'à 2 mois).

→ La mijoteuse garde au chaud les amuse-gueule, trempettes et autres plats durant les réceptions.

VIANDE ET VOLAILLE: LES COUPES À PRIVILÉGIER

Bonne nouvelle: les meilleures coupes pour la mijoteuse sont souvent les moins coûteuses. Peu importe la coupe choisie, il est recommandé d'enlever le gras visible avant la cuisson.

Pour les coupes de boeuf idéales, voir p. 148. Pour le porc, consulter les pp. 88 et 174. Pour le poulet, voir p. 112, et pour l'agneau, p. 99.

LES TEMPS DE CUISSON

Dans les recettes pour la mijoteuse, on indique souvent de 6 à 8 heures de cuisson. Pour expliquer cet écart, il faut savoir que le temps de cuisson peut varier d'une marque et d'un appareil à l'autre, même pour des mijoteuses de forme et de capacité identiques. Il est conseillé de vérifier la cuisson après le temps minimum indiqué pour éviter de trop cuire nos plats. Après une certaine période d'utilisation, il devient plus facile d'évaluer le temps de cuisson qui convient à notre appareil.

Intensité élevée ou faible?

La plupart des recettes de cet ouvrage cuisent à faible intensité, question de bien s'intégrer dans l'horaire chargé des familles d'aujourd'hui: ainsi, le repas sera prêt au retour à la maison et non en plein milieu de l'après-midi. La cuisson à intensité élevée tend à rendre la viande et la volaille filandreuses; la cuisson à faible intensité est donc un meilleur choix.

Si on souhaite accélérer la cuisson d'un plat, on peut démarrer à intensité élevée et passer à faible intensité au bout d'une heure ou au milieu de la cuisson. Par contre, il faut savoir que certains desserts doivent cuire à intensité élevée (nos recettes l'indiquent toujours).

ANATOMIE D'UNE MIJOTEUSE

Récipient intérieur Certaines mijoteuses sont munies d'un récipient intérieur en grès qu'on peut utiliser directement sur la cuisinière pour faire dorer les aliments, mais une mijoteuse de base jumelée à une cocotte ou un grand poêlon fera l'affaire.

Forme Les récipients intérieurs de forme ovale ou rectangulaire sont plus polyvalents que les ronds, surtout pour cuisiner de grosses pièces de viande.

Couvercle On s'assure qu'il ferme hermétiquement (il ne doit pas trop ballotter). On privilégie le verre transparent pour vérifier la cuisson sans le soulever et éviter les pertes de chaleur. Il est plein de condensation et on n'y voit rien? On le tapote légèrement pour chasser la condensation et suivre l'évolution de la cuisson.

Poignées Elles doivent être faciles à saisir avec des mitaines de four. Le récipient intérieur est déjà lourd et le sera davantage quand il sera plein de boeuf bourguignon.

Capacité On la choisit en fonction de nos besoins: nombre de personnes à nourrir, recettes envisagées (un poulet ou un rôti nécessitent un récipient de 4 L ou plus), cuisson en grande quantité pour faire des réserves, etc.
→ 1 ou 2 personnes: 1,5 à 2 L
→ 3 ou 4 personnes: 4 L
→ 5 personnes et plus: 5 à 6 L

Comment nettoyer notre mijoteuse

Laisser refroidir complètement le récipient intérieur en grès avant de le laver pour éviter qu'il ne se fissure au contact de l'eau.

Si le récipient intérieur est amovible, le mettre simplement au lave-vaisselle. Sinon, le nettoyer avec un linge doux et de l'eau chaude savonneuse. Ne pas utiliser de poudre abrasive ni de tampon à récurer, qui en abîmeraient la surface.

Si des aliments ont collé, remplir le récipient intérieur d'eau chaude et le laisser tremper avant de le nettoyer ou de le mettre au lave-vaisselle. Essuyer la base de la mijoteuse avec un linge doux.

La salubrité des aliments

Il n'est pas recommandé de faire dorer la viande et les légumes la veille, de les déposer dans la mijoteuse et de la ranger au frigo pour la nuit. Une viande ou une volaille cuite partiellement est un milieu particulièrement propice à la prolifération des bactéries. Pour prendre de l'avance, on conseille plutôt de couper les légumes (à l'exception des pommes de terre, qui ont tendance à noircir), de préparer la viande (retirer le gras, la couper en morceaux), de calculer les quantités des autres ingrédients comme les assaisonnements et les liquides et de réfrigérer chaque élément dans des contenants séparés. Le lendemain, on est prêt à poursuivre la recette.

On ne réchauffe jamais un plat à la mijoteuse: elle met trop de temps à atteindre une température suffisamment élevée pour écarter tout danger de prolifération de bactéries.

SIX CONSEILS ESSENTIELS

→ **Pas de coup d'oeil!** Soulever le couvercle pour jeter un coup d'oeil à la préparation ou pour la remuer entraîne une perte de chaleur et prolonge le temps de cuisson (on doit alors ajouter 15 à 20 minutes au temps indiqué dans la recette). On soulève le couvercle uniquement pour vérifier la cuisson, retourner un ingrédient ou ajouter un épaississant à la fin de la cuisson.

→ **Laisser de l'espace pour le liquide.** Lorsqu'on rassemble les ingrédients dans la mijoteuse, il est possible que le liquide ne couvre pas totalement les ingrédients solides. La quantité de liquide augmentera au fur et à mesure que les aliments libéreront leur jus et que se formera la vapeur, qui ne peut s'échapper de la mijoteuse. Il faut donc laisser au moins 2 po (5 cm) d'espace entre les aliments et le bord de la mijoteuse pour que la préparation puisse mijoter.

→ En règle générale, **la mijoteuse devrait toujours être remplie au moins à la moitié** et pas plus qu'aux deux tiers ou aux trois quarts.

→ **Toujours décongeler complètement la viande et la volaille au réfrigérateur** avant de les mettre dans la mijoteuse. Les légumes surgelés, quant à eux, peuvent être ajoutés en fin de cuisson et cuits jusqu'à ce qu'ils soient tendres.

→ **Lorsqu'on soulève le couvercle,** on essaie de ne pas l'incliner pour éviter que les gouttelettes d'eau produites par la condensation ne tombent dans la mijoteuse. Et on prend garde de ne pas se placer le visage directement au-dessus de la vapeur chaude.

→ **Pour prendre de l'avance ou faire des réserves,** on transfère le contenu de la mijoteuse dans des petits plats peu profonds. On laisse refroidir à découvert à la température ambiante environ 30 minutes, puis on place au réfrigérateur, toujours à découvert, jusqu'à complet refroidissement. On ferme les plats et on les conserve au réfrigérateur ou au congélateur le temps indiqué dans la recette.

COMMENT ADAPTER NOS RECETTES PRÉFÉRÉES À LA CUISSON LENTE

Voici les règles de base qui valent pour à peu près toutes les recettes.

→ **Faire dorer la viande.** La première étape consiste à faire dorer la viande ou la volaille, puis les oignons, l'ail et les autres légumes. On utilise le plus souvent une cocotte ou un grand poêlon. Quant aux poissons et aux crustacés, on les ajoute environ 1 heure avant la fin de la cuisson et on règle la mijoteuse à intensité faible.

→ **Disposer les aliments.** Les légumes-racines cuisent plus lentement à la mijoteuse qu'au four. Pour cette raison, on les coupe en morceaux de 1 po (2,5 cm) et on les place dans la mijoteuse en premier, sous la viande et la volaille.

→ **Régler la température.** La cuisson à faible intensité (*low*) convient à la plupart des recettes. La cuisson à intensité élevée (*high*) fait durcir la viande et la volaille.

→ **Diminuer la quantité de liquide.** La plupart des recettes adaptées pour la mijoteuse nécessitent environ 50 % moins de liquide. En effet, le liquide contenu dans la mijoteuse ne s'évapore pas, ce qui n'est pas le cas pour la cuisson sur la cuisinière ou au four. Après avoir adapté une recette, si on s'aperçoit qu'il reste beaucoup trop de liquide à la fin de la cuisson, on dégraisse la surface, on filtre le bouillon dans une rôtissoire ou une casserole peu profonde et on le fait bouillir jusqu'à ce qu'il atteigne la consistance désirée. L'ajout d'agents épaississants comme la farine ou la fécule de maïs dans les dernières minutes de cuisson peut être nécessaire. D'ailleurs, les recettes pour la mijoteuse comprennent souvent cette étape.

→ **Ajouter de la saveur.** Dans une mijoteuse, le goût des fines herbes et des épices s'atténue. On conseille de les ajouter en fin de cuisson et de ne pas hésiter à en augmenter un peu la quantité.

→ **Adapter certains ingrédients.** On recommande d'ajouter les poivrons verts en fin de cuisson seulement pour éviter qu'ils ne deviennent amers. De la même façon, on ajoutera les produits laitiers comme la crème et la crème sure dans les dernières minutes de cuisson afin d'éviter que le gras ne se sépare.

Ajuster le temps de cuisson

CUISSON TRADITIONNELLE	À LA MIJOTEUSE, À INTENSITÉ ÉLEVÉE	À LA MIJOTEUSE, À FAIBLE INTENSITÉ
15 à 30 minutes	1 1/2 à 2 heures	4 à 6 heures
35 à 45 minutes	3 à 4 heures	6 à 10 heures
50 minutes à 3 heures	4 à 6 heures	8 à 12 heures

Les ingrédients suivants devraient être ajoutés seulement en fin de cuisson.

→ **Les fines herbes fraîches** Une cuisson prolongée leur fait perdre leur arôme. On devrait les ajouter pas plus de 10 minutes avant la fin de la cuisson. Sinon, on peut utiliser la même herbe séchée en début de cuisson, mais en réduisant la quantité environ du tiers.

→ **Les poivrons** Ils deviennent amers si on les cuit trop longtemps. Les ajouter de 10 à 15 minutes avant la fin de la cuisson et poursuivre à intensité élevée.

→ **La crème et la crème sure** On veut éviter que le gras ne se sépare et donne une apparence peu appétissante à nos plats. On les ajoute en fin de cuisson pour les réchauffer (ne pas cuire).

→ **Les pâtes et le riz** On les cuit séparément et on les ajoute au reste de la recette au cours des 30 dernières minutes de cuisson. De cette façon, ils ne deviennent pas gluants.

Épaissement 101

Dans la plupart de nos recettes à la mijoteuse, on propose l'ajout d'un agent épaississant, qui permet d'obtenir de belles sauces onctueuses. Si on souhaite adapter nos propres recettes, voici comment procéder.

→ Fécule de maïs Mélanger 1 1/2 c. à thé (7 ml) de fécule avec 2 c. à tab (30 ml) d'eau froide pour chaque tasse (250 ml) de liquide. En fin de cuisson, ajouter la fécule délayée au liquide de cuisson dégraissé. Poursuivre la cuisson à intensité élevée de 15 à 30 minutes (remuer une fois). Ou encore, filtrer le liquide dans une petite casserole, ajouter le mélange de fécule et faire bouillir jusqu'à la consistance désirée.

→ Farine Procéder comme avec la fécule en utilisant de 1 à 2 c. à tab (15 à 30 ml) de farine et 2 c. à tab (30 ml) d'eau froide pour chaque tasse (250 ml) de liquide.

→ Tapioca à cuisson rapide On trouve le tapioca à cuisson rapide (de type Minit Tapioca) dans les supermarchés, avec les ingrédients pour la pâtisserie (farine, sucre). Le tapioca est fait de farine de manioc et n'affecte ni le goût ni la couleur des plats. Son principal atout: on peut l'ajouter au début de la cuisson, ce qui nous évite d'avoir à faire épaissir le liquide de cuisson avant de servir. On moud finement le tapioca et on l'ajoute en début de cuisson avec les autres ingrédients. On utilise 1 1/2 c. à thé (7 ml) de tapioca pour chaque tasse (250 ml) de liquide.

LES SECRETS DE LA SAVEUR

On a tendance à croire qu'il suffit de déposer les ingrédients dans la mijoteuse et de la laisser faire le boulot pour nous. Si cette façon de procéder peut convenir à certaines préparations comme les soupes, l'expérience montre qu'on obtient des petits plats beaucoup plus savoureux lorsqu'on fait revenir la viande et la volaille avec l'ail, les oignons et les champignons avant de les déposer dans la mijoteuse. Aussi, en faisant dorer la viande et la volaille au préalable, on peut retirer une partie du gras.

→ Avant de les faire dorer, passer la viande et la volaille dans la farine, si possible. Cette étape leur ajoute de la saveur et permet de colorer les cubes ou les morceaux plus rapidement. On peut utiliser le reste de la farine pour épaissir le liquide de cuisson et en faire une sauce.

→ Faire dorer les cubes de viande ou de volaille par petites quantités, environ 8 oz (250 g) à la fois. Si on a trop de viande dans notre poêlon, elle bouillera au lieu de bien dorer. Au besoin, on rajoute de l'huile et on réchauffe le poêlon.

ON LIT AVANT TOUT

Peu importe le mode de cuisson ou le plat qu'on veut préparer, il est impératif de lire la recette en entier avant de commencer. Pour réduire le risque d'oublier des ingrédients, on les rassemble et on les mesure avant de commencer à cuisiner.

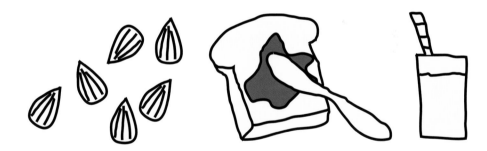

amuse-gueule,
COLLATIONS
ET BOISSONS

14

Donne environ
3 t (750 ml).
↓
Préparation:
15 min
↓
Cuisson: 2 h

Trempette au fromage à la crème, aux tomates séchées et aux artichauts

Une savoureuse trempette à servir avec un assortiment de craquelins, des croustilles de pain pita et des légumes.

1	boîte de coeurs d'artichauts, égouttés et hachés (14 oz/398 ml)	1	1/4 t	parmesan râpé	60 ml
			1/4 t	tomates séchées conservées dans l'huile, égouttées et hachées	60 ml
1	paquet de fromage à la crème ramolli, coupé en cubes (250 g)	1	1	gousse d'ail hachée finement	1
1/2 t	crème sure	125 ml	1/4 c. à thé	poivre noir du moulin	1 ml
1/2 t	mayonnaise	125 ml	2 c. à tab	oignons verts hachés	30 ml

→ Dans la mijoteuse, mélanger les coeurs d'artichauts, le fromage à la crème, la crème sure, la mayonnaise, le parmesan, les tomates séchées, l'ail et le poivre. Couvrir et cuire à faible intensité pendant environ 2 heures ou jusqu'à ce que la trempette soit chaude et homogène (remuer deux fois). Au moment de servir, parsemer la trempette des oignons verts.

PAR PORTION de 2 c. à tab (30 ml): cal.: 89; prot.: 2 g; m.g.: 8 g (4 g sat.); chol.: 16 mg; gluc.: 2 g; fibres: 1 g; sodium: 88 mg.

↓
Donne 9 t (2,25 L).
↓
Préparation:
15 min
↓
Cuisson: 3 h

Méli-mélo de céréales et d'arachides au cari

Préparer un méli-mélo à la mijoteuse? Surprenant et facile à faire. En plus, on peut varier la recette en fonction des céréales et des noix qu'on a sous la main.

2 t	bretzels miniatures	500 ml		1/3 t	beurre	80 ml
2 t	céréales multigrains (de type Cheerios)	500 ml		2 c. à tab	pâte de cari douce (de type Patak's)	30 ml
2 t	carrés de céréales de blé (de type Shreddies)	500 ml		1 c. à thé	sauce Worcestershire	5 ml
2 t	bâtonnets au fromage (de type Christie)	500 ml		1/4 c. à thé	poudre d'ail	1 ml
1 t	arachides non salées	250 ml		1/4 c. à thé	poudre d'oignon	1 ml

→ Dans la mijoteuse, mélanger les bretzels, les céréales, les bâtonnets au fromage et les arachides.

→ Dans une petite casserole, faire fondre le beurre avec la pâte de cari, la sauce Worcestershire et les poudres d'ail et d'oignon en brassant. Verser sur la préparation de céréales et mélanger délicatement pour bien l'enrober. Couvrir et cuire à faible intensité pendant environ 3 heures ou jusqu'à ce que les céréales soient croustillantes (remuer deux fois).

→ Étaler la préparation de céréales sur des plaques de cuisson et laisser refroidir. (Vous pouvez préparer le méli-mélo à l'avance et le mettre dans un contenant hermétique. Il se conservera jusqu'à 2 jours à la température ambiante.)

PAR PORTION de 1/2 t (125 ml): cal.: 170; prot.: 4 g; m.g.: 10 g (3 g sat.); chol.: 10 mg; gluc.: 17 g; fibres: 2 g; sodium: 287 mg.

Bouchées de noix au miel et à la cannelle

On peut utiliser un seul type de noix ou un mélange pour préparer ces exquises bouchées. Un conseil: il faut bien laisser refroidir la préparation avant de la briser en bouchées.

↓
Donne environ
4 t (1 L).
↓
Préparation:
15 min
↓
Cuisson: 2 h

| 1/2 t | miel liquide | 125 ml | 1/2 c. à thé | sel de mer | 2 ml |
| 1 c. à thé | cannelle moulue | 5 ml | 4 t | noix mélangées non salées | 1 L |

→ Dans une grande tasse à mesurer en verre, mélanger le miel, la cannelle et le sel. Chauffer au micro-ondes à intensité maximum pendant environ 1 minute ou jusqu'à ce que la préparation soit bouillonnante. Bien remuer.

→ Mettre les noix dans la mijoteuse, verser la préparation de miel et mélanger délicatement pour bien les enrober. Couvrir et cuire à intensité élevée pendant environ 2 heures ou jusqu'à ce que les noix soient chaudes et glacées et qu'elles dégagent leur arôme (remuer toutes les 30 minutes).

→ Étaler le mélange de noix sur des plaques de cuisson bien huilées ou tapissées de papier-parchemin et laisser refroidir. Briser la préparation refroidie en bouchées. (Vous pouvez préparer les bouchées à l'avance et les mettre dans un contenant hermétique en séparant chaque étage d'une feuille de papier ciré. Elles se conserveront jusqu'à 2 jours à la température ambiante.)

PAR PORTION de 1/4 t (60 ml): cal.: 251; prot.: 6 g; m.g.: 20 g (3 g sat.); chol.: aucun; gluc.: 16 g; fibres: 3 g; sodium: 53 mg.

Amandes au tamari

Le tamari est une sauce soja japonaise naturellement fermentée généralement vendue dans les magasins d'aliments naturels. En cuisant lentement dans la mijoteuse, les amandes s'imprègnent de la saveur typique de cette sauce.

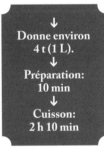

↓
Donne environ
4 t (1 L).
↓
Préparation:
10 min
↓
Cuisson:
2 h 10 min

| 4 t | amandes non blanchies | 1 L | 1/4 c. à thé | sel de mer | 1 ml |
| 3 c. à tab | sauce tamari ou sauce soja | 45 ml | | | |

→ Étaler les amandes sur une plaque de cuisson. Cuire au four préchauffé à 350°F (180°C) pendant environ 8 minutes ou jusqu'à ce qu'elles dégagent leur arôme.

→ Dans la mijoteuse, mélanger les amandes et la sauce tamari. Couvrir et cuire à intensité élevée pendant 2 heures (remuer toutes les 30 minutes). Ajouter le sel et mélanger.

→ Étaler les amandes sur une plaque de cuisson et laisser refroidir. (Vous pouvez préparer les amandes au tamari à l'avance et les mettre dans un contenant hermétique. Elles se conserveront jusqu'à 2 jours à la température ambiante.)

PAR PORTION de 1/4 t (60 ml): cal.: 207; prot.: 8 g; m.g.: 18 g (1 g sat.); chol.: aucun; gluc.: 7 g; fibres: 4 g; sodium: 212 mg.

VARIANTE
Noix de Grenoble au sel et au poivre

Remplacer les amandes par des noix de Grenoble, omettre la sauce tamari et augmenter la quantité de sel de mer à 1 c. à thé (5 ml). Mélanger les noix avec 2 c. à tab (30 ml) d'huile végétale, le sel et 1 c. à thé (5 ml) de poivre noir du moulin. Cuire tel qu'indiqué pour les amandes.

Fondue suisse

Pour garder la fondue à la température de service pendant une fête ou un repas, la mijoteuse est géniale: adieu dégât et combustible inflammable!
On l'accompagnera des traditionnels cubes de pain baguette, de bouquets de brocoli et de chou-fleur blanchis, de crevettes cuites et de petites pommes de terre vapeur.

↓
20 portions
(en hors-d'oeuvre)
↓
Préparation:
20 min
↓
Cuisson:
35 à 50 min

1	gousse d'ail coupée en deux	1	1/4 t	farine	60 ml
1 3/4 t	vin blanc sec	430 ml	1	pincée de poivre noir du moulin	1
8 oz	emmental râpé (2 t/500 ml)	250 g	1	pincée de noix de muscade râpée	1
8 oz	gruyère râpé (2 t/500 ml)	250 g			

Truc cuisine

Il est important de porter le vin à ébullition sur la cuisinière avant de le verser dans la mijoteuse. Il aide à faire fondre le fromage plus rapidement et, comme l'alcool s'est évaporé, la saveur de la fondue est plus douce. On peut ainsi apprécier le goût du fromage plutôt que celui du vin.

→ Frotter la paroi intérieure de la mijoteuse avec le côté coupé de l'ail (jeter l'ail). Régler la mijoteuse à intensité élevée, couvrir et chauffer pendant environ 5 minutes ou jusqu'à ce que la paroi intérieure soit chaude.

→ Entre-temps, verser le vin dans une casserole et porter à ébullition à feu moyen. Dans un grand bol, mélanger l'emmental, le gruyère et la farine.

→ Verser le vin bouillant dans la mijoteuse. Ajouter le mélange de fromages par poignées, en brassant bien après chaque addition. Couvrir et cuire à intensité élevée de 30 à 45 minutes ou jusqu'à ce que le fromage ait fondu. Ajouter le poivre et la muscade et mélanger. Garder au chaud sur la fonction maintien au chaud (*warm*).

PAR PORTION: cal.: 98; prot.: 7 g; m.g.: 7 g (4 g sat.); chol.: 22 mg; gluc.: 2 g; fibres: traces; sodium: 60 mg.

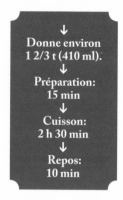

↓
**Donne environ
1 2/3 t (410 ml).**
↓
**Préparation:
15 min**
↓
**Cuisson:
2 h 30 min**
↓
**Repos:
10 min**

Tartinade aux haricots blancs et à l'ail rôti

Une tartinade colorée et facile à préparer à servir avec des croustilles de pain pita ou des crudités.

1	bulbe d'ail rôti (voir recette, p. 236)	1	1/4 c. à thé	sauce tabasco	1 ml
1	boîte de haricots blancs, égouttés et rincés (19 oz/540 ml)	1	1/4 t	olives noires dénoyautées conservées dans l'huile, coupées en dés	60 ml
2 c. à tab	huile d'olive	30 ml	1/4 t	poivrons rouges grillés en pot, égouttés et coupés en dés	60 ml
1 c. à thé	vinaigre de vin blanc	5 ml			
1/4 c. à thé	sel	1 ml			

À PROPOS

Cette tartinade fera un délicieux complément à un plateau d'antipasti composé de tomates raisins, de salami et de fromage feta.

→ Dans le récipient du robot culinaire, presser les gousses d'ail rôti pour en extraire la pulpe. Ajouter les haricots blancs, l'huile, le vinaigre de vin, le sel et la sauce tabasco et réduire en purée presque lisse. Mettre la purée de haricots dans la mijoteuse. Couvrir et cuire à faible intensité de 2 1/2 à 3 heures ou jusqu'à ce que la préparation soit fumante (remuer une fois). Ajouter les olives et les poivrons grillés et mélanger.

→ Sélectionner la fonction maintien au chaud (*warm*) et laisser reposer pendant 10 minutes.

PAR PORTION de 2 c. à tab (30 ml): cal.: 57; prot.: 2 g; m.g.: 3 g (traces sat.); chol.: aucun; gluc.: 7 g; fibres: 2 g; sodium: 166 mg.

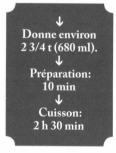

↓
**Donne environ
2 3/4 t (680 ml).**
↓
**Préparation:
10 min**
↓
**Cuisson:
2 h 30 min**

Tartinade aux haricots noirs et au cheddar

Il suffit de servir un bol de cette tartinade chaude avec un petit couteau, des craquelins, des tranches de légumes croquants ou des croustilles de maïs pour que la fête commence!

1	boîte de haricots noirs, égouttés et rincés (19 oz/540 ml)	1	1/4 t	salsa douce ou forte du commerce	60 ml
3 t	cheddar fort râpé	750 ml	1	trait de sauce tabasco	1
			1/4 t	coriandre fraîche, hachée	60 ml

SOLUTION DE RECHANGE

Dans ces deux recettes de tartinade, on peut remplacer les haricots en conserve par 2 t (500 ml) de haricots cuits maison (voir encadré, p. 213).

→ Au robot culinaire, réduire les haricots noirs en purée presque lisse. Mettre la purée de haricots dans la mijoteuse. Ajouter le fromage, la salsa et la sauce tabasco et mélanger. Couvrir et cuire à faible intensité de 2 1/2 à 3 heures ou jusqu'à ce que la préparation soit fumante et que le fromage ait fondu (remuer une fois). Ajouter la moitié de la coriandre et mélanger. Servir la tartinade parsemée du reste de la coriandre.

PAR PORTION de 2 c. à tab (30 ml): cal.: 81; prot.: 5 g; m.g.: 5 g (3 g sat.); chol.: 16 mg; gluc.: 4 g; fibres: 1 g; sodium: 178 mg.

Vin rouge chaud à la canneberge

Le cocktail aux canneberges rouges est préparé à partir de canneberges rouges bien mûres, tandis que le blanc provient de canneberges à peine rosées. On peut utiliser l'un ou l'autre pour ce vin chaud, le rouge lui donnant une teinte festive et le blanc, une agréable acidité sans la couleur.

4	gousses de cardamome	4	1	bouteille de vin rouge (750 ml)	1
1	bâton de cannelle de 3 po (8 cm) de longueur, brisé en morceaux	1	2 c. à tab	sucre (environ)	30 ml
			1	citron coupé en tranches fines	1
6	grains de piment de la Jamaïque ou clous de girofle	6	1	orange coupée en tranches fines	1
4 t	cocktail aux canneberges rouges	1 L			

→ Avec le plat d'un grand couteau, écraser légèrement les gousses de cardamome. Mettre la cardamome, la cannelle et les grains de piment de la Jamaïque sur une double épaisseur d'étamine (coton à fromage) de 6 po (15 cm) de côté et l'attacher avec de la ficelle de cuisine de manière à former une pochette.

→ Dans la mijoteuse, mélanger le cocktail aux canneberges, le vin et le sucre. Ajouter la pochette d'épices, puis la moitié des tranches de citron et d'orange. Couvrir et cuire à faible intensité pendant environ 4 heures ou jusqu'à ce que la préparation soit fumante. Retirer les tranches de citron et d'orange et la pochette d'épices. Ajouter du sucre, si désiré, et mélanger. Au moment de servir, ajouter le reste des tranches de citron et d'orange.

PAR PORTION: cal.: 96; prot.: traces; m.g.: traces (aucun sat.); chol.: aucun; gluc.: 24 g; fibres: traces; sodium: 7 mg.

↓
8 portions
↓
Préparation: 15 min
↓
Cuisson: 4 h

VARIANTE

Vin blanc chaud

Remplacer le vin rouge par du vin blanc sec, comme un riesling, et le cocktail aux canneberges rouges par du cocktail aux canneberges blanches.

À PROPOS

Le premier ajout de citron et d'orange donne de la saveur au vin chaud, alors que le second sert de garniture. Des agrumes laissés trop longtemps dans du vin chaud ont tendance à lui donner un goût amer.

Thé chaud à la canneberge

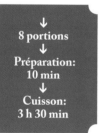

Rien de tel que cette boisson réconfortante pour accueillir la famille ou les amis les journées froides d'automne ou d'hiver. Comme ce thé n'est pas sucré, placer du sucre ou du miel près de la mijoteuse afin que chacun puisse le sucrer à son goût et des bâtons de cannelle pour le remuer.

4	bâtons de cannelle brisés en morceaux	4	4 t	cocktail aux canneberges rouges	1 L
2	anis étoilés	2	4 t	thé infusé chaud	1 L
6	clous de girofle	6			
2	lanières de zeste d'orange de 3 po x 1 po (8 cm x 2,5 cm) chacune	2			

→ Mettre la cannelle, les anis étoilés, les clous de girofle et le zeste d'orange sur une double épaisseur d'étamine (coton à fromage) de 6 po (15 cm) de côté et l'attacher avec de la ficelle de cuisine de manière à former une pochette. Mettre la pochette d'épices dans la mijoteuse.

→ Ajouter le cocktail aux canneberges. Couvrir et cuire à faible intensité pendant environ 3 1/2 heures ou jusqu'à ce que la préparation soit fumante. Retirer la pochette d'épices. Ajouter le thé et mélanger. Garder au chaud sur la fonction maintien au chaud (*warm*).

PAR PORTION: cal.: 37; prot.: aucune; m.g.: aucune; chol.: aucun; gluc.: 9 g; fibres: aucune; sodium: 3 mg.

Boisson chaude à la pomme et à la grenade

↓
12 portions
↓
Préparation: 10 min
↓
Cuisson: 4 h

1	bâton de cannelle brisé en morceaux	1
5	clous de girofle	5
5	grains de piment de la Jamaïque	5

2	tranches de gingembre frais	2
6 t	jus de pomme	1,5 L
3 t	jus de grenade pur	750 ml
1/4 t	miel liquide	60 ml

→ Mettre la cannelle, les clous de girofle, les grains de piment de la Jamaïque et le gingembre sur une double épaisseur d'étamine (coton à fromage) de 6 po (15 cm) de côté et l'attacher avec de la ficelle de cuisine de manière à former une pochette. Mettre la pochette d'épices dans la mijoteuse.

→ Ajouter le jus de pomme, le jus de grenade et le miel. Couvrir et cuire à faible intensité pendant environ 4 heures ou jusqu'à ce que la préparation soit fumante. Retirer la pochette d'épices.

PAR PORTION: cal.: 120; prot.: traces; m.g.: traces (aucun sat.); chol.: aucun; gluc.: 30 g; fibres: traces; sodium: 10 mg.

Boisson chaude à la tomate et au céleri

↓
8 portions
↓
Préparation: 15 min
↓
Cuisson: 4 h

Pour le service, placer des tasses garnies de bâtonnets de céleri et de tranches de citron près de la mijoteuse, ainsi qu'une bouteille de vodka pour les personnes qui désirent en ajouter. Mettre aussi la sauce tabasco à la disposition des amateurs de boissons épicées.

6 t	jus de tomate ou jus de légumes	1,5 L
2 c. à tab	jus de citron	30 ml
1 c. à tab	cassonade tassée (facultatif)	15 ml
1	branche de céleri avec les feuilles, coupée en quatre morceaux	1

1 c. à tab	sauce Worcestershire	15 ml
1 c. à thé	raifort en crème	5 ml
1/4 c. à thé	sauce tabasco	1 ml
8	tranches fines de citron, les pépins enlevés	8
8	bâtonnets de céleri avec les feuilles	8

→ Dans la mijoteuse, mélanger le jus de tomate, le jus de citron et la cassonade, si désiré. Ajouter les morceaux de céleri. Couvrir et cuire à faible intensité pendant environ 4 heures ou jusqu'à ce que la préparation soit fumante. Retirer le céleri.

→ Ajouter la sauce Worcestershire, le raifort et la sauce tabasco et mélanger. Verser la boisson dans huit grandes tasses. Garnir chacune d'une tranche de citron et d'un bâtonnet de céleri.

PAR PORTION: cal.: 38; prot.: 2 g; m.g.: traces (aucun sat.); chol.: aucun; gluc.: 10 g; fibres: 2 g; sodium: 695 mg.

Chocolat chaud classique

Pour une touche irrésistible, garnir chaque portion de ce délicieux chocolat chaud d'une cuillerée de crème fouettée et parsemer de chocolat râpé.

↓
8 portions
↓
Préparation: 10 min
↓
Cuisson: 4 h

12 oz	chocolat mi-sucré haché finement	375 g	7 t	lait	1,75 L
			1 c. à thé	vanille	5 ml

→ Mettre le chocolat et le lait dans la mijoteuse. Couvrir et cuire à faible intensité pendant environ 4 heures ou jusqu'à ce que la préparation soit fumante.

→ À l'aide d'un mélangeur à main ou d'un fouet, mélanger la préparation jusqu'à ce qu'elle soit mousseuse. Ajouter la vanille et mélanger.

PAR PORTION: cal.: 327; prot.: 9 g; m.g.: 15 g (9 g sat.); chol.: 18 mg; gluc.: 38 g; fibres: 3 g; sodium: 89 mg.

soupes
ET POTAGES

Soupe aux légumes, au boeuf haché et au riz

Si on le souhaite, on peut garnir chaque portion de soupe de cheddar ou de parmesan râpé, ou encore d'une tranche de citron et de persil haché.

1/2 lb	boeuf haché maigre	250 g	1 c. à thé	romarin séché	5 ml
2	grosses carottes, coupées en dés	2	1/2 c. à thé	sel	2 ml
1	gros oignon, haché	1	1/2 c. à thé	poivre noir du moulin	2 ml
2	branches de céleri coupées en dés	2	6 t	bouillon de boeuf	1,5 L
1/2	poivron rouge coupé en dés	1/2	2 t	eau	500 ml
2	gousses d'ail hachées finement	2	2/3 t	riz brun étuvé	160 ml
			1 t	petits pois surgelés	250 ml
			1 c. à tab	jus de citron	15 ml

→ Dans un grand poêlon, cuire le boeuf haché à feu moyen-vif, en brassant, pendant environ 5 minutes ou jusqu'à ce qu'il ait perdu sa teinte rosée. À l'aide d'une écumoire, mettre le boeuf haché dans la mijoteuse.

→ Dégraisser le poêlon. Ajouter les carottes, l'oignon, le céleri, le poivron, l'ail, le romarin, le sel et le poivre et cuire à feu moyen, en brassant de temps à autre, pendant environ 5 minutes ou jusqu'à ce que l'oignon ait ramolli. Mettre le mélange de légumes dans la mijoteuse.

→ Ajouter le bouillon, l'eau et le riz. Couvrir et cuire à faible intensité pendant 5 heures. (Vous pouvez préparer la soupe jusqu'à cette étape, la laisser refroidir complètement et la mettre dans des contenants hermétiques. Elle se conservera jusqu'à 3 jours au réfrigérateur.)

→ Ajouter les petits pois et le jus de citron dans la mijoteuse. Couvrir et poursuivre la cuisson à intensité élevée pendant 15 minutes.

PAR PORTION: cal.: 129; prot.: 8 g; m.g.: 4 g (1 g sat.); chol.: 13 mg; gluc.: 16 g; fibres: 2 g; sodium: 629 mg.

Soupe aux champignons et à l'orge

1 lb	cubes de boeuf à ragoût	500 g	6 t	champignons café ou blancs coupés en tranches (environ 1 lb/500 g)	1,5 L
1/2 c. à thé	sel	2 ml	6 t	bouillon de poulet	1,5 L
1/2 c. à thé	poivre noir du moulin	2 ml	2 t	eau	500 ml
1/2 c. à thé	thym séché	2 ml	1/2 t	orge mondé ou perlé	125 ml
2 c. à tab	huile végétale	30 ml	1 c. à tab	pâte de tomates	15 ml
1 t	oignons coupés en dés	250 ml	1	feuille de laurier	1
1 t	céleri coupé en dés	250 ml			
1 t	carottes coupées en dés	250 ml			

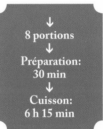

↓
8 portions
↓
Préparation:
30 min
↓
Cuisson:
6 h 15 min

→ Parsemer les cubes de boeuf du sel, du poivre et du thym. Dans une grande casserole, chauffer 1 c. à tab (15 ml) de l'huile à feu moyen-vif. Ajouter les cubes de boeuf, en deux fois, et les faire dorer. Mettre le boeuf dans la mijoteuse.

→ Dégraisser la casserole. Chauffer le reste de l'huile à feu moyen. Ajouter les oignons, le céleri et les carottes et cuire, en brassant de temps à autre, pendant 5 minutes. Ajouter les champignons et cuire, en brassant souvent, pendant environ 5 minutes ou jusqu'à ce que le liquide commence à s'évaporer. Mettre le mélange de légumes dans la mijoteuse.

→ Ajouter le bouillon, l'eau, l'orge, la pâte de tomates et la feuille de laurier dans la mijoteuse. Couvrir et cuire à faible intensité de 6 à 8 heures. Retirer la feuille de laurier. (Vous pouvez préparer la soupe à l'avance, la laisser refroidir complètement et la mettre dans des contenants hermétiques. Elle se conservera jusqu'à 3 jours au réfrigérateur ou jusqu'à 1 mois au congélateur.)

PAR PORTION: cal.: 224; prot.: 19 g; m.g.: 9 g (2 g sat.); chol.: 28 mg; gluc.: 17 g; fibres: 3 g; sodium: 789 mg.

Soupe aux saucisses et à la bette à carde

On peut remplacer la bette à carde par des épinards. Il suffit de les ajouter lorsque la soupe est prête et de les cuire environ 1 minute, le temps de les faire ramollir.

↓
8 portions
↓
Préparation:
25 min
↓
Cuisson:
4 h 15 min

1 c. à tab	huile d'olive	15 ml		3 t	pommes de terre pelées et coupées en gros cubes (environ 3 grosses pommes de terre)	750 ml
1 lb	saucisses italiennes coupées en tranches de 1 po (2,5 cm) d'épaisseur	500 g		1 c. à thé	mélange de fines herbes séchées à l'italienne	5 ml
1 t	bouillon de poulet réduit en sel	250 ml		1/2 c. à thé	poivre noir du moulin	2 ml
3 t	eau	750 ml		1/4 c. à thé	flocons de piment fort	1 ml
1	oignon coupé en dés	1		2 t	bette à carde tassée, hachée grossièrement	500 ml
2	gousses d'ail hachées finement	2		1/2 t	parmesan râpé grossièrement	125 ml

→ Dans un grand poêlon, chauffer l'huile à feu moyen-vif. Ajouter les saucisses et les faire dorer. À l'aide d'une écumoire, mettre les saucisses dans la mijoteuse.

→ Ajouter le bouillon, l'eau, l'oignon, l'ail, les pommes de terre, le mélange de fines herbes, le poivre et les flocons de piment fort dans la mijoteuse. Couvrir et cuire à faible intensité de 4 à 6 heures ou jusqu'à ce que les pommes de terre soient tendres sans se défaire. (Vous pouvez préparer la soupe jusqu'à cette étape, la laisser refroidir complètement et la mettre dans des contenants hermétiques. Elle se conservera jusqu'à 3 jours au réfrigérateur.)

→ Ajouter la bette à carde dans la mijoteuse. Couvrir et poursuivre la cuisson à intensité élevée pendant environ 10 minutes ou jusqu'à ce qu'elle ait ramolli. Au moment de servir, parsemer chaque portion du parmesan.

PAR PORTION: cal.: 203; prot.: 12 g; m.g.: 12 g (4 g sat.); chol.: 29 mg; gluc.: 13 g; fibres: 1 g; sodium: 508 mg.

↓
6 portions
↓
Préparation:
20 min
↓
Cuisson:
6 h 25 min

Soupe aux haricots noirs et au chorizo

Très nutritives et économiques, les légumineuses font de bonnes soupes nourrissantes. À preuve cette soupe aux haricots rehaussée de chorizo. Garnie de crème sure légère, de coriandre fraîche et de fromage monterey jack râpé, elle fera tout un festin!

12 oz	saucisses chorizo portugaises coupées en tranches	375 g
1	oignon haché	1
4	gousses d'ail hachées finement	4
2	carottes coupées en dés	2
1 c. à tab	assaisonnement au chili	15 ml
1 c. à thé	graines de fenouil broyées	5 ml
1/4 c. à thé	poivre noir du moulin	1 ml
5 t	bouillon de poulet réduit en sel	1,25 L

2	boîtes de haricots noirs, égouttés et rincés (19 oz/540 ml chacune) ou	2
4 t	haricots noirs cuits maison (voir encadré, p. 213)	1 L
2 c. à tab	pâte de tomates	30 ml
1	poivron rouge coupé en dés	1
1 1/2 t	maïs en grains surgelé	375 ml

SOLUTION DE RECHANGE

Remplacer les saucisses chorizo portugaises par des saucisses italiennes douces ou fortes et 1 c. à thé (5 ml) de paprika doux.

→ Dans un grand poêlon, faire dorer les saucisses à feu moyen-vif pendant environ 5 minutes. Dégraisser le poêlon. Ajouter l'oignon, l'ail, les carottes, l'assaisonnement au chili, les graines de fenouil et le poivre et cuire à feu moyen, en brassant de temps à autre, pendant environ 5 minutes ou jusqu'à ce que les légumes aient ramolli. Mettre la préparation dans la mijoteuse.

→ Ajouter le bouillon, les haricots noirs et la pâte de tomates dans la mijoteuse. Couvrir et cuire à faible intensité pendant 6 heures.

→ Ajouter le poivron et le maïs. Couvrir et poursuivre la cuisson à intensité élevée pendant 15 minutes. (Vous pouvez préparer la soupe à l'avance, la laisser refroidir complètement et la mettre dans des contenants hermétiques. Elle se conservera jusqu'à 3 jours au réfrigérateur.)

PAR PORTION: cal.: 468; prot.: 27 g; m.g.: 23 g (8 g sat.); chol.: 51 mg; gluc.: 41 g; fibres: 13 g; sodium: 1 714 mg.

Soupe aux haricots rouges et au bacon

6	tranches de bacon hachées	6
1	oignon haché	1
4	gousses d'ail hachées finement	4
2	carottes coupées en dés	2
2	branches de céleri coupées en dés	2
2 c. à thé	thym séché	10 ml
1/2 c. à thé	sel	2 ml
1 c. à thé	poivre noir du moulin	5 ml
4 t	bouillon de poulet réduit en sel	1 L

1	boîte de tomates en dés (28 oz/796 ml)	1
1	boîte de haricots rouges, égouttés et rincés (19 oz/540 ml) ou	1
2 t	haricots rouges cuits maison (voir encadré, p. 213)	500 ml
1/2 t	riz à grain long étuvé	125 ml
1/4 t	pâte de tomates	60 ml

→ Dans un grand poêlon, cuire le bacon à feu moyen-vif pendant environ 5 minutes ou jusqu'à ce qu'il soit croustillant. Dégraisser le poêlon. Ajouter l'oignon, l'ail, les carottes, le céleri, le thym, le sel et le poivre et cuire à feu moyen, en brassant de temps à autre, pendant environ 5 minutes ou jusqu'à ce que les légumes aient ramolli. Mettre la préparation dans la mijoteuse.

→ Ajouter le bouillon, les tomates, les haricots rouges, le riz et la pâte de tomates dans la mijoteuse. Couvrir et cuire à faible intensité de 4 à 6 heures. (Vous pouvez préparer la soupe à l'avance, la laisser refroidir complètement et la mettre dans des contenants hermétiques. Elle se conservera jusqu'à 3 jours au réfrigérateur ou jusqu'à 1 mois au congélateur.)

PAR PORTION: cal.: 240; prot.: 12 g; m.g.: 5 g (2 g sat.); chol.: 9 mg; gluc.: 38 g; fibres: 8 g; sodium: 1 173 mg.

Soupe aux pois

On peut remplacer l'os de jambon par 8 oz (250 g) de porc salé ou de bacon cru, hachés. On ajoute un peu d'eau à la soupe lorsqu'on réchauffe les restes.

↓
6 à 8 portions
↓
Préparation:
10 min
↓
Trempage:
12 h
↓
Cuisson:
6 h

2 t	pois jaunes secs cassés	500 ml	1	gousse d'ail hachée finement	1
12 t	eau froide	3 L	1	feuille de laurier	1
1	os de jambon	1	1/2 c. à thé	poivre noir du moulin	2 ml
1	gros oignon, haché	1	1	oignon rouge haché finement	1
3	branches de céleri hachées	3	1/2 t	vinaigre blanc	125 ml
2	carottes hachées	2			

→ Mettre les pois jaunes dans un grand bol, les couvrir de la moitié de l'eau et laisser tremper pendant 12 heures. Égoutter les pois, les rincer et les mettre dans la mijoteuse.

→ Ajouter le reste de l'eau, l'os de jambon, l'oignon, le céleri, les carottes, l'ail, la feuille de laurier et le poivre dans la mijoteuse. Couvrir et cuire à faible intensité pendant 6 heures. Retirer l'os de jambon et la feuille de laurier. (Vous pouvez préparer la soupe à l'avance, la laisser refroidir complètement et la mettre dans des contenants hermétiques. Elle se conservera jusqu'à 3 jours au réfrigérateur ou jusqu'à 1 mois au congélateur.)

→ Dans un bol, mélanger l'oignon rouge et le vinaigre blanc et laisser macérer quelques minutes. Au moment de servir, garnir chaque portion de la préparation d'oignon.

PAR PORTION: cal.: 236; prot.: 18 g; m.g.: 2 g (1 g sat.); chol.: 13 mg; gluc.: 38 g; fibres: 6 g; sodium: 333 mg.

8 à 10 portions

**Préparation:
30 min**

**Cuisson:
6 h 30 min**

Minestrone aux saucisses

Ce minestrone classique est rehaussé de saucisses italiennes. Un régal qu'on voudra apporter en lunch… s'il en reste!

1 c. à thé	huile végétale	5 ml
4	saucisses italiennes douces ou fortes, coupées en morceaux (environ 1 lb/500 g en tout)	4
2	oignons hachés	2
2	carottes hachées	2
2	branches de céleri hachées	2
4	gousses d'ail hachées finement	4
1 1/2 c. à thé	origan séché	7 ml
1 1/2 c. à thé	sel	7 ml
2	boîtes de haricots rouges ou blancs, égouttés et rincés (19 oz/540 ml chacune) ou	2
4 t	haricots rouges ou blancs cuits maison (voir encadré, p. 213)	1 L

6 t	eau	1,5 L
1	boîte de tomates broyées (28 oz/796 ml)	1
1/4 c. à thé	poivre noir du moulin	1 ml
1	feuille de laurier	1
2	petites courgettes, hachées	2
1/4 t	persil frais, haché	60 ml
1/2	petit chou-fleur, défait en bouquets	1/2
1 t	macaronis ou autres pâtes courtes	250 ml
	parmesan râpé	

➔ Dans un grand poêlon, chauffer l'huile à feu moyen-vif. Ajouter les saucisses et les faire dorer. Mettre les saucisses dans la mijoteuse.

➔ Dégraisser le poêlon. Ajouter les oignons, les carottes, le céleri, l'ail, l'origan et le sel. Cuire à feu moyen, en brassant de temps à autre, pendant environ 5 minutes ou jusqu'à ce que les oignons aient ramolli. Mettre le mélange de légumes dans la mijoteuse.

➔ Ajouter les haricots, l'eau, les tomates, le poivre et la feuille de laurier dans la mijoteuse. Couvrir et cuire à faible intensité pendant 6 heures. Ajouter les courgettes et le persil. Couvrir et poursuivre la cuisson à intensité élevée pendant 20 minutes. Retirer la feuille de laurier. (Vous pouvez préparer la soupe jusqu'à cette étape, la laisser refroidir complètement et la mettre dans des contenants hermétiques. Elle se conservera jusqu'à 3 jours au réfrigérateur ou jusqu'à 1 mois au congélateur.)

➔ Entre-temps, dans une casserole d'eau bouillante salée, cuire le chou-fleur et les pâtes de 6 à 8 minutes ou jusqu'à ce que le chou-fleur soit tendre et que les pâtes soient al dente. Égoutter le chou-fleur et les pâtes et les mettre dans la mijoteuse. Au moment de servir, parsemer chaque portion de parmesan.

PAR PORTION: cal.: 262; prot.: 16 g; m.g.: 8 g (2 g sat.); chol.: 19 mg; gluc.: 34 g; fibres: 10 g; sodium: 1 031 mg.

❧

Truc cuisine

❧

Les pâtes et le riz ont tendance à devenir collants lorsqu'ils cuisent longtemps dans la mijoteuse. L'idéal, c'est de les cuire séparément et de les ajouter à la fin de la cuisson. Si on prévoit congeler notre préparation, les ajouter après l'avoir réchauffée.

Soupe au poulet et aux nouilles

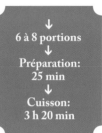

↓
6 à 8 portions
↓
Préparation:
25 min
↓
Cuisson:
3 h 20 min

1 c. à tab	huile végétale	15 ml	1/4 c. à thé	thym séché	1 ml
1	oignon haché	1	1	feuille de laurier	1
2	carottes coupées en tranches	2	8 t	bouillon de poulet maison (voir recette, p. 64) ou bouillon de poulet réduit en sel	2 L
2	branches de céleri coupées en tranches	2	2	poitrines de poulet non désossées, avec la peau	2
3/4 t	champignons coupés en tranches	180 ml	3/4 t	haricots verts hachés	180 ml
1	gousse d'ail hachée	1	1 t	nouilles aux oeufs	250 ml
1/2 c. à thé	sel	2 ml	2 c. à tab	persil frais, haché	30 ml
1/2 c. à thé	poivre noir du moulin	2 ml			

→ Dans un grand poêlon, chauffer l'huile à feu moyen-vif. Ajouter l'oignon, les carottes, le céleri, les champignons, l'ail, le sel, le poivre, le thym et la feuille de laurier et cuire, en brassant de temps à autre, pendant environ 8 minutes ou jusqu'à ce que les légumes aient ramolli. Mettre le mélange de légumes dans la mijoteuse.

→ Ajouter le bouillon et les poitrines de poulet dans la mijoteuse. Couvrir et cuire à faible intensité de 3 à 4 heures (écumer et dégraisser le bouillon).

→ Retirer le poulet de la mijoteuse et laisser refroidir suffisamment pour pouvoir le manipuler. Retirer la peau du poulet et le désosser. Couper la chair en dés et les mettre dans la mijoteuse. Ajouter les haricots verts, couvrir et poursuivre la cuisson à intensité élevée pendant 10 minutes. Retirer la feuille de laurier. (Vous pouvez préparer la soupe jusqu'à cette étape, la laisser refroidir complètement et la mettre dans des contenants hermétiques. Elle se conservera jusqu'à 3 jours au réfrigérateur ou jusqu'à 1 mois au congélateur.)

→ Entre-temps, dans une casserole d'eau bouillante salée, cuire les nouilles jusqu'à ce qu'elles soient al dente. Égoutter les nouilles et les ajouter à la soupe avec le persil.

PAR PORTION: cal.: 147; prot.: 13 g; m.g.: 6 g (1 g sat.); chol.: 29 mg; gluc.: 8 g; fibres: 1 g; sodium: 209 mg.

VARIANTE

Soupe au dindon et aux nouilles

Omettre les haricots verts. Remplacer le bouillon de poulet par 5 t (1,25 L) de bouillon de dindon (voir recette, p. 63). Faire les deux premières étapes de la recette en omettant les poitrines de poulet. Couvrir et cuire à faible intensité pendant 4 heures. Retirer la feuille de laurier. Ajouter 2 t (500 ml) de dindon cuit, coupé en dés, et 1/4 t (60 ml) de petits pois surgelés. Couvrir et poursuivre la cuisson à intensité élevée pendant 10 minutes. Augmenter la quantité de nouilles aux oeufs à 1 1/2 t (375 ml) et cuire dans une casserole d'eau bouillante salée pendant environ 6 minutes ou jusqu'à ce qu'elles soient al dente. Égoutter les nouilles et les ajouter à la soupe avec le persil.

Soupe aux boulettes de dindon

On peut remplacer les petits pois surgelés par des haricots de soja (de type edamame) écossés, vendus dans la section des légumes surgelés de certains supermarchés. Une bonne occasion de découvrir ces haricots tendres.

Boulettes de dindon		
1	oeuf	1
1/4 t	oignon râpé	60 ml
1/4 t	parmesan râpé	60 ml
2 c. à tab	persil frais, haché	30 ml
1/4 c. à thé	sel	1 ml
1/4 c. à thé	poivre noir du moulin	1 ml
1 lb	dindon ou veau haché maigre	500 g
Bouillon		
3 t	bouillon de poulet réduit en sel	750 ml
3 t	eau	750 ml

2	oignons verts coupés en tranches (les parties blanche et verte séparément)	2
2	branches de céleri coupées en tranches	2
1	carotte coupée en tranches	1
1/2 c. à thé	thym séché	2 ml
1/4 c. à thé	sel	1 ml
1/4 c. à thé	poivre noir du moulin	1 ml
1	poivron rouge coupé en dés	1
1 t	vermicelles aux oeufs	250 ml
1/2 t	petits pois surgelés	125 ml

Préparation des boulettes

→ Dans un bol, battre l'oeuf. Ajouter l'oignon, le parmesan, le persil, le sel, le poivre et le dindon haché et mélanger. Avec les mains mouillées, façonner la préparation de dindon en boulettes, 1 c. à tab (15 ml) à la fois. Mettre les boulettes sur une plaque de cuisson huilée et cuire au four préchauffé à 400°F (200°C) pendant environ 15 minutes ou jusqu'à ce qu'elles soient fermes.

Préparation du bouillon

→ Mettre les boulettes de dindon dans la mijoteuse. Ajouter le bouillon, l'eau, la partie blanche des oignons verts, le céleri, la carotte, le thym, le sel et le poivre. Couvrir et cuire à faible intensité de 4 à 5 heures.

→ Ajouter le poivron, les vermicelles et les petits pois. Couvrir et poursuivre la cuisson à intensité élevée pendant environ 15 minutes ou jusqu'à ce que les vermicelles soient al dente et que la soupe soit fumante. (Vous pouvez préparer la soupe à l'avance, la laisser refroidir complètement et la mettre dans des contenants hermétiques. Elle se conservera jusqu'à 3 jours au réfrigérateur.)

→ Au moment de servir, parsemer chaque portion de la partie verte des oignons verts.

PAR PORTION: cal.: 198; prot.: 19 g; m.g.: 9 g (3 g sat.); chol.: 100 mg; gluc.: 10 g; fibres: 2 g; sodium: 560 mg.

Chaudrée de crevettes et de poisson

Voici un truc pour nettoyer facilement les poireaux: les hacher ou les couper en tranches et les mettre dans une passoire. Plonger la passoire dans un bol d'eau froide, bien remuer pour enlever le sable et rincer. Répéter au besoin, puis bien égoutter.

↓
8 portions
↓
Préparation:
25 min
↓
Cuisson:
4 h 25 min

3 c. à tab	beurre	45 ml		1	pincée de noix de muscade râpée	1
1	oignon coupé en dés	1		1	pincée de piment de Cayenne	1
1	poireau haché (les parties blanche et vert pâle seulement)	1		6 t	eau	1,5 L
3	carottes coupées en dés	3		1 lb	grosses crevettes fraîches, décortiquées et déveinées	500 g
3	branches de céleri coupées en dés	3		1 lb	filets de tilapia ou autre poisson à chair blanche ferme, coupés en cubes	500 g
3	pommes de terre pelées et coupées en dés	3				
1	feuille de laurier	1		1 t	crème à 15 %	250 ml
1/2 c. à thé	thym séché	2 ml		1/4 t	persil frais, haché finement	60 ml
1/2 c. à thé	poivre noir du moulin	2 ml				

❖

Truc cuisine

❖

Remplie de bons légumes, de crevettes et de poisson, cette chaudrée a une belle consistance crémeuse. Si on la préfère plus épaisse, incorporer 3 c. à tab (45 ml) de farine au mélange d'oignon et de poireau juste avant de le mettre dans la mijoteuse.

→ Dans un grand poêlon, faire fondre le beurre à feu moyen. Ajouter l'oignon et le poireau et cuire, en brassant de temps à autre, pendant environ 10 minutes ou jusqu'à ce que l'oignon soit doré. Mettre le mélange de légumes dans la mijoteuse. Ajouter les carottes, le céleri, les pommes de terre, la feuille de laurier, le thym, le poivre, la muscade, le piment de Cayenne et l'eau. Couvrir et cuire à faible intensité de 4 à 6 heures. Retirer la feuille de laurier.

→ Ajouter les crevettes et le poisson. Couvrir et poursuivre la cuisson à intensité élevée pendant environ 15 minutes ou jusqu'à ce que les crevettes soient rosées et que la chair du poisson soit ferme et opaque.

→ Entre-temps, dans une petite casserole, chauffer la crème jusqu'à ce qu'elle soit fumante. À l'aide d'un fouet, incorporer délicatement la crème à la soupe. Au moment de servir, parsemer chaque portion du persil.

PAR PORTION: cal.: 290; prot.: 24 g; m.g.: 12 g (7 g sat.); chol.: 142 mg; gluc.: 21 g; fibres: 2 g; sodium: 214 mg.

Soupe à la courge et aux crevettes à la thaïe

Pas de citronnelle? On peut la remplacer par une lanière de zeste de citron et l'ajouter à la soupe sans l'écraser. La pâte de cari rouge est assez piquante: si on a le palais sensible, en réduire la quantité à 1/2 c. à thé (2 ml).

1	tige de citronnelle	1	6	tranches fines de gingembre frais	6
4 t	courge musquée (de type butternut), pelée et coupée en cubes (environ 1/2 courge)	1 L	1 1/2 c. à thé	sauce de poisson ou	7 ml
			1/2 c. à thé	sel	2 ml
1	boîte de lait de coco (400 ml)	1	1/4 c. à thé	cassonade tassée	1 ml
2 t	bouillon de poulet réduit en sel	500 ml	1 lb	grosses crevettes fraîches, décortiquées et déveinées	500 g
1 c. à tab	pâte de cari rouge (de type thaïe)	15 ml	2 c. à tab	menthe (ou basilic) fraîche, hachée finement	30 ml

→ Retirer les feuilles externes de la citronnelle et couper les deux extrémités de la tige. Avec le dos d'un grand couteau, écraser la tige, puis la couper en morceaux de 1 po (2,5 cm) de longueur.

→ Dans la mijoteuse, mélanger la citronnelle, la courge, le lait de coco, le bouillon, la pâte de cari, le gingembre, la sauce de poisson et la cassonade. Couvrir et cuire à faible intensité de 4 à 6 heures. Retirer le gingembre et la citronnelle. À l'aide d'un presse-purée, réduire la préparation de courge en purée lisse. (Vous pouvez préparer la soupe jusqu'à cette étape, la laisser refroidir complètement et la mettre dans des contenants hermétiques. Elle se conservera jusqu'à 3 jours au réfrigérateur.)

→ Ajouter les crevettes dans la mijoteuse et mélanger. Couvrir et poursuivre la cuisson à intensité élevée pendant environ 15 minutes ou jusqu'à ce qu'elles soient rosées. Ajouter la menthe et mélanger.

PAR PORTION: cal.: 370; prot.: 23 g; m.g.: 24 g (18 g sat.); chol.: 129 mg; gluc.: 21 g; fibres: 4 g; sodium: 719 mg.

↓
4 portions
↓
Préparation:
25 min
↓
Cuisson:
4 h 15 min

❖
Truc cuisine
❖

Facile à reconnaître, la citronnelle ressemble à du jonc. On la trouve de plus en plus dans les supermarchés, au comptoir des légumes. Pour l'utiliser, il est important de retirer les premières feuilles, assez coriaces, et de garder seulement la partie la plus tendre, soit 2 à 3 po (5 à 8 cm) de la base. À moins de l'ajouter entière ou en morceaux à des soupes ou à des caris pour les aromatiser, retirer la citronnelle de la préparation avant de servir.

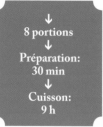

↓
8 portions
↓
**Préparation:
30 min**
↓
**Cuisson:
9 h**

Soupe à l'oignon, croûtons au gruyère

Cette recette comporte deux étapes: la première consiste à caraméliser les oignons et la seconde, à cuire la soupe. On peut donc répartir la préparation sur deux jours, au besoin. La cuisson est très longue, mais elle donne à la soupe une saveur d'oignons incomparable qui contraste délicieusement avec les croûtons au gruyère.

3 c. à tab	huile d'olive	45 ml
1 c. à tab	beurre	15 ml
12 t	oignons coupés en tranches (environ 3 lb/1,5 kg ou 6 gros oignons)	3 L
4 t	bouillon de boeuf ou de légumes réduit en sel	1 L
1/4 t	vin blanc sec ou	60 ml
1 c. à tab	vinaigre de cidre	15 ml
3	gousses d'ail coupées en tranches	3

1 c. à tab	thym frais, haché ou	15 ml
1 c. à thé	thym séché	5 ml
1	feuille de laurier	1
1/4 c. à thé	sel	1 ml
1/4 c. à thé	poivre noir du moulin	1 ml
2 t	eau	500 ml
8	croûtons au gruyère (voir recette, ci-dessous)	8
	thym ou persil frais, haché	

❖
Truc cuisine
❖

Pour couper facilement les oignons pour cette soupe, les couper d'abord en deux sur la hauteur. Peler les deux moitiés et les déposer sur une planche à découper, la partie plate dessous. Les couper en quatre sur la longueur, puis en tranches fines horizontalement.

→ Dans la mijoteuse, mettre l'huile et le beurre. Couvrir et cuire à faible intensité jusqu'à ce que le beurre ait fondu. Ajouter les oignons et mélanger pour bien les enrober. Couvrir et cuire à intensité élevée pendant environ 6 heures ou jusqu'à ce que les oignons soient bien dorés (remuer deux fois).

→ Ajouter le bouillon, le vin, l'ail, le thym, la feuille de laurier, le sel, le poivre et l'eau et mélanger. Couvrir et poursuivre la cuisson à faible intensité de 3 à 4 heures ou jusqu'à ce que la soupe ait légèrement épaissi et qu'elle ait pris une belle couleur foncée. Retirer la feuille de laurier. (Vous pouvez préparer la soupe à l'avance, la laisser refroidir complètement et la mettre dans des contenants hermétiques. Elle se conservera jusqu'à 3 jours au réfrigérateur ou jusqu'à 1 mois au congélateur.)

→ Au moment de servir, garnir chaque portion d'un croûton au gruyère. Parsemer de thym.

PAR PORTION: cal.: 266; prot.: 11 g; m.g.: 14 g (6 g sat.); chol.: 27 mg; gluc.: 26 g; fibres: 3 g; sodium: 548 mg.

CROÛTONS AU GRUYÈRE

→ Mettre huit tranches de pain baguette sur une plaque de cuisson et les faire dorer sous le gril préchauffé du four pendant environ 2 minutes. Les retourner et les parsemer de 1 1/2 t (375 ml) de gruyère râpé. Poursuivre la cuisson sous le gril pendant environ 3 minutes ou jusqu'à ce que le pain soit croustillant et que le fromage ait fondu. Donne 8 croûtons.

Potage au chou-fleur

Il y a juste assez de cari dans ce potage pour lui donner une touche exotique. Pour un potage plus relevé, on peut en rajouter, mais sans exagérer pour ne pas masquer la délicate saveur du chou-fleur.

↓
10 à 12 portions
↓
Préparation:
25 min
↓
Cuisson:
4 h 15 min

2 c. à tab	beurre ou huile de canola	30 ml	4 t	bouillon de poulet ou de légumes	1 L
1	oignon jaune haché	1			
1/2 c. à thé	pâte de cari douce (de type Patak's)	2 ml	2 t	crème à 15 % ou lait	500 ml
			1/4 c. à thé	sel	1 ml
1	chou-fleur coupé en quatre, puis en tranches fines (environ 2 lb/1 kg)	1	1/4 c. à thé	sauce tabasco	1 ml
			1/4 t	oignon rouge coupé en tranches fines	60 ml
1	pomme de terre pelée et coupée en dés	1	1/4 t	coriandre fraîche, hachée	60 ml

→ Dans un grand poêlon, faire fondre le beurre à feu doux. Ajouter l'oignon jaune et la pâte de cari et cuire, en brassant, pendant environ 5 minutes ou jusqu'à ce que l'oignon ait ramolli. Mettre le mélange d'oignon dans la mijoteuse. Ajouter le chou-fleur, la pomme de terre et le bouillon. Couvrir et cuire à faible intensité de 4 à 6 heures.

→ Au robot culinaire ou au mélangeur (ou à l'aide d'un mélangeur à main), réduire la préparation de chou-fleur en purée lisse, en plusieurs fois. (Vous pouvez préparer le potage jusqu'à cette étape, le laisser refroidir complètement et le mettre dans des contenants hermétiques. Il se conservera jusqu'à 2 jours au réfrigérateur.)

→ Ajouter la crème, le sel et la sauce tabasco dans la mijoteuse et mélanger. Couvrir et poursuivre la cuisson à intensité élevée pendant environ 10 minutes ou jusqu'à ce que le potage soit chaud. Au moment de servir, garnir chaque portion de l'oignon rouge et parsemer de la coriandre.

PAR PORTION: cal.: 135; prot.: 3 g; m.g.: 9 g (6 g sat.); chol.: 29 mg; gluc.: 10 g; fibres: 2 g; sodium: 401 mg.

VERSION RAPIDE

Faire revenir l'oignon jaune dans le beurre avec la pâte de cari donne plus de saveur à la soupe, mais c'est un peu long. Pour gagner du temps, on peut sauter cette étape et mélanger simplement l'oignon et la pâte de cari avec le chou-fleur, la pomme de terre et le bouillon dans la mijoteuse.

UN EXTRA: LES CROÛTONS

Faciles à préparer, ils donnent du croustillant aux soupes. Une tranche de pain de 1/2 po (1 cm) d'épaisseur donne environ 3/4 t (180 ml) de cubes de pain.

→ Dans un bol, mélanger 2 t (500 ml) de cubes de pain (pumpernickel, pain de seigle ou au levain), 1 c. à tab (15 ml) d'huile d'olive, 1 gousse d'ail hachée finement et 1 pincée chacun de sel et de poivre.

→ Étaler les cubes de pain côte à côte sur une plaque de cuisson et cuire au four préchauffé à 400°F (200°C) pendant environ 12 minutes ou jusqu'à ce qu'ils soient croustillants. Laisser refroidir. (Vous pouvez préparer les croûtons à l'avance et les mettre dans un contenant hermétique. Ils se conserveront jusqu'à 3 jours à la température ambiante.) Donne 2 t (500 ml).

VARIANTE

Omettre l'ail et ajouter des fines herbes séchées, de l'assaisonnement au chili ou du poivre noir du moulin.

↓
8 portions
↓
Préparation:
25 min
↓
Cuisson:
5 h 10 min

Soupe hongroise aux pommes de terre

Cette soupe onctueuse et crémeuse se sert chaude ou froide. Avec ses soupçons de vinaigre et de crème sure, elle a des accents d'Europe de l'Est.

12	grains de poivre noir, broyés grossièrement	12	3 t	bouillon de poulet réduit en sel	750 ml
3	feuilles de laurier	3	2 c. à tab	vinaigre de vin blanc (environ)	30 ml
1 c. à tab	huile végétale	15 ml	3 t	eau	750 ml
3	branches de céleri coupées en tranches	3	1/2 t	crème sure	125 ml
2	oignons hachés	2	3 c. à tab	persil frais, haché	45 ml
1/2 c. à thé	sel	2 ml			
6 t	pommes de terre pelées et coupées en cubes (environ 2 1/4 lb/1,125 kg)	1,5 L			

→ Mettre les grains de poivre et les feuilles de laurier sur un carré d'étamine (coton à fromage) de 5 po (13 cm) de côté et l'attacher avec de la ficelle à rôti de manière à former une pochette. Mettre la pochette d'épices dans la mijoteuse.

→ Dans un grand poêlon, chauffer l'huile à feu moyen. Ajouter le céleri, les oignons et le sel et cuire, en brassant de temps à autre, pendant environ 8 minutes ou jusqu'à ce que les oignons soient tendres (ne pas les laisser dorer). Mettre le mélange d'oignons dans la mijoteuse. Ajouter les pommes de terre, le bouillon, le vinaigre de vin et l'eau. Couvrir et cuire à faible intensité pendant 5 heures. Retirer la pochette d'épices.

→ Au robot culinaire ou au mélangeur (ou à l'aide d'un mélangeur à main), réduire la préparation de pommes de terre en purée lisse, en plusieurs fois. (Vous pouvez préparer la soupe jusqu'à cette étape, la laisser refroidir complètement et la mettre dans des contenants hermétiques. Elle se conservera jusqu'à 3 jours au réfrigérateur.)

→ À l'aide d'un fouet, incorporer la crème sure à la soupe. Ajouter un peu de vinaigre, si désiré. Au moment de servir, parsemer chaque portion du persil.

PAR PORTION: cal.: 145; prot.: 4 g; m.g.: 4 g (1 g sat.); chol.: 6 mg; gluc.: 25 g; fibres: 2 g; sodium: 392 mg.

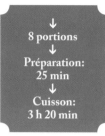

↓
8 portions
↓
Préparation:
25 min
↓
Cuisson:
3 h 20 min

Potage aux poireaux et aux carottes

Facile à préparer, l'huile aromatisée à la ciboulette attire tout de suite le regard et met en valeur cette soupe délicate en lui donnant une touche raffinée comme au resto.

Potage					
			2	feuilles de laurier	2
2 c. à tab	beurre	30 ml	1 c. à thé	thym séché	5 ml
8 t	poireaux hachés (les parties blanche et vert pâle seulement) (environ 3 gros poireaux)	2 L	1/4 c. à thé	sel	1 ml
			1/2 c. à thé	poivre noir du moulin	2 ml
			3 t	bouillon de poulet réduit en sel	750 ml
2 t	carottes hachées (environ 2 grosses carottes)	500 ml	1 t	eau	250 ml
			1/2 t	crème à 15 %	125 ml
2	branches de céleri hachées	2	Huile à la ciboulette		
3	gousses d'ail hachées finement	3	1/3 t	ciboulette fraîche, hachée	80 ml
			1/4 t	huile de canola	60 ml

Préparation du potage

→ Dans un grand poêlon, faire fondre le beurre à feu moyen. Ajouter les poireaux, les carottes, le céleri, l'ail, les feuilles de laurier, le thym, le sel et le poivre et cuire, en brassant souvent, pendant environ 10 minutes ou jusqu'à ce que les légumes aient ramolli (ne pas les laisser dorer). Mettre le mélange de légumes dans la mijoteuse. Ajouter le bouillon et l'eau. Couvrir et cuire à faible intensité de 3 à 4 heures. Retirer les feuilles de laurier.

Préparation de l'huile

→ Entre-temps, au robot culinaire ou au mélangeur, réduire la ciboulette et l'huile en purée lisse. Dans une passoire fine tapissée d'une double épaisseur d'étamine (coton à fromage) et placée sur un bol, filtrer le mélange d'huile en pressant bien à l'aide d'une cuillère (jeter la ciboulette). (Vous pouvez préparer l'huile à la ciboulette à l'avance et la couvrir. Elle se conservera jusqu'à 2 jours au réfrigérateur.)

→ Au robot culinaire ou au mélangeur (ou à l'aide d'un mélangeur à main), réduire la préparation de poireaux en purée lisse, en plusieurs fois. (Vous pouvez préparer le potage jusqu'à cette étape, le laisser refroidir complètement et le mettre dans des contenants hermétiques. Il se conservera jusqu'à 3 jours au réfrigérateur ou jusqu'à 1 mois au congélateur.)

→ À l'aide d'un fouet, incorporer la crème au potage. Couvrir et poursuivre la cuisson à intensité élevée pendant environ 10 minutes ou jusqu'à ce que le potage soit fumant. Au moment de servir, arroser chaque portion d'un filet d'huile à la ciboulette.

PAR PORTION: cal.: 159; prot.: 3 g; m.g.: 13 g (4 g sat.); chol.: 17 mg; gluc.: 11 g; fibres: 2 g; sodium: 354 mg.

Bortsch aux légumes

Pour cette soupe, on choisit de préférence des pommes de terre à peau rouge: comme elles sont fermes et d'une texture plus cireuse, elles ne se défont pas à la cuisson. Servir la soupe avec des quartiers de citron, si désiré.

↓
6 portions
↓
Préparation:
30 min
↓
Cuisson:
5 h 25 min

1 c. à tab	huile végétale	15 ml
1	gros oignon, haché	1
1	grosse carotte, hachée	1
2	branches de céleri hachées	2
1	feuille de laurier	1
1	pincée de graines de carvi	1
4	betteraves avec les feuilles	4
2	grosses pommes de terre rouges	2

4 t	bouillon de boeuf, de poulet ou de légumes	1 L
1	boîte de tomates, hachées (19 oz/540 ml)	1
4 c. à thé	vinaigre blanc	20 ml
1	pincée de sel	1
1	pincée de poivre noir du moulin	1
1/4 t	crème sure légère	60 ml
2 c. à tab	aneth frais, haché	30 ml

→ Dans une grande casserole, chauffer l'huile à feu moyen. Ajouter l'oignon, la carotte, le céleri, la feuille de laurier et les graines de carvi et cuire, en brassant souvent, pendant environ 10 minutes ou jusqu'à ce que les légumes aient ramolli. Mettre le mélange de légumes dans la mijoteuse.

→ Entre-temps, couper la tige des betteraves à environ 1 po (2,5 cm) du bulbe (laisser la racine). Hacher grossièrement les feuilles les plus tendres de façon à en obtenir 2 t (500 ml). Réserver. Peler les betteraves et les couper en cubes. Peler les pommes de terre, si désiré, et les couper en cubes.

→ Ajouter les betteraves, les pommes de terre, le bouillon et les tomates dans la mijoteuse. Couvrir et cuire à faible intensité de 5 à 6 heures. (Vous pouvez préparer la soupe jusqu'à cette étape, la laisser refroidir complètement et la mettre dans des contenants hermétiques. Elle se conservera jusqu'au lendemain au réfrigérateur.)

→ Ajouter les feuilles de betteraves réservées, le vinaigre blanc, le sel et le poivre dans la mijoteuse. Couvrir et poursuivre la cuisson à intensité élevée pendant environ 15 minutes ou jusqu'à ce que les feuilles de betteraves aient ramolli. Retirer la feuille de laurier. Au moment de servir, garnir chaque portion de la crème sure et parsemer de l'aneth.

PAR PORTION: cal.: 153; prot.: 6 g; m.g.: 4 g (1 g sat.); chol.: 1 mg; gluc.: 26 g; fibres: 4 g; sodium: 754 mg.

Potage aux carottes

1 c. à tab	huile d'olive	15 ml	2 t	rutabaga pelé et coupé en cubes (environ le quart d'un gros rutabaga)	500 ml
1 c. à tab	beurre	15 ml			
1	oignon haché	1	2 t	bouillon de poulet réduit en sel (environ)	500 ml
1	gousse d'ail coupée en tranches	1	2	feuilles de laurier	2
1/2 c. à thé	sel	2 ml	1/4 c. à thé	marjolaine (ou thym) séchée	1 ml
1/2 c. à thé	poivre noir du moulin	2 ml	4 t	eau (environ)	1 L
4 t	carottes hachées (environ 4 grosses carottes)	1 L	4 oz	fromage bleu émietté (facultatif)	125 g
2 t	pommes de terre pelées et hachées (environ 2 pommes de terre)	500 ml	2 c. à tab	ciboulette (ou persil) fraîche, hachée	30 ml

↓
6 portions
↓
Préparation:
25 min
↓
Cuisson:
4 h 5 min

→ Dans un grand poêlon, chauffer l'huile et le beurre à feu moyen. Ajouter l'oignon, l'ail, le sel et le poivre et cuire, en brassant de temps à autre, pendant environ 5 minutes ou jusqu'à ce que l'oignon ait ramolli. Mettre le mélange d'oignon dans la mijoteuse. Ajouter les carottes, les pommes de terre, le rutabaga, le bouillon, les feuilles de laurier, la marjolaine et l'eau. Couvrir et cuire à faible intensité de 4 à 6 heures. Retirer les feuilles de laurier.

→ Au robot culinaire ou au mélangeur (ou à l'aide d'un mélangeur à main), réduire la préparation de carottes en purée lisse, en plusieurs fois. Ajouter 1 t (250 ml) de bouillon ou d'eau, si désiré, pour éclaircir le potage. (Vous pouvez préparer le potage à l'avance, le laisser refroidir complètement et le mettre dans des contenants hermétiques. Il se conservera jusqu'à 2 jours au réfrigérateur ou jusqu'à 1 mois au congélateur.)

→ Au moment de servir, parsemer chaque portion du fromage bleu, si désiré, et de la ciboulette.

PAR PORTION: cal.: 190; prot.: 7 g; m.g.: 10 g (5 g sat.); chol.: 19 mg; gluc.: 20 g; fibres: 3 g; sodium: 723 mg.

Potage aux patates douces rôties

Rôtir les patates douces fait ressortir toute leur saveur et donne à ce potage son goût particulier. La touche secrète du chef: l'huile au romarin qu'on ajoute ou non, à notre discrétion.

Potage aux patates douces

2	patates douces pelées et coupées en cubes (environ 2 lb/1 kg en tout)	2
2 c. à tab	huile d'olive	30 ml
1/2 c. à thé	sel	2 ml
1	petit oignon, haché	1
1	carotte hachée	1
1	branche de céleri hachée	1
2	gousses d'ail hachées finement	2
1 c. à thé	romarin frais, haché ou	5 ml
1/4 c. à thé	romarin séché	1 ml
1/4 c. à thé	poivre noir du moulin	1 ml
2 t	bouillon de poulet maison (voir recette, p. 64) ou bouillon de poulet réduit en sel	500 ml
3 t	eau	750 ml
1 c. à tab	jus de citron (facultatif)	15 ml
8	petits brins de romarin frais	8

Huile au romarin

1/4 t	huile d'olive	60 ml
2 c. à tab	feuilles de romarin frais	30 ml

Préparation du potage

→ Dans un bol, mélanger les patates douces avec la moitié de l'huile et du sel. Étaler les patates douces côte à côte sur une plaque de cuisson huilée et les faire rôtir au four préchauffé à 450°F (230°C) pendant environ 20 minutes ou jusqu'à ce qu'elles soient tendres (remuer de temps à autre). Mettre les patates douces dans la mijoteuse.

→ Entre-temps, dans un poêlon, chauffer le reste de l'huile à feu moyen. Ajouter l'oignon, la carotte, le céleri, l'ail, le romarin haché, le poivre et le reste du sel et cuire, en brassant, pendant environ 8 minutes ou jusqu'à ce que les légumes aient ramolli. Mettre le mélange de légumes dans la mijoteuse, puis ajouter le bouillon et l'eau. Couvrir et cuire à faible intensité de 3 à 4 heures. Ajouter le jus de citron, si désiré, et mélanger.

Préparation de l'huile

→ Entre-temps, dans une petite casserole, chauffer l'huile et les feuilles de romarin à feu moyen-vif pendant environ 3 minutes ou jusqu'à ce que le mélange dégage son arôme. Filtrer le mélange d'huile dans une passoire fine placée sur un petit bol. (Vous pouvez préparer l'huile à l'avance et la mettre dans un contenant hermétique. Elle se conservera jusqu'à 3 jours au réfrigérateur.)

→ Au robot culinaire ou au mélangeur (ou à l'aide d'un mélangeur à main), réduire la préparation de patates douces en purée lisse, en plusieurs fois. (Vous pouvez préparer le potage à l'avance, le laisser refroidir complètement et le mettre dans des contenants hermétiques. Il se conservera jusqu'à 3 jours au réfrigérateur ou jusqu'à 1 mois au congélateur.)

→ Au moment de servir, arroser chaque portion d'un filet d'huile au romarin et garnir d'un brin de romarin.

PAR PORTION: cal.: 111; prot.: 3 g; m.g.: 4 g (1 g sat.); chol.: aucun; gluc.: 16 g; fibres: traces; sodium: 194 mg.

Soupe crémeuse à la courge, coulis de poivrons rouges

Pour obtenir une soupe bien lisse, on filtre la purée de légumes dans une passoire fine.

↓
6 portions
↓
Préparation:
25 min
↓
Cuisson:
5 h 25 min

2	poivrons rouges entiers	2
2 c. à tab	beurre	30 ml
1	gros oignon, haché	1
3	gousses d'ail hachées finement	3
1 c. à tab	pâte de cari douce (de type Patak's)	15 ml
2 c. à thé	gingembre frais, haché	10 ml
1/2 c. à thé	sel	2 ml
1/2 c. à thé	poivre noir du moulin	2 ml
5 t	courge musquée (de type butternut), pelée et coupée en cubes	1,25 L

1	grosse pomme de terre, pelée et coupée en tranches fines	1
4 t	bouillon de légumes ou de poulet	1 L
2 c. à tab	pâte de tomates	30 ml
1/3 t	lait ou crème à 10 %	80 ml
2 c. à tab	jus de citron	30 ml

→ Mettre les poivrons sur une plaque de cuisson. Cuire sous le gril préchauffé du four pendant environ 20 minutes ou jusqu'à ce que la peau ait noirci (les retourner deux fois). Laisser refroidir les poivrons, puis les peler, les épépiner et retirer les membranes.

→ Au robot culinaire ou au mélangeur, réduire les poivrons grillés en purée lisse. Filtrer la purée dans une passoire fine placée sur un bol. Réserver. (Vous pouvez préparer le coulis de poivrons à l'avance et le couvrir. Il se conservera jusqu'à 2 jours au réfrigérateur.)

→ Dans un grand poêlon, faire fondre le beurre à feu moyen. Ajouter l'oignon, l'ail, la pâte de cari, le gingembre, le sel et le poivre et cuire, en brassant, pendant environ 5 minutes ou jusqu'à ce que l'oignon ait ramolli. Ajouter la courge et mélanger pour bien l'enrober. Mettre le mélange de courge dans la mijoteuse.

→ Ajouter la pomme de terre, le bouillon et la pâte de tomates dans la mijoteuse. Couvrir et cuire à faible intensité de 5 à 6 heures. Ajouter le lait et le jus de citron et mélanger.

→ Au robot culinaire ou au mélangeur (ou à l'aide d'un mélangeur à main), réduire la préparation de légumes en purée lisse, en plusieurs fois. (Vous pouvez préparer la soupe à l'avance, la laisser refroidir complètement et la mettre dans des contenants hermétiques. Elle se conservera jusqu'à 3 jours au réfrigérateur ou jusqu'à 1 mois au congélateur.)

→ Au moment de servir, garnir chaque portion d'un peu du coulis réservé.

PAR PORTION: cal.: 160; prot.: 4 g; m.g.: 4 g (3 g sat.); chol.: 10 mg; gluc.: 27 g; fibres: 4 g; sodium: 700 mg.

SOLUTION DE RECHANGE

Dans toutes nos recettes de soupes, on peut remplacer le bouillon de poulet ordinaire ou réduit en sel par du bouillon de poulet maison (voir recette, p. 64).

Soupe aux épinards et aux raviolis

↓
4 portions
↓
**Préparation:
25 min**
↓
**Cuisson:
6 h 10 min**

2	carottes hachées	2	1/4 c. à thé	grains de poivre noir	1 ml
2	branches de céleri hachées	2	2	feuilles de laurier	2
2	oignons non pelés, hachés	2	7 t	eau	1,75 L
1	tomate italienne coupée en deux	1	2 t	petites feuilles d'épinards, tassées	500 ml
3	gousses d'ail coupées en deux	3	1 t	petits pois surgelés	250 ml
1	paquet de champignons séchés mélangés (14 g)	1	1 t	champignons frais, coupés en tranches fines	250 ml
1/2 c. à thé	sel	2 ml	1	paquet de raviolis au fromage surgelés (454 g), cuits	1

SOLUTION
DE RECHANGE

**Remplacer le bouillon
de légumes maison
par 6 t (1,5 L) de
bouillon de légumes
du commerce,
de préférence réduit
en sel.**

→ Dans la mijoteuse, mélanger les carottes, le céleri, les oignons, la tomate, l'ail, les champignons séchés, 1/4 c. à thé (1 ml) du sel, les grains de poivre, les feuilles de laurier et l'eau. Couvrir et cuire à faible intensité de 6 à 8 heures. Dans une passoire fine tapissée d'étamine (coton à fromage) et placée sur une casserole, filtrer le bouillon en pressant les légumes à l'aide d'une cuillère pour en extraire le maximum de liquide (jeter les légumes). (Vous pouvez préparer le bouillon de légumes jusqu'à cette étape, le laisser refroidir complètement et le mettre dans des contenants hermétiques. Il se conservera jusqu'à 3 jours au réfrigérateur ou jusqu'à 1 mois au congélateur.)

→ Porter le bouillon de légumes à ébullition à feu moyen-vif. Ajouter les épinards, les petits pois, les champignons frais et le reste du sel. Réduire le feu et laisser mijoter pendant environ 5 minutes ou jusqu'à ce que les épinards aient ramolli.

→ Au moment de servir, répartir les raviolis dans des bols et couvrir de la soupe aux épinards.

PAR PORTION: cal.: 322; prot.: 13 g; m.g.: 7 g (traces sat.); chol.: 25 mg; gluc.: 53 g; fibres: 4 g; sodium: 511 mg.

Soupe aux champignons exotiques

Pour cette recette, on utilise un mélange de champignons exotiques frais: shiitake et pleurotes. Avant de mesurer les shiitake, il est préférable d'en retirer les pieds, qui sont plutôt coriaces. On peut aussi les remplacer par des champignons café.

↓
4 portions
↓
Préparation:
25 min
↓
Cuisson:
6 h 15 min

2 c. à tab	huile végétale	30 ml	1/2 c. à thé	thym séché	2 ml
2	oignons hachés finement	2	1/4 c. à thé	paprika	1 ml
2	gousses d'ail hachées finement	2	1/4 c. à thé	poivre noir du moulin	1 ml
2	carottes hachées finement	2	5 t	bouillon de légumes ou de poulet	1,25 L
4 t	champignons exotiques, coupés en tranches (environ 12 oz/375 g)	1 L	1	pomme de terre pelée et râpée	1
3 t	champignons blancs coupés en tranches (environ 8 oz/250 g)	750 ml	2 c. à tab	xérès sec	30 ml

→ Dans une grande casserole, chauffer l'huile à feu moyen. Ajouter les oignons, l'ail et les carottes et cuire, en brassant de temps à autre, pendant environ 5 minutes ou jusqu'à ce que les légumes aient ramolli. Ajouter les champignons exotiques, les champignons blancs, le thym, le paprika et le poivre. Cuire, en brassant souvent, pendant environ 10 minutes ou jusqu'à ce que les champignons commencent à dorer et que tout le liquide se soit évaporé. Mettre le mélange de champignons dans la mijoteuse.

→ Ajouter le bouillon et la pomme de terre. Couvrir et cuire à faible intensité pendant 6 heures. (Vous pouvez préparer la soupe jusqu'à cette étape, la laisser refroidir complètement et la mettre dans des contenants hermétiques. Elle se conservera jusqu'à 3 jours au réfrigérateur.)

→ Ajouter le xérès et mélanger.

PAR PORTION: cal.: 183; prot.: 4 g; m.g.: 8 g (1 g sat.); chol.: aucun; gluc.: 24 g; fibres: 4 g; sodium: 816 mg.

Potage aux tomates, au poivron grillé et au piment chili

Une soupe originale qui se sert très bien en entrée à la manière d'un shooter.

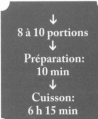

↓
8 à 10 portions
↓
Préparation:
10 min
↓
Cuisson:
6 h 15 min

1	boîte de tomates (28 oz/796 ml)	1
1	gros oignon, haché	1
1	poivron rouge grillé, pelé, épépiné et coupé en morceaux	1
3	gousses d'ail	3
4 t	bouillon de poulet ou de légumes	1 L

2 c. à tab	pâte de tomates	30 ml
1 c. à tab	assaisonnement au chili	15 ml
1/4 c. à thé	sel	1 ml
1	piment chili frais (de type jalapeño), épépiné	1

→ Dans la mijoteuse, mélanger tous les ingrédients, sauf le piment chili. Couvrir et cuire à faible intensité pendant 6 heures.

→ Ajouter le piment chili. Couvrir et poursuivre la cuisson à intensité élevée pendant environ 15 minutes ou jusqu'à ce qu'il soit tendre.

→ Au robot culinaire ou au mélangeur (ou à l'aide d'un mélangeur à main), réduire la préparation de légumes en purée lisse, en plusieurs fois. (Vous pouvez préparer le potage à l'avance, le laisser refroidir complètement et le mettre dans des contenants hermétiques. Il se conservera jusqu'à 3 jours au réfrigérateur ou jusqu'à 1 mois au congélateur.)

PAR PORTION: cal.: 45; prot.: 3 g; m.g.: 1 g (traces sat.); chol.: aucun; gluc.: 7 g; fibres: 1 g; sodium: 515 mg.

❖
Truc cuisine
❖

Si on ne connaît pas la méthode pour faire griller les poivrons, voir l'étape 1 de la recette de Soupe crémeuse à la courge, coulis de poivrons rouges, p. 53. Pour gagner du temps, on peut remplacer le poivron grillé maison par du poivron grillé en pot, égoutté.

Soupe aux lentilles et aux pois chiches

Délicieusement réconfortante, la *harira* est une soupe traditionnelle servie à la fin de la journée pendant le ramadan, une période de jeûne pour les musulmans.

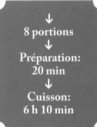

↓
8 portions
↓
Préparation: 20 min
↓
Cuisson: 6 h 10 min

1 c. à tab	huile d'olive	15 ml
2	oignons hachés	2
1 c. à thé	cumin moulu	5 ml
1 c. à thé	gingembre moulu	5 ml
1 c. à thé	curcuma	5 ml
1 c. à thé	poivre noir du moulin	5 ml
6 t	bouillon de poulet ou de légumes	1,5 L
1	botte de coriandre fraîche, parée	1
1	botte de persil frais, paré	1
1	bâton de cannelle	1
1 t	lentilles vertes ou brunes sèches, rincées et égouttées	250 ml

1	boîte de pois chiches, égouttés et rincés (19 oz/540 ml) ou	1
2 t	pois chiches cuits maison (voir encadré, p. 213)	500 ml
1	boîte de tomates en dés (28 oz/796 ml)	1
1/4 t	jus de citron	60 ml
1 c. à thé	cannelle moulue	5 ml
1	citron coupé en tranches fines	1
12	dattes dénoyautées, coupées en deux	12

→ Dans un grand poêlon, chauffer l'huile à feu moyen. Ajouter les oignons et cuire, en brassant de temps à autre, pendant environ 5 minutes ou jusqu'à ce qu'ils aient ramolli. Ajouter le cumin, le gingembre, le curcuma et le poivre et poursuivre la cuisson, en brassant, pendant 1 minute. Mettre le mélange d'oignons dans la mijoteuse.

→ Dans le poêlon, ajouter 1 t (250 ml) du bouillon et porter à ébullition en raclant le fond pour en détacher les particules. Verser le bouillon dans la mijoteuse.

→ Hacher suffisamment de la coriandre et du persil pour obtenir 1/4 t (60 ml) de chacun. Réserver les herbes hachées. Avec de la ficelle à rôti, attacher ensemble le reste de la coriandre et du persil et le bâton de cannelle. Ajouter le bouquet d'herbes, le reste du bouillon, les lentilles, les pois chiches et les tomates dans la mijoteuse.

→ Couvrir et cuire à faible intensité pendant 6 heures. Retirer le bouquet d'herbes. Ajouter le jus de citron et les herbes hachées réservées et mélanger. (Vous pouvez préparer la soupe à l'avance, la laisser refroidir complètement et la mettre dans des contenants hermétiques. Elle se conservera jusqu'à 3 jours au réfrigérateur ou jusqu'à 1 mois au congélateur.)

→ Au moment de servir, parsemer chaque portion de la cannelle moulue. Garnir des tranches de citron et des dattes.

PAR PORTION: cal.: 257; prot.: 14 g; m.g.: 4 g (1 g sat.); chol.: aucun; gluc.: 44 g; fibres: 8 g; sodium: 876 mg.

❖
Truc cuisine
❖

Pour la préparation de cette soupe, choisir des dattes bien charnues, comme les Medjool. Pour les dénoyauter, il suffit de les ouvrir sur la longueur et de retirer le noyau.

↓
10 portions
↓
Préparation:
12 min
↓
Cuisson:
8 h 30 min

Soupe aux lentilles, aux pois chiches et aux haricots à l'indienne

Cette combinaison de légumineuses fait de cette soupe un vrai régal santé. À noter que les lentilles rouges ramollissent et se défont pendant la cuisson.

SOLUTION DE RECHANGE

Remplacer chaque boîte de légumineuses par 2 t (500 ml) de légumineuses cuites maison (voir encadré, p. 213).

VARIANTE

Soupe aux lentilles, aux pois chiches et aux haricots à la mexicaine

Remplacer le gingembre et la pâte de cari par 1 c. à tab (15 ml) d'assaisonnement au chili.

2	oignons hachés	2	1	boîte de pois chiches, égouttés et rincés (19 oz/540 ml)	1
2	gousses d'ail hachées finement	2	1	boîte de haricots rouges, égouttés et rincés (19 oz/540 ml)	1
4 c. à thé	pâte de cari douce (de type Patak's)	20 ml	1	boîte de haricots noirs, égouttés et rincés (19 oz/540 ml)	1
1 c. à tab	gingembre frais, haché	15 ml			
1	boîte de tomates (28 oz/796 ml)	1			
6 t	bouillon de légumes ou de poulet	1,5 L	1 c. à tab	coriandre (ou persil) fraîche, hachée	15 ml
2 t	eau	500 ml	1 c. à thé	jus de citron	5 ml
3/4 t	lentilles rouges sèches, rincées et égouttées	180 ml	1/2 c. à thé	sel	2 ml
			1/4 c. à thé	poivre noir du moulin	1 ml

→ Dans la mijoteuse, mélanger les oignons, l'ail, la pâte de cari, le gingembre, les tomates, le bouillon, l'eau et les lentilles. Couvrir et cuire à faible intensité pendant 8 heures.

→ Ajouter les pois chiches et les haricots rouges et noirs et mélanger. Couvrir et poursuivre la cuisson à intensité élevée pendant 30 minutes. (Vous pouvez préparer la soupe jusqu'à cette étape, la laisser refroidir complètement et la mettre dans des contenants hermétiques. Elle se conservera jusqu'à 3 jours au réfrigérateur ou jusqu'à 1 mois au congélateur.)

→ Ajouter la coriandre, le jus de citron, le sel et le poivre dans la mijoteuse et mélanger.

PAR PORTION: cal.: 246; prot.: 14 g; m.g.: 4 g (traces sat.); chol.: aucun; gluc.: 41 g; fibres: 10 g; sodium: 922 mg.

Soupe à l'orge et aux lentilles

1 c. à tab	huile végétale	15 ml	4 t	bouillon de légumes	1 L
1	oignon haché	1	2 t	eau	500 ml
2	gousses d'ail hachées finement	2	1 t	lentilles brunes ou vertes sèches, rincées et égouttées	250 ml
1	carotte hachée	1	1/4 t	orge mondé ou perlé	60 ml
1	branche de céleri hachée	1	1/4 t + 1 c. à tab	persil frais, haché	75 ml
2 c. à thé	thym séché	10 ml			
1 c. à thé	sel	5 ml	1/4 t	yogourt nature	60 ml
1 c. à thé	poivre noir du moulin	5 ml			

→ Dans un grand poêlon, chauffer l'huile à feu moyen. Ajouter l'oignon, l'ail, la carotte, le céleri, le thym, le sel et le poivre et cuire, en brassant de temps à autre, pendant environ 5 minutes ou jusqu'à ce que les légumes aient ramolli. Mettre le mélange de légumes dans la mijoteuse. Ajouter le bouillon, l'eau, les lentilles et l'orge.

→ Couvrir et cuire à faible intensité de 6 à 7 heures. (Vous pouvez préparer la soupe jusqu'à cette étape, la laisser refroidir complètement et la mettre dans des contenants hermétiques. Elle se conservera jusqu'à 3 jours au réfrigérateur ou jusqu'à 1 mois au congélateur.) Ajouter 1/4 t (60 ml) du persil et mélanger.

→ Au moment de servir, garnir chaque portion du yogourt et parsemer du reste du persil.

PAR PORTION: cal.: 191; prot.: 11 g; m.g.: 3 g (traces sat.); chol.: 4 mg; gluc.: 34 g; fibres: 6 g; sodium: 918 mg.

UNE TOUCHE CRÉMEUSE
Voici quelques idées de garnitures qui ajoutent richesse et onctuosité aux soupes.

● Yogourt nature ou crème sure.

● Spirales de lait ou de crème.

● Mayonnaise additionnée d'assaisonnement au chili, de citron, de paprika, de moutarde de Meaux (moutarde à l'ancienne) ou de pâte de cari.

● Asiago, cheddar, havarti, gouda ou autres fromages à pâte ferme, râpés.

● Une cuillerée de fromage de chèvre crémeux ou une fine tranche de fromage de chèvre en bûchette.

---

4 à 6 portions

↓

Préparation: 20 min

↓

Cuisson: 6 h 5 min

Soupe aux lentilles citronnée

↓
4 à 6 portions
↓
**Préparation:
20 min**
↓
**Cuisson:
5 h 20 min**

1	oignon coupé en dés	1	1/4 c. à thé	sel	1 ml
2	carottes coupées en tranches fines	2	3 t	bouillon de légumes	750 ml
			3 t	eau	750 ml
2	branches de céleri coupées en tranches fines	2	3 t	épinards, chou cavalier ou autres verdures	750 ml
3/4 t	lentilles vertes sèches, rincées et égouttées	180 ml	2 c. à tab	jus de citron	30 ml
			1	trait de sauce tabasco	1
1/2 c. à thé	origan séché	2 ml		quartiers de citron (facultatif)	
1	feuille de laurier	1			

→ Dans la mijoteuse, mélanger l'oignon, les carottes, le céleri, les lentilles, l'origan, la feuille de laurier et le sel. Ajouter le bouillon et l'eau. Couvrir et cuire à faible intensité de 5 à 7 heures.

→ Entre-temps, parer les épinards (au besoin, à l'aide d'un couteau, hacher les plus grandes feuilles). Ajouter les épinards hachés dans la mijoteuse. Couvrir et poursuivre la cuisson à intensité élevée pendant environ 20 minutes ou jusqu'à ce qu'ils aient ramolli. (Vous pouvez préparer la soupe jusqu'à cette étape, la laisser refroidir complètement et la mettre dans des contenants hermétiques. Elle se conservera jusqu'à 3 jours au réfrigérateur.)

→ Retirer la feuille de laurier. Ajouter le jus de citron et la sauce tabasco dans la mijoteuse et mélanger. Servir avec des quartiers de citron, si désiré.

PAR PORTION: cal.: 128; prot.: 8 g; m.g.: 1 g (traces sat.); chol.: aucun; gluc.: 24 g; fibres: 5 g; sodium: 418 mg.

Bouillon de dindon

Le bouillon de dindon est parfois un peu fade au goût parce que la carcasse, qui est le secret d'un bon bouillon, attend trop longtemps au réfrigérateur. La solution: désosser le dindon tout de suite après le repas, puis réfrigérer la chair et la carcasse séparément. Le lendemain matin, on prépare le bouillon (à la mijoteuse, c'est vraiment facile) et on pourra apprécier la différence.

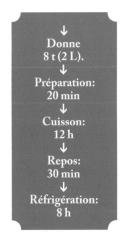

↓
Donne
8 t (2 L).
↓
Préparation:
20 min
↓
Cuisson:
12 h
↓
Repos:
30 min
↓
Réfrigération:
8 h

2	oignons non pelés, hachés	2
2	branches de céleri avec les feuilles, hachées	2
1	carotte hachée	1
1 t	champignons coupés en tranches	250 ml
1	tomate fraîche ou en boîte, coupée en quatre	1
2	gousses d'ail non pelées, écrasées	2

6	brins de persil frais	6
1	feuille de laurier	1
1 c. à thé	sel	5 ml
1 c. à thé	grains de poivre noir	5 ml
1	carcasse de dindon cuite, brisée en morceaux	1
1	cou de dindon cuit ou non	1
8 t	eau froide	2 L

→ Mettre les oignons, le céleri, la carotte, les champignons, la tomate, l'ail, le persil, la feuille de laurier, le sel et les grains de poivre dans la mijoteuse. Ajouter la carcasse et le cou de dindon et l'eau. Couvrir et cuire à faible intensité pendant 12 heures.

→ Jeter la carcasse et le cou de dindon. Dans une passoire fine tapissée d'étamine (coton à fromage) et placée sur un grand bol, filtrer le bouillon en pressant les légumes pour en extraire le liquide (jeter les légumes). Laisser refroidir pendant 30 minutes. Réfrigérer à découvert pendant environ 8 heures ou jusqu'à ce que le gras ait figé à la surface. Dégraisser le bouillon. (Vous pouvez préparer le bouillon à l'avance, le laisser refroidir complètement et le mettre dans des contenants hermétiques. Il se conservera jusqu'à 3 jours au réfrigérateur ou jusqu'à 1 mois au congélateur.)

PAR PORTION de 1 t (250 ml): cal.: 39; prot.: 5 g; m.g.: 1 g (traces sat.); chol.: 1 mg; gluc.: 1 g; fibres: aucune; sodium: 318 mg.

SOLUTION DE RECHANGE

Pour préparer du bouillon de dindon toute l'année, remplacer la carcasse et le cou de dindon par 3 lb (1,5 kg) d'ailes de dindon non cuites, qu'on trouve facilement dans les supermarchés.

Bouillon de poulet maison

↓
**Donne
8 t (2 L).**
↓
**Préparation:
10 min**
↓
**Cuisson:
12 h**
↓
**Réfrigération:
8 h**

2 lb	dos, cous et ailerons de poulet	1 kg
2	oignons non pelés, hachés	2
2	branches de céleri avec les feuilles, hachées	2
1	carotte hachée	1
1	poireau haché (facultatif)	1

6	brins de persil frais	6
2	brins de thym frais	2
2	feuilles de laurier	2
1 c. à thé	sel	5 ml
1/2 c. à thé	grains de poivre noir	2 ml
8 t	eau	2 L

→ Rincer les morceaux de poulet et les mettre dans la mijoteuse. Ajouter le reste des ingrédients et mélanger. Couvrir et cuire à faible intensité pendant 12 heures.

→ Jeter les morceaux de poulet. Dans une passoire fine tapissée d'étamine (coton à fromage) et placée sur un grand bol, filtrer le bouillon en pressant les légumes à l'aide d'une cuillère pour en extraire le maximum de liquide (jeter les légumes). Couvrir et réfrigérer pendant 8 heures ou jusqu'à ce que le gras ait figé à la surface. Dégraisser le bouillon. (Vous pouvez préparer le bouillon à l'avance, le laisser refroidir complètement et le mettre dans des contenants hermétiques. Il se conservera jusqu'à 3 jours au réfrigérateur ou jusqu'à 1 mois au congélateur.)

PAR PORTION de 1 t (250 ml): cal.: 39; prot.: 5 g; m.g.: 1 g (traces sat.); chol.: 1 mg; gluc.: 1 g; fibres: aucune; sodium: 318 mg.

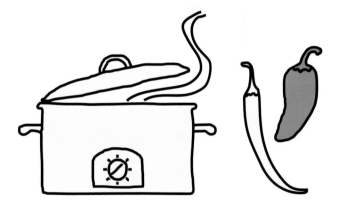

ragoûts,
CHILIS ET CARIS

Boeuf bourguignon

On reçoit? Servir le boeuf bourguignon sur des popovers coupés en deux ou avec des petits pains ou du pain baguette. Si on ne trouve pas de champignons porcini, on peut les remplacer par des morilles ou des shiitake séchés.

1	paquet de champignons porcini séchés (14 g)	1	1 1/2 t	vin rouge (pinot noir ou merlot)	375 ml
1/2 t	eau chaude	125 ml	1/2 t	bouillon de boeuf	125 ml
4 oz	bacon haché	125 g	3	brins de persil frais	3
3 c. à tab	huile végétale	45 ml	2	brins de thym frais	2
1	rôti de côtes croisées désossé, coupé en cubes de 1 1/2 po (4 cm) (environ 3 lb/1,5 kg)	1	2	feuilles de laurier	2
			1	sac d'oignons perlés, non pelés (10 oz/284 g)	1
1	oignon haché	1	1 c. à tab	beurre	15 ml
1	grosse carotte, hachée	1	3 t	champignons blancs	750 ml
2	gousses d'ail hachées finement	2	2 c. à tab	brandy ou cognac	30 ml
			1/3 t	farine	80 ml
1/2 c. à thé	sel	2 ml	1/2 t	eau froide	125 ml
1/2 c. à thé	poivre noir du moulin	2 ml	2 c. à tab	persil frais, haché	30 ml

→ Mettre les champignons porcini dans un bol, les couvrir de l'eau chaude et faire tremper pendant 30 minutes. Entre-temps, dans un grand poêlon, cuire le bacon à feu moyen-vif, en brassant, de 5 à 8 minutes ou jusqu'à ce qu'il soit croustillant. Mettre le bacon dans la mijoteuse.

→ Dégraisser le poêlon, puis chauffer 1 c. à tab (15 ml) de l'huile à feu moyen-vif. Ajouter les cubes de boeuf, en plusieurs fois, et les faire dorer (ajouter le reste de l'huile, au besoin). Mettre le boeuf dans la mijoteuse.

→ Dégraisser le poêlon. Ajouter l'oignon haché, la carotte, l'ail, le sel et le poivre et cuire à feu moyen pendant environ 3 minutes ou jusqu'à ce que l'oignon ait ramolli. Retirer les champignons porcini de l'eau et les hacher (réserver le liquide de trempage). Dans le poêlon, ajouter les champignons porcini, le liquide de trempage réservé, le vin et le bouillon. Porter à ébullition en raclant le fond du poêlon pour en détacher les particules. Verser la préparation dans la mijoteuse.

→ Attacher les brins de persil et de thym et les feuilles de laurier avec de la ficelle à rôti. Mettre le bouquet de fines herbes dans la mijoteuse. ⇒

❖ **8 portions**

Préparation: 30 min

Trempage: 30 min

Cuisson: 6 h 55 min

❖ *Truc cuisine* ❖

Le secret d'un bon boeuf bourguignon qui fond dans la bouche: une coupe de boeuf à braiser bien persillée, comme le rôti de côtes croisées.

À PROPOS

Les feuilles de laurier, le persil et le thym composent ce qu'on appelle un bouquet garni, un aromate classique de la cuisine française.

Boeuf bourguignon (suite)

→ Dans une casserole d'eau bouillante, blanchir les oignons perlés pendant 1 minute. Égoutter les oignons, les passer sous l'eau froide, les égoutter de nouveau, puis les peler en laissant la racine. Dans le poêlon, faire fondre le beurre à feu moyen. Ajouter les oignons perlés et cuire pendant environ 5 minutes ou jusqu'à ce qu'ils soient dorés. À l'aide d'une écumoire, mettre les oignons perlés dans la mijoteuse. Couvrir et cuire à faible intensité de 6 à 8 heures. Dégraisser le liquide de cuisson.

→ Dans le poêlon, cuire les champignons blancs à feu moyen-vif, en brassant, pendant environ 5 minutes ou jusqu'à ce qu'ils soient dorés. Ajouter les champignons et le brandy dans la mijoteuse. Retirer le bouquet de fines herbes.

→ Dans un petit bol, mélanger la farine et l'eau froide, verser dans la mijoteuse et bien remuer. Couvrir et poursuivre la cuisson à intensité élevée pendant environ 15 minutes ou jusqu'à ce que la sauce ait épaissi. (Vous pouvez préparer le boeuf bourguignon à l'avance, le laisser refroidir complètement et le mettre dans des contenants hermétiques. Il se conservera jusqu'à 3 jours au réfrigérateur ou jusqu'à 1 mois au congélateur.)

→ Au moment de servir, parsemer chaque portion du persil haché.

PAR PORTION: cal.: 398; prot.: 40 g; m.g.: 20 g (6 g sat.); chol.: 91 mg; gluc.: 12 g; fibres: 2 g; sodium: 390 mg.

LONGUES, RONDES OU NOUVELLES?

Voici un petit guide des pommes de terre pour nous aider à choisir les variétés qui conviennent le mieux à la mijoteuse.

● Pommes de terre longues. Très riches en amidon; chair blanche sèche et floconneuse; peau brune à chamois. Excellentes en frites et au four. À la mijoteuse, parfaites dans les recettes qui demandent de les écraser ou de les réduire en purée. Aussi très bonnes pour épaissir ou donner du corps aux soupes.

● Pommes de terre rondes. Moins riches en amidon que les pommes de terre longues; chair blanche ou jaune, ferme et cireuse; peau claire, chamois ou rouge. À la mijoteuse, idéales dans les recettes de soupes, de pot-au-feu et de plats mijotés qui demandent des morceaux ou des cubes fermes.

● Pommes de terre nouvelles. Petites pommes de terre à chair ferme et à peau brune ou rouge cueillies tôt en saison ou cultivées pour leur grosseur. À la mijoteuse, excellentes dans les recettes de pot-au-feu et de ragoûts. Délicieuses en accompagnement cuites avec un peu de bouillon, des aromates et de l'huile d'olive.

Ragoût de boeuf à l'ail rôti et aux légumes

Bien sûr, faire rôtir l'ail prend un certain temps, mais on y gagne, car il donne un arôme incomparable à ce ragoût savoureux.

2 c. à tab	huile végétale	30 ml	1/2 c. à thé	poivre noir du moulin	2 ml
12	gousses d'ail	12	1	oignon haché	1
2	carottes coupées en morceaux de 1 po (2,5 cm)	2	1 1/2 c. à thé	thym séché	7 ml
			1 1/2 c. à thé	sauge séchée	7 ml
2	panais coupés en morceaux de 1 po (2,5 cm)	2	1 1/2 t	bouillon de boeuf réduit en sel	375 ml
2	pommes de terre jaunes (de type Yukon Gold), pelées et coupées en morceaux de 1 po (2,5 cm)	2	1 t	vin rouge ou bouillon de boeuf	250 ml
			1/4 t	pâte de tomates	60 ml
1 1/2 lb	cubes de boeuf à ragoût	750 g	1 t	petits pois surgelés	250 ml
1/2 c. à thé	sel	2 ml	1/4 t	persil frais, haché	60 ml

→ Dans une petite casserole, chauffer l'huile à feu doux. Ajouter l'ail et cuire à couvert, en secouant la casserole de temps à autre, pendant environ 30 minutes ou jusqu'à ce qu'il soit doré et qu'il ait ramolli. À l'aide d'une écumoire, mettre l'ail dans une assiette (réserver l'huile dans un petit bol). Mettre les carottes, les panais et les pommes de terre dans la mijoteuse. Ajouter l'ail rôti.

→ Parsemer les cubes de boeuf du sel et du poivre. Dans un grand poêlon, chauffer 1 c. à tab (15 ml) de l'huile réservée à feu moyen-vif. Ajouter les cubes de boeuf, en plusieurs fois, et les faire dorer. Mettre le boeuf dans la mijoteuse. Dégraisser le poêlon. Chauffer le reste de l'huile réservée à feu moyen. Ajouter l'oignon et 1 c. à thé (5 ml) chacun du thym et de la sauge et cuire, en brassant de temps à autre, pendant environ 5 minutes ou jusqu'à ce que l'oignon soit légèrement doré. Mettre la préparation dans la mijoteuse.

→ Dans le poêlon, ajouter le bouillon, le vin et la pâte de tomates et porter à ébullition en raclant le fond pour en détacher les particules. Verser la préparation dans la mijoteuse. Couvrir et cuire à faible intensité de 6 à 8 heures. (Vous pouvez préparer le ragoût jusqu'à cette étape, le laisser refroidir complètement et le mettre dans des contenants hermétiques. Il se conservera jusqu'à 3 jours au réfrigérateur.)

→ Ajouter les petits pois et le reste du thym et de la sauge. Couvrir et poursuivre la cuisson à intensité élevée pendant environ 10 minutes ou jusqu'à ce que le ragoût soit fumant. Au moment de servir, parsemer chaque portion du persil.

PAR PORTION: cal.: 275; prot.: 22 g; m.g.: 10 g (3 g sat.); chol.: 42 mg; gluc.: 24 g; fibres: 4 g; sodium: 355 mg.

↓
8 portions
↓
Préparation:
25 min
↓
Cuisson:
7 h

VERSION RAPIDE

Si le temps presse, ajouter l'ail cru dans la mijoteuse sans le faire rôtir.

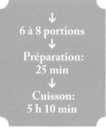

Boeuf braisé à la chinoise

Longuement braisés dans une sauce soja foncée, les cubes de boeuf prennent une belle couleur rougeâtre. Cette technique de cuisson typiquement chinoise s'appelle d'ailleurs *red cooking* en anglais.

3 lb	cubes de boeuf à ragoût	1,5 kg
4	carottes coupées en morceaux de 2 po (5 cm)	4
4	oignons verts (la partie blanche coupée en tranches fines et la partie verte coupée en morceaux de 1/2 po/1 cm de longueur)	4
2	anis étoilés	2
1 c. à thé	grains de poivre noir	5 ml
1	morceau de cannelle de 2 po (5 cm), brisé en morceaux	1
1	morceau de gingembre frais de 1 1/2 po (4 cm), coupé en tranches	1

3	gousses d'ail	3
1/3 t	sauce soja foncée	80 ml
2 c. à tab	vinaigre de riz ou xérès sec	30 ml
1 c. à thé	sucre	5 ml
1	boîte de tomates hachées grossièrement (28 oz/796 ml)	1
1/2 t	eau	125 ml
1 c. à tab	fécule de maïs	15 ml
1 c. à tab	vinaigre noir chinois ou vinaigre balsamique	15 ml
2 c. à thé	zeste d'orange râpé	10 ml

→ Mettre les cubes de boeuf et les carottes dans la mijoteuse. Ajouter la partie blanche des oignons verts.

→ Mettre les anis étoilés, les grains de poivre, la cannelle et le gingembre sur un carré d'étamine (coton à fromage) de 7 po (18 cm) de côté et l'attacher avec de la ficelle à rôti de manière à former une pochette. Mettre la pochette d'épices dans la mijoteuse. Ajouter l'ail, la sauce soja, le vinaigre de riz, le sucre, les tomates et 1/4 t (60 ml) de l'eau. Couvrir et cuire à faible intensité de 5 à 6 heures. Retirer la pochette d'épices.

→ Dans un petit bol, mélanger la fécule de maïs et le reste de l'eau, verser dans la mijoteuse et bien remuer. Couvrir et poursuivre la cuisson à intensité élevée pendant environ 10 minutes ou jusqu'à ce que la préparation ait épaissi. (Vous pouvez préparer le boeuf braisé jusqu'à cette étape, le laisser refroidir complètement et le mettre dans des contenants hermétiques. Il se conservera jusqu'à 3 jours au réfrigérateur ou jusqu'à 1 mois au congélateur.)

→ Ajouter le vinaigre noir et le zeste d'orange et mélanger. Au moment de servir, parsemer chaque portion de la partie verte des oignons verts.

PAR PORTION: cal.: 361; prot.: 37 g; m.g.: 18 g (7 g sat.); chol.: 90 mg; gluc.: 11 g; fibres: 2 g; sodium: 858 mg.

Ragoût à la grecque

Comme certains fromages feta peuvent être très salés, il est préférable de les faire tremper quelques minutes dans de l'eau froide avant de les ajouter à nos préparations. Au besoin, on peut remplacer le boeuf à ragoût par un rôti de côtes croisées désossé, coupé en cubes.

6 à 8 portions
↓
Préparation:
20 min
↓
Cuisson:
8 h 10 min

3 lb	cubes de boeuf à ragoût	1,5 kg	2 c. à thé	origan séché	10 ml
7	petits oignons, coupés en quartiers	7	1/2 c. à thé	sel	2 ml
3	gousses d'ail hachées finement	3	1/2 c. à thé	poivre noir du moulin	2 ml
1	boîte de tomates (28 oz/796 ml)	1	1/2 t	farine	125 ml
			1/2 t	eau	125 ml
1/2 t	bouillon de boeuf	125 ml	1	poivron vert haché	1
1	boîte de pâte de tomates (5 1/2 oz/156 ml)	1	1/2 t	fromage feta émietté	125 ml
2 c. à tab	vinaigre de vin rouge	30 ml	2 c. à tab	persil frais, haché	30 ml

→ Mettre les cubes de boeuf, les oignons, l'ail et les tomates dans la mijoteuse. Dans un bol, mélanger le bouillon, la pâte de tomates, le vinaigre de vin, l'origan, le sel et le poivre. Verser ce mélange dans la mijoteuse. Couvrir et cuire à faible intensité de 8 à 9 heures. Dégraisser la préparation.

→ Dans un petit bol, mélanger la farine et l'eau. Incorporer 1/2 t (125 ml) du liquide de cuisson au mélange de farine, verser dans la mijoteuse et bien remuer.

→ Ajouter le poivron. Couvrir et poursuivre la cuisson à intensité élevée pendant 10 minutes ou jusqu'à ce que la sauce ait épaissi. Au moment de servir, garnir chaque portion du fromage feta et parsemer du persil. (Vous pouvez préparer le ragoût à l'avance, le laisser refroidir complètement et le mettre dans des contenants hermétiques. Il se conservera jusqu'à 3 jours au réfrigérateur ou jusqu'à 1 mois au congélateur.)

PAR PORTION: cal.: 214; prot.: 18 g; m.g.: 6 g (3 g sat.); chol.: 35 mg; gluc.: 23 g; fibres: 4 g; sodium: 494 mg.

❖
Truc cuisine
❖

Pour un ragoût moins épais, on peut réduire la quantité de farine à 1/4 t (60 ml).

Ragoût de boeuf à l'américaine

On peut préparer ce savoureux ragoût inspiré du traditionnel chili avec du porc ou de l'agneau et remplacer les haricots de Lima par des petits pois.

6 à 8 portions

Préparation:
20 min

Cuisson:
6 h 35 min

2 c. à tab	huile végétale	30 ml		1 c. à tab	vinaigre de cidre	15 ml
2 lb	cubes de boeuf à ragoût	1 kg		1 c. à tab	miel liquide	15 ml
2	oignons hachés	2		1 3/4 t	bouillon de boeuf	430 ml
2 c. à tab	assaisonnement au chili	30 ml		1/3 t	farine	80 ml
1 c. à thé	sel	5 ml		1/2 t	eau	125 ml
1 c. à thé	poivre noir du moulin	5 ml		1 1/2 t	maïs en grains surgelé	375 ml
4	carottes coupées en morceaux de 1 po (2,5 cm)	4		1 1/2 t	haricots de Lima surgelés	375 ml
4	branches de céleri coupées en morceaux de 1 po (2,5 cm)	4				

→ Dans un grand poêlon, chauffer la moitié de l'huile à feu moyen-vif. Ajouter les cubes de boeuf, en plusieurs fois, et les faire dorer. Mettre le boeuf dans la mijoteuse.

→ Dégraisser le poêlon. Chauffer le reste de l'huile à feu moyen. Ajouter les oignons, l'assaisonnement au chili, le sel et le poivre et cuire, en brassant de temps à autre, pendant environ 4 minutes ou jusqu'à ce que les oignons aient ramolli. Mettre la préparation dans la mijoteuse. Ajouter les carottes, le céleri, le vinaigre de cidre et le miel.

→ Dans le poêlon, ajouter 1 t (250 ml) du bouillon et porter à ébullition en raclant le fond pour en détacher les particules. Verser ce liquide dans la mijoteuse, puis ajouter le reste du bouillon. Couvrir et cuire à faible intensité de 6 à 8 heures. Dégraisser la préparation.

→ Dans un petit bol, mélanger la farine et l'eau, verser dans la mijoteuse et bien remuer. Couvrir et poursuivre la cuisson à intensité élevée pendant environ 15 minutes ou jusqu'à ce que la sauce ait épaissi. (Vous pouvez préparer le ragoût jusqu'à cette étape, le laisser refroidir complètement et le mettre dans des contenants hermétiques. Il se conservera jusqu'à 3 jours au réfrigérateur ou jusqu'à 1 mois au congélateur.)

→ Ajouter le maïs et les haricots de Lima et mélanger. Couvrir et poursuivre la cuisson jusqu'à ce que le ragoût soit fumant.

PAR PORTION: cal.: 342; prot.: 31 g; m.g.: 12 g (3 g sat.); chol.: 55 mg; gluc.: 28 g; fibres: 4 g; sodium: 596 mg.

Boeuf braisé au vin rouge

Voici une version à la mijoteuse d'un plat provençal traditionnel, le boeuf en daube. Pour être vraiment dans la tradition, il est recommandé (mais pas obligatoire) d'ajouter une patte de porc, qui donnera du corps à la sauce en libérant sa gélatine naturelle. On demande au boucher de couper la patte en deux sur la longueur.

1	rôti de côtes croisées désossé, coupé en huit morceaux (environ 3 lb/1,5 kg)	1	2 t	champignons coupés en deux	500 ml
1	patte de porc coupée en deux (facultatif)	1	2 t	carottes coupées en tranches épaisses	500 ml
1 1/4 t	vin rouge ou vin blanc sec	310 ml	2	oignons hachés	2
2 c. à thé	thym séché	10 ml	4	gousses d'ail hachées finement	4
1/2 c. à thé	sel	2 ml			
1/2 c. à thé	poivre noir du moulin	2 ml	1/4 t	pâte de tomates	60 ml
1	boîte de tomates (28 oz/796 ml)	1	1/2 t	persil frais, haché	125 ml
4	tranches épaisses de bacon maigre, hachées grossièrement	4	2 c. à thé	zeste d'orange râpé	10 ml

→ Dans un grand bol en verre, mélanger les morceaux de boeuf, la patte de porc, si désiré, le vin, le thym, le sel et le poivre. Couvrir et laisser mariner au réfrigérateur jusqu'au lendemain (retourner les morceaux de boeuf de temps à autre).

→ Égoutter les tomates (réserver le jus pour un usage ultérieur), les couper en deux et les presser pour retirer les pépins. Mettre les tomates dans la mijoteuse. Ajouter le bacon, les champignons, les carottes, les oignons et l'ail et bien mélanger.

→ À l'aide d'une écumoire, mettre les morceaux de boeuf et la patte de porc dans la mijoteuse (réserver la marinade). Mélanger la pâte de tomates et la marinade réservée dans le bol, verser dans la mijoteuse et bien remuer. Couvrir et cuire à faible intensité de 5 à 6 heures. Dégraisser la préparation. (Vous pouvez préparer le boeuf braisé jusqu'à cette étape, le laisser refroidir complètement et le mettre dans des contenants hermétiques. Il se conservera jusqu'à 3 jours au réfrigérateur ou jusqu'à 1 mois au congélateur.)

→ Ajouter le persil et le zeste d'orange et mélanger.

PAR PORTION: cal.: 427; prot.: 39 g; m.g.: 24 g (11 g sat.); chol.: 100 mg; gluc.: 12 g; fibres: 3 g; sodium: 458 mg.

Pot-au-feu à la jamaïcaine

↓
8 à 10 portions
↓
Préparation:
25 min
↓
Cuisson:
7 h 45 min

2	patates douces pelées et coupées en cubes	2
1 c. à tab	huile végétale	15 ml
2 lb	cubes de boeuf à ragoût	1 kg
6	tranches de bacon hachées	6
2	oignons hachés	2
4	gousses d'ail hachées finement	4
6 t	bouillon de boeuf	1,5 L
2 t	eau	500 ml

1/4 t	pâte de tomates	60 ml
1 c. à thé	thym séché	5 ml
1/2 c. à thé	sel	2 ml
1/2 c. à thé	poivre noir du moulin	2 ml
1/4 t	farine	60 ml
2	poivrons (rouge et vert) hachés	2
1 c. à tab	vinaigre de vin	15 ml
1 c. à thé	sauce tabasco	5 ml

→ Mettre les patates douces dans la mijoteuse. Dans un grand poêlon, chauffer l'huile à feu moyen-vif. Ajouter les cubes de boeuf, en plusieurs fois, et les faire dorer. Mettre le boeuf dans la mijoteuse.

→ Dans le poêlon, cuire le bacon à feu moyen pendant 5 minutes ou jusqu'à ce qu'il soit croustillant. À l'aide d'une écumoire, mettre le bacon dans la mijoteuse. Dégraisser le poêlon. Ajouter les oignons et l'ail et cuire, en brassant de temps à autre, pendant 5 minutes ou jusqu'à ce que les oignons aient ramolli. Ajouter 1 t (250 ml) du bouillon et porter à ébullition en raclant le fond du poêlon pour en détacher les particules. Verser ce liquide dans la mijoteuse, puis ajouter le reste du bouillon, 1 1/2 t (375 ml) de l'eau, la pâte de tomates, le thym, le sel et le poivre.

→ Couvrir et cuire à faible intensité de 7 à 8 heures. Dégraisser la préparation. Dans un petit bol, mélanger la farine et le reste de l'eau, verser dans la mijoteuse et bien remuer. Ajouter les poivrons. Couvrir et poursuivre la cuisson à intensité élevée pendant 15 minutes ou jusqu'à ce que les poivrons soient tendres. Ajouter le vinaigre de vin et la sauce tabasco et mélanger. (Vous pouvez préparer le pot-au-feu à l'avance, le laisser refroidir complètement et le mettre dans des contenants hermétiques. Il se conservera jusqu'à 3 jours au réfrigérateur ou jusqu'à 1 mois au congélateur.)

PAR PORTION: cal.: 289; prot.: 25 g; m.g.: 10 g (3 g sat.); chol.: 48 mg; gluc.: 24 g; fibres: 3 g; sodium: 715 mg.

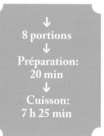

↓
8 portions
↓
Préparation:
20 min
↓
Cuisson:
7 h 25 min

Boeuf à la bière

Un classique à servir sur des nouilles, une purée de pommes de terre ou de patates douces, de la polenta, de l'orge, du riz ordinaire ou sauvage.

5	gros oignons (environ 2 lb/1 kg en tout)	5
1/3 t	farine	80 ml
1 c. à thé	sel	5 ml
1/2 c. à thé	poivre noir du moulin	2 ml
3 lb	cubes de boeuf à ragoût, le gras enlevé	1,5 kg
3 c. à tab	huile végétale (environ)	45 ml
4	tranches épaisses de bacon, hachées	4
1 c. à thé	thym séché	5 ml

1/2 c. à thé	basilic séché	2 ml
1/2 c. à thé	origan séché	2 ml
1/2 c. à thé	sauge séchée	2 ml
1	feuille de laurier	1
1	bouteille de bière blonde (de type lager) (12 oz/341 ml)	1
1 c. à tab	moutarde de Dijon	15 ml
1/4 t	persil frais, haché finement	60 ml

Truc cuisine

Pour la préparation des ragoûts et la cuisson des légumineuses, il est préférable de choisir du bacon doublement fumé, qui donne plus de saveur. Vendu en morceau ou en tranches, il est plus sec, plus maigre et diminue moins en cuisant.

→ Peler les oignons et les couper en deux sur la longueur, puis en tranches fines (vous devriez obtenir environ 8 t/2 L d'oignons tranchés en tout). Réserver.

→ Dans un grand bol, mélanger la farine, le sel et le poivre. Ajouter les cubes de boeuf, quelques-uns à la fois, et mélanger pour bien les enrober (réserver le reste du mélange de farine). Dans un grand poêlon, chauffer 1 c. à tab (15 ml) de l'huile à feu moyen-vif. Ajouter les cubes de boeuf, en plusieurs fois, et les faire dorer (ajouter de l'huile, au besoin). Mettre le boeuf dans la mijoteuse.

→ Dans le poêlon, chauffer le reste de l'huile (en ajouter pour couvrir le fond du poêlon, au besoin). Ajouter le bacon et cuire jusqu'à ce qu'il commence à devenir croustillant. Ajouter les oignons réservés, le thym, le basilic, l'origan, la sauge, la feuille de laurier et le reste de la farine réservée et cuire, en brassant, pendant environ 8 minutes ou jusqu'à ce que les oignons aient ramolli. Mettre la préparation dans la mijoteuse.

→ Dans le poêlon, ajouter la bière et porter à ébullition en raclant le fond pour en détacher les particules. Verser ce liquide dans la mijoteuse, puis ajouter la moutarde de Dijon. Couvrir et cuire à faible intensité de 7 à 8 heures. Retirer la feuille de laurier. (Vous pouvez préparer le boeuf à la bière à l'avance, le laisser refroidir complètement et le mettre dans des contenants hermétiques. Il se conservera jusqu'à 3 jours au réfrigérateur ou jusqu'à 1 mois au congélateur.)

→ Au moment de servir, parsemer chaque portion du persil.

PAR PORTION: cal.: 479; prot.: 37 g; m.g.: 29 g (11 g sat.); chol.: 110 mg; gluc.: 17 g; fibres: 2 g; sodium: 525 mg.

Ragoût de boeuf à l'ancienne

On peut remplacer les haricots verts par des petits pois surgelés.

1/2 t	farine	125 ml	1 t	rutabaga pelé et coupé en cubes	250 ml
2 lb	cubes de boeuf à ragoût	1 kg	3 t	bouillon de boeuf	750 ml
1 c. à tab	huile végétale	15 ml	2	feuilles de laurier	2
1/2 t + 1/3 t	eau	205 ml	2 c. à thé	marjolaine (ou thym) séchée	10 ml
2	oignons hachés	2	3/4 c. à thé	sel	4 ml
2	carottes hachées	2	3/4 c. à thé	poivre noir du moulin	4 ml
2	panais hachés	2	2 t	haricots verts parés et hachés	500 ml
2	pommes de terre pelées et coupées en cubes	2			

→ Dans un plat peu profond, mettre la moitié de la farine. Ajouter les cubes de boeuf, quelques-uns à la fois, et mélanger pour bien les enrober. Dans un grand poêlon, chauffer l'huile à feu moyen-vif. Ajouter les cubes de boeuf, en plusieurs fois, et les faire dorer. Mettre le boeuf dans la mijoteuse.

→ Dans le poêlon, ajouter 1/2 t (125 ml) de l'eau et porter à ébullition en raclant le fond pour en détacher les particules. Verser ce liquide dans la mijoteuse, puis ajouter les oignons, les carottes, les panais, les pommes de terre, le rutabaga, le bouillon, les feuilles de laurier, la marjolaine, le sel et le poivre. Couvrir et cuire à faible intensité de 7 à 8 heures. Dégraisser la préparation.

→ Dans un petit bol, mélanger le reste de la farine et de l'eau, verser dans la mijoteuse et bien remuer. Ajouter les haricots verts. Couvrir et poursuivre la cuisson à intensité élevée pendant environ 15 minutes ou jusqu'à ce que la préparation ait épaissi et que les haricots soient tendres. Retirer les feuilles de laurier. (Vous pouvez préparer le ragoût à l'avance, le laisser refroidir complètement et le mettre dans des contenants hermétiques. Il se conservera jusqu'à 3 jours au réfrigérateur.)

PAR PORTION: cal.: 256; prot.: 23 g; m.g.: 8 g (3 g sat.); chol.: 44 mg; gluc.: 22 g; fibres: 3 g; sodium: 480 mg.

↓
8 à 10 portions
↓
Préparation:
20 min
↓
Cuisson:
7 h 30 min

❖
Truc cuisine
❖

Lorsqu'un ragoût contient des légumes sucrés, comme les oignons, les carottes et les panais, il faut parfois rééquilibrer les saveurs en ajoutant un trait de jus de citron, de vinaigre de cidre ou de vinaigre balsamique. Le mieux, c'est de goûter avant de servir et de rectifier au besoin.

Osso buco au vin blanc

On trouve parfois les jarrets de veau sous le nom de «osso buco» à l'épicerie.

↓
8 portions
↓
Préparation:
35 min
↓
Cuisson:
6 h 35 min

3 c. à tab	farine	45 ml	1 c. à thé	romarin séché	5 ml
1/2 c. à thé	sel	2 ml	3/4 t	vin blanc sec	180 ml
1/2 c. à thé	poivre noir du moulin	2 ml	3/4 t	bouillon de poulet	180 ml
8	tranches de jarret de veau de 1 1/2 po (4 cm) d'épaisseur (environ 4 1/2 lb/2,25 kg en tout)	8	1 c. à thé	zeste de citron râpé	5 ml
			1/2 t	olives vertes dénoyautées, coupées en deux	125 ml
4 c. à thé	huile d'olive	20 ml	1 c. à tab	jus de citron	15 ml
1	oignon haché	1	1 c. à tab	câpres rincées	15 ml
4	gousses d'ail hachées finement	4	3 c. à tab	eau	45 ml
			2 c. à tab	persil frais, haché	30 ml

SOLUTION DE RECHANGE

On n'a pas de vin blanc ou on préfère ne pas en utiliser? On peut le remplacer par la même quantité de bouillon de poulet réduit en sel additionné de 1 1/2 c. à thé (7 ml) de vinaigre de vin.

→ Dans un plat peu profond, mélanger la farine et la moitié du sel et du poivre. Couper huit ficelles à rôti de 24 po (60 cm) de longueur. Faire deux tours de ficelle autour de chaque tranche de jarret et bien attacher. Passer les tranches de jarret dans le mélange de farine pour bien les enrober (secouer pour enlever l'excédent). Réserver le reste du mélange de farine.

→ Dans un grand poêlon, chauffer 1 c. à tab (15 ml) de l'huile à feu moyen-vif. Ajouter les tranches de jarret, en plusieurs fois, et les faire dorer. Mettre les tranches de jarret dans la mijoteuse.

→ Dégraisser le poêlon. Chauffer le reste de l'huile à feu moyen. Ajouter l'oignon, l'ail, le romarin et le reste du sel et du poivre et cuire, en brassant de temps à autre, pendant 5 minutes ou jusqu'à ce que l'oignon ait ramolli. Mettre la préparation dans la mijoteuse. Ajouter le vin, le bouillon et le zeste de citron. Couvrir et cuire à faible intensité de 6 à 8 heures. Dégraisser la préparation. Ajouter les olives, le jus de citron et les câpres.

→ Dans un petit bol, mélanger le reste de la farine réservée et l'eau, verser dans la mijoteuse et bien remuer. Couvrir et poursuivre la cuisson à intensité élevée pendant 15 minutes ou jusqu'à ce que la sauce ait épaissi. (Vous pouvez préparer l'osso buco à l'avance, le laisser refroidir complètement et le mettre dans des contenants hermétiques. Il se conservera jusqu'à 3 jours au réfrigérateur ou jusqu'à 1 mois au congélateur.)

→ Au moment de servir, parsemer chaque portion du persil.

PAR PORTION: cal.: 258; prot.: 35 g; m.g.: 10 g (3 g sat.); chol.: 148 mg; gluc.: 5 g; fibres: 1 g; sodium: 540 mg.

Casserole de veau aux champignons

1/3 t	farine	80 ml		3/4 c. à thé	poivre noir du moulin	4 ml
2 1/2 lb	cubes de veau à ragoût	1,25 kg		1/2 c. à thé	thym séché	2 ml
2 c. à tab	huile végétale	30 ml		1/4 c. à thé	noix de muscade râpée	1 ml
2 c. à tab	beurre	30 ml		2 1/2 t	bouillon de poulet	625 ml
1	oignon haché	1		4 t	champignons blancs ou café	1 L
3	poireaux hachés (les parties blanche et vert pâle seulement)	3		2 t	champignons shiitake, les pieds enlevés	500 ml
2	gousses d'ail hachées finement	2		2 c. à tab	jus de citron	30 ml
1	feuille de laurier	1		1/2 t	crème à 35 % (facultatif)	125 ml
3/4 c. à thé	sel	4 ml		1/4 t	persil frais, haché	60 ml

→ Dans un plat peu profond, mettre la farine. Ajouter les cubes de veau, quelques-uns à la fois, et mélanger pour bien les enrober. Dans un grand poêlon, chauffer l'huile à feu moyen-vif. Ajouter les cubes de veau, en plusieurs fois, et les faire dorer. Mettre le veau dans la mijoteuse.

→ Dégraisser le poêlon. Ajouter 1 c. à tab (15 ml) du beurre, l'oignon, les poireaux, l'ail et la feuille de laurier. Cuire à feu moyen, en brassant de temps à autre, pendant environ 5 minutes ou jusqu'à ce que l'oignon ait ramolli. Ajouter 1/2 c. à thé (2 ml) chacun du sel et du poivre, le thym, la muscade et le bouillon. Porter à ébullition en raclant le fond du poêlon pour en détacher les particules. Verser la préparation dans la mijoteuse. Couvrir et cuire à faible intensité de 6 à 7 heures. Dégraisser la préparation. Retirer la feuille de laurier. (Vous pouvez préparer la casserole jusqu'à cette étape, la laisser refroidir complètement et la mettre dans des contenants hermétiques. Elle se conservera jusqu'à 3 jours au réfrigérateur ou jusqu'à 1 mois au congélateur.)

→ Dans le poêlon, chauffer le reste du beurre à feu moyen-vif. Ajouter les champignons blancs, les champignons shiitake et le reste du sel et du poivre et cuire, en brassant, pendant environ 10 minutes ou jusqu'à ce qu'ils soient légèrement dorés. Mettre les champignons et le jus de citron dans la mijoteuse. Couvrir et poursuivre la cuisson à intensité élevée pendant environ 15 minutes ou jusqu'à ce que les champignons aient ramolli. Ajouter la crème, si désiré, et le persil et mélanger.

PAR PORTION: cal.: 302; prot.: 31 g; m.g.: 14 g (5 g sat.); chol.: 137 mg; gluc.: 12 g; fibres: 2 g; sodium: 630 mg.

Chili au boeuf et aux pois chiches

1 c. à tab	huile végétale	15 ml
2 lb	cubes de boeuf à ragoût	1 kg
2	oignons hachés	2
2	carottes hachées	2
2	branches de céleri hachées	2
1	boîte de tomates étuvées (19 oz/540 ml)	1
1	boîte de pois chiches, égouttés et rincés (19 oz/540 ml) ou	1
2 t	pois chiches cuits maison (voir encadré, p. 213)	500 ml
1 t	bouillon de boeuf	250 ml
1	boîte de pâte de tomates (5 1/2 oz/156 ml)	1
2 c. à tab	assaisonnement au chili	30 ml
1 c. à thé	cumin moulu	5 ml
1 c. à thé	origan séché	5 ml
3/4 c. à thé	sel	4 ml
1	poivron rouge haché	1

→ Dans un grand poêlon, chauffer l'huile à feu moyen-vif. Ajouter les cubes de boeuf, en plusieurs fois, et les faire dorer. Mettre le boeuf dans la mijoteuse. Ajouter les oignons, les carottes, le céleri, les tomates, les pois chiches, le bouillon, la pâte de tomates, l'assaisonnement au chili, le cumin, l'origan et le sel. Couvrir et cuire à faible intensité de 7 à 8 heures. Dégraisser la préparation. (Vous pouvez préparer le chili jusqu'à cette étape, le laisser refroidir complètement et le mettre dans des contenants hermétiques. Il se conservera jusqu'à 3 jours au réfrigérateur ou jusqu'à 1 mois au congélateur.)

→ Ajouter le poivron. Couvrir et poursuivre la cuisson à intensité élevée pendant 15 minutes ou jusqu'à ce qu'il soit tendre.

PAR PORTION: cal.: 441; prot.: 41 g; m.g.: 15 g (4 g sat.); chol.: 74 mg; gluc.: 37 g; fibres: 8 g; sodium: 980 mg.

SOLUTION DE RECHANGE

Remplacer les pois chiches par des haricots rouges ou d'autres légumineuses.

Boeuf haché à l'espagnole

Une astuce pour cette recette: on congèle les restes du repas et on les utilise comme garniture à burritos.

↓
6 portions
↓
Préparation:
15 min
↓
Cuisson:
6 h 20 min

2 lb	boeuf haché maigre	1 kg	2 c. à thé	origan séché	10 ml
2	oignons hachés	2	1/2 c. à thé	sel	2 ml
2	gousses d'ail hachées finement	2	1/4 c. à thé	poivre noir du moulin	1 ml
1	boîte de pâte de tomates (5 1/2 oz/156 ml)	1	1/2 t	olives vertes farcies au poivron rouge, coupées en tranches	125 ml
1 t	eau	250 ml	1	poivron vert haché	1
2 c. à tab	sauce Worcestershire	30 ml			
2 c. à tab	vinaigre de vin rouge	30 ml			
1 c. à tab	piment chili frais ou mariné (de type jalapeño), haché finement	15 ml			

→ Dans un grand poêlon, cuire le boeuf haché à feu moyen-vif, en le défaisant à l'aide d'une cuillère de bois, pendant environ 5 minutes ou jusqu'à ce qu'il ait perdu sa teinte rosée. À l'aide d'une écumoire, mettre le boeuf haché dans la mijoteuse. Ajouter les oignons, l'ail, la pâte de tomates, l'eau, la sauce Worcestershire, le vinaigre de vin, le piment chili, l'origan, le sel et le poivre. Couvrir et cuire à faible intensité de 6 à 8 heures. Dégraisser la préparation. (Vous pouvez préparer le boeuf haché jusqu'à cette étape, le laisser refroidir complètement et le mettre dans des contenants hermétiques. Il se conservera jusqu'à 3 jours au réfrigérateur ou jusqu'à 1 mois au congélateur.)

→ Ajouter les olives et le poivron et mélanger. Couvrir et poursuivre la cuisson à intensité élevée pendant environ 15 minutes ou jusqu'à ce que le poivron soit tendre.

PAR PORTION: cal.: 319; prot.: 32 g; m.g.: 17 g (6 g sat.); chol.: 80 mg; gluc.: 12 g; fibres: 3 g; sodium: 661 mg.

Casserole de saucisses aux champignons

À servir sur des petits pains avec des crudités et des cornichons.

2 c. à tab	huile végétale	30 ml		1	poivron rouge haché	1
1 lb	saucisses italiennes douces, la peau enlevée et la chair émiettée	500 g		2 c. à thé	origan séché	10 ml
				1/2 c. à thé	sel	2 ml
1 lb	boeuf haché maigre	500 g		1/4 c. à thé	poivre noir du moulin	1 ml
3	oignons hachés	3		1/4 t	pâte de tomates	60 ml
4	gousses d'ail hachées finement	4		1	boîte de tomates (28 oz/796 ml)	1
4 t	champignons coupés en tranches (12 oz/375 g)	1 L				

→ Dans un grand poêlon, chauffer la moitié de l'huile à feu moyen-vif. Ajouter la chair des saucisses et le boeuf haché et cuire, en les défaisant à l'aide d'une cuillère de bois, pendant environ 8 minutes ou jusqu'à ce qu'ils aient perdu leur teinte rosée. À l'aide d'une écumoire, mettre la chair des saucisses et le boeuf haché dans la mijoteuse.

→ Dégraisser le poêlon. Chauffer le reste de l'huile à feu moyen-vif. Ajouter les oignons, l'ail, les champignons, le poivron, l'origan, le sel et le poivre et cuire, en brassant, pendant environ 8 minutes ou jusqu'à ce que les légumes aient ramolli. Ajouter la pâte de tomates et poursuivre la cuisson, en brassant, pendant 2 minutes. Mettre la préparation dans la mijoteuse. Ajouter les tomates en les défaisant à l'aide d'une cuillère de bois. Couvrir et cuire à faible intensité de 4 à 6 heures.

PAR PORTION: cal.: 304; prot.: 22 g; m.g.: 19 g (6 g sat.); chol.: 55 mg; gluc.: 13 g; fibres: 3 g; sodium: 677 mg.

↓
8 portions
↓
Préparation:
20 min
↓
Cuisson:
4 h 20 min

Ragoût de porc aux tomates et au fenouil

2 lb	cubes de porc à ragoût	1 kg	2 t	coulis de tomates du commerce	500 ml
1/2 c. à thé	sel	2 ml	3	brins de thym frais ou	3
1/2 c. à thé	poivre noir du moulin	2 ml	1 c. à thé	thym séché	5 ml
2 c. à tab	huile végétale	30 ml	1 c. à tab	farine	15 ml
1	oignon haché	1	2 c. à tab	eau	30 ml
2	carottes hachées	2	1/3 t	olives noires dénoyautées, hachées	80 ml
2	branches de céleri hachées	2	1/4 t	persil frais, haché	60 ml
4	gousses d'ail	4			
2 c. à thé	graines de fenouil broyées	10 ml			
1/2 t	bouillon de poulet réduit en sel	125 ml			

↓
4 portions
↓
Préparation:
25 min
↓
Cuisson:
6 h 40 min

→ Parsemer les cubes de porc de la moitié du sel et du poivre. Dans un grand poêlon, chauffer la moitié de l'huile à feu moyen-vif. Ajouter les cubes de porc, en plusieurs fois, et les faire dorer (ajouter un peu du reste de l'huile, au besoin). Mettre le porc dans la mijoteuse.

→ Dégraisser le poêlon. Chauffer le reste de l'huile à feu moyen. Ajouter l'oignon, les carottes, le céleri, l'ail, les graines de fenouil et le reste du sel et du poivre et cuire, en brassant de temps à autre, pendant environ 8 minutes ou jusqu'à ce que les légumes aient ramolli. Ajouter le bouillon et porter à ébullition en raclant le fond du poêlon pour en détacher les particules. Verser la préparation dans la mijoteuse. Ajouter le coulis de tomates et le thym. Couvrir et cuire à faible intensité de 6 à 7 heures. Dégraisser la préparation.

→ Dans un petit bol, mélanger la farine et l'eau, verser dans la mijoteuse et bien remuer. Couvrir et poursuivre la cuisson à intensité élevée pendant environ 15 minutes ou jusqu'à ce que la préparation ait épaissi. Ajouter les olives et mélanger.

→ Au moment de servir, parsemer chaque portion du persil.

PAR PORTION: cal.: 355; prot.: 37 g; m.g.: 15 g (3 g sat.); chol.: 104 mg; gluc.: 17 g; fibres: 3 g; sodium: 640 mg.

SOLUTION DE RECHANGE

On peut remplacer le coulis de tomates par la même quantité de tomates en boîte épépinées et hachées.

Casserole de porc aux oignons perlés

Cette casserole de porc parfumée de sauce soja, d'ail, de vinaigre de riz et
de feuilles de laurier est un plat traditionnel des Philippines. On peut aussi
la préparer avec du poulet ou des fruits de mer et la servir sur un lit de riz.

1 c. à tab	huile végétale	15 ml	1/4 t	sauce soja	60 ml
3 lb	cubes de porc à ragoût	1,5 kg	3	tranches fines de gingembre frais	3
2 t	oignons perlés pelés (un sac de 10 oz/284 g)	500 ml	3	feuilles de laurier	3
2	oignons hachés	2	3	clous de girofle	3
6	carottes coupées en morceaux	6	1	bâton de cannelle brisé en morceaux	1
4	gousses d'ail hachées finement	4	2 c. à thé	grains de poivre noir	10 ml
1 t + 2 c. à tab	eau	280 ml	1 c. à tab	fécule de maïs	15 ml
1/2 t	vinaigre de riz ou de cidre	125 ml	1	branche de céleri coupée en tranches fines	1

→ Dans un grand poêlon, chauffer l'huile à feu moyen-vif. Ajouter les cubes de porc, en plusieurs fois, et les faire dorer. Mettre le porc dans la mijoteuse.

→ Dégraisser le poêlon. Ajouter les oignons perlés, les oignons hachés, les carottes et l'ail et cuire à feu moyen, en brassant de temps à autre, pendant environ 6 minutes ou jusqu'à ce que les oignons hachés soient dorés. Mettre la préparation dans la mijoteuse.

→ Dans le poêlon, ajouter 1 t (250 ml) de l'eau, le vinaigre de riz et la sauce soja et porter à ébullition en raclant le fond pour en détacher les particules. Verser le mélange de vinaigre dans la mijoteuse.

→ Mettre le gingembre, les feuilles de laurier, les clous de girofle, la cannelle et les grains de poivre sur un carré d'étamine (coton à fromage) de 6 po (15 cm) de côté et l'attacher avec de la ficelle à rôti de manière à former une pochette. Mettre la pochette d'épices dans la mijoteuse. Couvrir et cuire à faible intensité de 6 à 8 heures. Retirer la pochette d'épices. Dégraisser la préparation.

→ Dans un petit bol, mélanger la fécule de maïs et le reste de l'eau, verser dans la mijoteuse et bien remuer. Ajouter le céleri. Couvrir et poursuivre la cuisson à intensité élevée pendant environ 20 minutes ou jusqu'à ce que la préparation ait épaissi. (Vous pouvez préparer la casserole à l'avance, la laisser refroidir complètement et la mettre dans des contenants hermétiques. Elle se conservera jusqu'à 3 jours au réfrigérateur ou jusqu'à 1 mois au congélateur.)

PAR PORTION: cal.: 327; prot.: 38 g; m.g.: 13 g (4 g sat.); chol.: 107 mg; gluc.: 13 g; fibres: 2 g; sodium: 677 mg.

COUPES DE PORC IDÉALES POUR LA MIJOTEUSE

● Rôtis d'épaule, de milieu de longe et de soc de porc désossés. **Coupés en cubes, ils font des ragoûts, des casseroles et des braisés succulents et de savoureux chilis.**

Casserole de porc aux légumes et au citron

1 c. à tab	huile végétale	15 ml	1 c. à thé	zeste de citron râpé	5 ml
2 lb	cubes de porc à ragoût	1 kg	1 c. à tab	jus de citron	15 ml
2	oignons hachés	2	3/4 c. à thé	sel	4 ml
2	patates douces pelées et coupées en cubes	2	1/4 t	farine	60 ml
			1/4 t	eau	60 ml
2	branches de céleri coupées en tranches	2	1	boîte de coeurs d'artichauts, égouttés (14 oz/398 ml)	1
3 t	bouillon de poulet	750 ml	2 t	haricots verts surgelés ou petits pois surgelés	500 ml
2 c. à thé	thym séché	10 ml			

4 à 6 portions

Préparation: 25 min

Cuisson: 6 h 35 min

→ Dans un grand poêlon, chauffer l'huile à feu moyen-vif. Ajouter les cubes de porc, en plusieurs fois, et les faire dorer. Mettre le porc dans la mijoteuse.

→ Ajouter les oignons, les patates douces, le céleri, le bouillon, le thym, le zeste et le jus de citron et le sel dans la mijoteuse. Couvrir et cuire à faible intensité de 6 à 8 heures. Dégraisser la préparation.

→ Dans un petit bol, mélanger la farine et l'eau, verser dans la mijoteuse et bien remuer. Couvrir et cuire à intensité élevée pendant environ 15 minutes ou jusqu'à ce que la préparation ait épaissi. (Vous pouvez préparer la casserole jusqu'à cette étape, la laisser refroidir complètement et la mettre dans des contenants hermétiques. Elle se conservera jusqu'à 3 jours au réfrigérateur ou jusqu'à 1 mois au congélateur.)

→ Ajouter les coeurs d'artichauts et les haricots verts. Couvrir et poursuivre la cuisson à intensité élevée de 10 à 15 minutes ou jusqu'à ce que les haricots soient tendres.

PAR PORTION: cal.: 392; prot.: 38 g; m.g.: 13 g (4 g sat.); chol.: 95 mg; gluc.: 29 g; fibres: 5 g; sodium: 946 mg.

Ragoût de porc au fenouil et à la courge

Facile à couper et à épépiner, la courge musquée est parfaite pour la cuisson des ragoûts et des soupes. S'il en reste, on peut la conserver quelques jours au frigo, enveloppée d'une pellicule de plastique.

↓
8 portions
↓
Préparation:
30 min
↓
Cuisson:
6 h 40 min

3 lb	cubes de porc à ragoût	1,5 kg		1/2 t	vin blanc sec	125 ml
3/4 c. à thé	sel	4 ml		2 c. à tab	pâte de tomates	30 ml
1/4 c. à thé	poivre noir du moulin	1 ml		1	boîte de tomates (28 oz/796 ml)	1
1	bulbe de fenouil	1		3 t	courge musquée (de type butternut), pelée et coupée en cubes	750 ml
3 c. à tab	huile végétale	45 ml				
1	oignon haché	1		1/2 t + 1/3 t	eau	205 ml
2	gousses d'ail hachées finement	2				
1 1/2 c. à thé	mélange de fines herbes séchées à l'italienne ou sauge séchée	7 ml		1/2 t	bouillon de poulet réduit en sel	125 ml
				1/4 t	farine	60 ml
2	feuilles de laurier	2		2 c. à tab	persil frais, haché	30 ml

→ Dans un bol, mélanger les cubes de porc avec 1/4 c. à thé (1 ml) du sel et le poivre. Couper les feuilles plumeuses du bulbe de fenouil et les hacher grossièrement (jeter les tiges). Couper le bulbe sur la longueur en quartiers de 1 po (2,5 cm) d'épaisseur. Réserver les feuilles hachées et les quartiers de fenouil séparément.

→ Dans un grand poêlon, chauffer 2 c. à tab (30 ml) de l'huile à feu moyen-vif. Ajouter les cubes de porc, en plusieurs fois, et les faire dorer. Mettre le porc dans la mijoteuse.

→ Dégraisser le poêlon. Chauffer le reste de l'huile à feu moyen. Ajouter les quartiers de fenouil réservés, l'oignon, l'ail, le mélange de fines herbes, les feuilles de laurier et le reste du sel et cuire pendant environ 10 minutes ou jusqu'à ce que les légumes aient ramolli. Mettre la préparation dans la mijoteuse. ▪▪➡

Ragoût de porc au fenouil et à la courge *(suite)*

→ Dans le poêlon, ajouter le vin et porter à ébullition en raclant le fond pour en détacher les particules. Ajouter la pâte de tomates et cuire, en brassant, pendant environ 1 minute. Verser le mélange de vin dans la mijoteuse. Ajouter les tomates, en les défaisant à l'aide d'une cuillère de bois, puis la courge, 1/2 t (125 ml) de l'eau et le bouillon. Couvrir et cuire à faible intensité de 6 à 7 heures. Dégraisser la préparation.

→ Dans un petit bol, mélanger la farine et le reste de l'eau, verser dans la mijoteuse et bien remuer. Couvrir et poursuivre la cuisson à intensité élevée pendant environ 15 minutes ou jusqu'à ce que la préparation ait épaissi. (Vous pouvez préparer le ragoût à l'avance, le laisser refroidir complètement et le mettre dans des contenants hermétiques. Il se conservera jusqu'à 3 jours au réfrigérateur.)

→ Au moment de servir, parsemer chaque portion du persil et garnir des feuilles de fenouil réservées.

PAR PORTION: cal.: 261; prot.: 26 g; m.g.: 10 g (2 g sat.); chol.: 72 mg; gluc.: 18 g; fibres: 3 g; sodium: 484 mg.

CONSERVATION DES FINES HERBES SÉCHÉES ET DES ÉPICES

Personne n'a envie de gâcher ses plats avec des fines herbes et des épices éventées. Voici quelques conseils pratiques pour maximiser leur fraîcheur.

● Les conserver dans un endroit sombre à l'abri de la chaleur.

● Les acheter en petites quantités.

● Les vérifier tous les six mois et jeter celles qui sont ternes ou qui présentent des traces de moisissure.

● Acheter des épices entières: elles conservent leur saveur plus longtemps. Utiliser une râpe bon marché pour les petits ingrédients, comme la noix de muscade, et un moulin à café propre pour moudre les graines et les écorces.

● Se procurer des fines herbes séchées entières (par exemple, des feuilles de thym entières) et éviter les fines herbes moulues.

Ragoût de porc à la hongroise

Un délicieux ragoût à servir garni d'une cuillerée de crème sure sur un lit de nouilles aux oeufs et accompagné de haricots verts. Le secret de son goût typique qui rappelle un peu celui de la goulash? Le paprika. On trouve du vrai bon paprika hongrois ou espagnol (doux, fort ou fumé) dans les épiceries fines. Une fois la boîte ouverte, on voudra en mettre partout pour relever nos plats: oeufs, poisson, volaille, légumineuses, viandes, etc.

↓
4 à 6 portions
↓
Préparation:
20 min
↓
Cuisson:
6 h 10 min

2	oignons coupés en tranches	2	2 c. à tab	cassonade tassée	30 ml
2	gousses d'ail hachées finement	2	2 c. à tab	sauce Worcestershire	30 ml
2 lb	cubes de porc à ragoût	1 kg	1 c. à tab	paprika fumé ou doux	15 ml
1 t + 1/4 t	eau	310 ml	1 c. à thé	origan séché	5 ml
			1/2 c. à thé	moutarde sèche	2 ml
1/2 t	salsa du commerce ou sauce tomate	125 ml	1/2 c. à thé	sel	2 ml
			1/4 c. à thé	poivre noir du moulin	1 ml
			3 c. à tab	farine	45 ml

→ Mettre les oignons et l'ail dans la mijoteuse. Mettre les cubes de porc sur les oignons. Dans un bol, mélanger 1 t (250 ml) de l'eau, la salsa, la cassonade, la sauce Worcestershire, le paprika, l'origan, la moutarde, le sel et le poivre. Verser le mélange de salsa dans la mijoteuse. Couvrir et cuire à faible intensité de 6 à 7 heures. Dégraisser la préparation.

→ Dans un petit bol, mélanger la farine et le reste de l'eau, verser dans la mijoteuse et bien remuer. Couvrir et poursuivre la cuisson à intensité élevée de 10 à 15 minutes ou jusqu'à ce que la sauce ait épaissi. (Vous pouvez préparer le ragoût à l'avance, le laisser refroidir complètement et le mettre dans des contenants hermétiques. Il se conservera jusqu'à 3 jours au réfrigérateur ou jusqu'à 1 mois au congélateur.)

PAR PORTION: cal.: 187; prot.: 22 g; m.g.: 4 g (2 g sat.); chol.: 64 mg; gluc.: 15 g; fibres: 2 g; sodium: 453 mg.

VARIANTE
Ragoût de boeuf au paprika

Remplacer le porc par 2 lb (1 kg) de cubes de boeuf à ragoût, la salsa par de la sauce chili et le paprika fumé par du paprika doux.

Chili au porc et aux haricots noirs

On trouve le coulis de tomates en bouteille dans les supermarchés, au rayon des tomates en conserve. Ici, on peut le remplacer par la même quantité de tomates en boîte épépinées et hachées ou de sauce tomate du commerce.

4 portions
↓
Préparation:
30 min
↓
Cuisson:
6 h 30 min

Chili au porc

4	tranches épaisses de bacon, coupées en lanières	4
1 1/4 lb	cubes de porc à ragoût	625 g
1 c. à tab	huile végétale	15 ml
2	oignons coupés en dés	2
1	carotte coupée en dés	1
1	poivron vert coupé en dés	1
4	gousses d'ail hachées finement	4
1 1/2 c. à thé	origan séché	7 ml
1 1/2 c. à thé	cumin moulu	7 ml
1/4 c. à thé	sel	1 ml
1/4 c. à thé	poivre noir du moulin	1 ml
2 t	eau	500 ml

2	boîtes de haricots noirs, égouttés et rincés (19 oz/540 ml chacune) ou	2
4 t	haricots noirs cuits maison (voir encadré, p. 213)	1 L
1/2 t	coulis de tomates du commerce	125 ml

Salsa aux tomates

1/2 t	tomates cerises ou tomates raisins hachées	125 ml
1/2	poivron jaune ou orange coupé en dés	1/2
1	oignon vert coupé en tranches fines	1
1 c. à tab	jus de lime	15 ml

Préparation du chili

→ Dans un grand poêlon, cuire le bacon à feu moyen jusqu'à ce qu'il soit croustillant. À l'aide d'une écumoire, mettre le bacon dans une assiette tapissée d'essuie-tout. Dégraisser le poêlon en réservant 1 c. à tab (15 ml) du gras. Ajouter les cubes de porc, en plusieurs fois, et les faire dorer. Mettre le bacon et le porc dans la mijoteuse.

→ Dégraisser le poêlon. Chauffer l'huile à feu moyen. Ajouter les oignons, la carotte, le poivron, l'ail, l'origan, le cumin, le sel et le poivre et cuire pendant environ 10 minutes ou jusqu'à ce que les oignons soient dorés. Mettre la préparation dans la mijoteuse.

→ Dans le poêlon, ajouter 1 t (250 ml) de l'eau et porter à ébullition en raclant le fond pour en détacher les particules. Verser ce liquide dans la mijoteuse. Ajouter le reste de l'eau, les haricots noirs et le coulis de tomates. Couvrir et cuire à faible intensité de 6 à 8 heures. Dégraisser la préparation. (Vous pouvez préparer le chili à l'avance, le laisser refroidir complètement et le mettre dans des contenants hermétiques. Il se conservera jusqu'à 3 jours au réfrigérateur ou jusqu'à 1 mois au congélateur.)

Préparation de la salsa

→ Dans un bol, mélanger les tomates, le poivron, l'oignon vert et le jus de lime. Servir avec le chili.

PAR PORTION: cal.: 545; prot.: 50 g; m.g.: 16 g (5 g sat.); chol.: 98 mg; gluc.: 51 g; fibres: 18 g; sodium: 1 172 mg.

↓
4 à 6 portions
↓
Préparation:
20 min
↓
Cuisson:
4 h 30 min

Casserole de saucisses aux tomates

Au lieu d'utiliser du poivron vert, pourquoi ne pas essayer le piment cubanel? Vert pâle, assez long et pointu, sa chair est plus mince, plus goûteuse et moins amère que celle du poivron vert ordinaire. Comme le poivron, on l'ajoute un peu avant la fin de la cuisson pour lui garder sa fraîcheur et son croquant.

1 c. à tab	huile végétale	15 ml		1/4 t	pâte de tomates	60 ml
2 lb	saucisses italiennes douces ou fortes, coupées en tranches	1 kg		2 c. à thé	mélange de fines herbes séchées à l'italienne	10 ml
2 t	bouillon de poulet	500 ml		2	gousses d'ail hachées finement	2
4	carottes coupées en tranches	4		1/4 t	farine	60 ml
2	oignons hachés	2		1/3 t	eau	80 ml
1	boîte de tomates italiennes étuvées (19 oz/540 ml)	1		1	poivron vert haché	1

→ Dans un grand poêlon, chauffer l'huile à feu moyen-vif. Ajouter les saucisses, en plusieurs fois, et les faire dorer. Mettre les saucisses dans la mijoteuse.

→ Dégraisser le poêlon. Ajouter 1 t (250 ml) du bouillon et porter à ébullition en raclant le fond pour en détacher les particules. Verser ce liquide dans la mijoteuse. Ajouter le reste du bouillon, les carottes, les oignons, les tomates, la pâte de tomates, le mélange de fines herbes et l'ail. Couvrir et cuire à faible intensité de 4 à 6 heures. Dégraisser la préparation.

→ Dans un petit bol, mélanger la farine et l'eau, verser dans la mijoteuse et bien remuer. Ajouter le poivron. Couvrir et poursuivre la cuisson à intensité élevée pendant environ 15 minutes ou jusqu'à ce que le poivron soit tendre et que la sauce ait épaissi. (Vous pouvez préparer la casserole à l'avance, la laisser refroidir complètement et la mettre dans des contenants hermétiques. Elle se conservera jusqu'à 3 jours au réfrigérateur ou jusqu'à 1 mois au congélateur.)

PAR PORTION: cal.: 419; prot.: 27 g; m.g.: 24 g (8 g sat.); chol.: 64 mg; gluc.: 24 g; fibres: 4 g; sodium: 1 463 mg.

Porc braisé aux pommes de terre et au vin blanc

Ce braisé fera changement des plats mijotés et des ragoûts qui sont souvent à base de tomates. Sa sauce se compose en effet de bouillon et de vin blanc avec une touche de crème. Un régal à servir sur des pommes de terre.

↓
8 portions
↓
Préparation:
25 min
↓
Cuisson:
6 h 35 min

1	rôti de soc de porc désossé, le gras enlevé, coupé en cubes de 1 1/2 po (4 cm) (environ 3 lb/1,5 kg)	1	1 t	vin blanc sec	250 ml
			5 t	petites pommes de terre (de type grelot), coupées en deux (environ 1 1/4 lb/625 g en tout)	1,25 L
1/2 c. à thé	sel	2 ml			
1/2 c. à thé	poivre blanc	2 ml	1/3 t	crème à 35 %	80 ml
2 c. à tab	huile végétale	30 ml	1/4 t	farine	60 ml
1 c. à tab	beurre ou huile végétale	15 ml	2 t	haricots de Lima ou petits pois surgelés, décongelés	500 ml
2	oignons hachés	2			
2	branches de céleri hachées	2	1 c. à tab	aneth frais, haché	15 ml
1/4 c. à thé	noix de muscade râpée	1 ml			
1 t	bouillon de poulet réduit en sel	250 ml			

→ Parsemer les cubes de porc de la moitié du sel et du poivre. Dans un grand poêlon, chauffer l'huile à feu moyen-vif. Ajouter les cubes de porc, en plusieurs fois, et les faire dorer. Mettre le porc dans la mijoteuse.

→ Dégraisser le poêlon. Chauffer le beurre à feu moyen. Ajouter les oignons, le céleri, le reste du sel et du poivre et la muscade et cuire pendant environ 6 minutes ou jusqu'à ce que les légumes aient ramolli. Mettre la préparation dans la mijoteuse.

→ Dans le poêlon, ajouter le bouillon et le vin et porter à ébullition en raclant le fond pour en détacher les particules. Verser le mélange de bouillon dans la mijoteuse, puis ajouter les pommes de terre. Couvrir et cuire à faible intensité de 6 à 7 heures. Dégraisser la préparation.

→ Dans un petit bol, mélanger la crème et la farine, verser dans la mijoteuse et bien remuer. Ajouter les haricots de Lima. Couvrir et poursuivre la cuisson à intensité élevée pendant environ 15 minutes ou jusqu'à ce que la préparation ait épaissi. (Vous pouvez préparer le porc braisé jusqu'à cette étape, le laisser refroidir complètement et le mettre dans des contenants hermétiques. Il se conservera jusqu'à 3 jours au réfrigérateur.)

→ Ajouter l'aneth et mélanger.

PAR PORTION: cal.: 399; prot.: 36 g; m.g.: 15 g (6 g sat.); chol.: 112 mg; gluc.: 28 g; fibres: 4 g; sodium: 364 mg.

SOLUTION DE RECHANGE

Pas de pommes de terre grelot? Des pommes de terre rouges ordinaires ou nouvelles coupées en cubes de 2 po (5 cm) feront l'affaire. On peut les peler, mais il faut savoir que la peau contient des fibres qui aident les pommes de terre à garder leur forme.

↓
6 à 8 portions
↓
Préparation:
25 min
↓
Cuisson:
7 h 25 min

❖
Truc cuisine
❖

Les petits sacs en filet d'oignons perlés de 10 oz (284 g) donnent environ 2 t (500 ml) d'oignons. Si une recette en exige moins, utiliser ceux qui restent entiers dans des ragoûts ou des chilis qui demandent des oignons hachés et les ajouter en même temps que les autres légumes. Pour les peler, les blanchir dans une casserole d'eau bouillante pendant 1 minute, les égoutter, les passer sous l'eau froide pour les refroidir, les égoutter de nouveau et les peler.

Ragoût de porc aux oignons perlés et aux champignons

1/3 t	farine	80 ml	2 t	oignons perlés pelés	500 ml
2 c. à thé	mélange de fines herbes séchées à l'italienne	10 ml	2 t	bouillon de boeuf ou de poulet	500 ml
1/2 c. à thé	sel	2 ml	1	feuille de laurier	1
1/2 c. à thé	poivre noir du moulin	2 ml	4 t	pleurotes ou champignons blancs	1 L
3 lb	cubes de porc à ragoût	1,5 kg	1/2 t	petits pois surgelés	125 ml
3 c. à tab	huile végétale	45 ml			
2	oignons hachés	2			
4	gousses d'ail hachées finement	4			

→ Dans un plat peu profond, mélanger la farine et la moitié du mélange de fines herbes, du sel et du poivre. Ajouter les cubes de porc, quelques-uns à la fois, et mélanger pour bien les enrober. Réserver le reste du mélange de farine. Dans une cocotte, chauffer l'huile à feu moyen-vif. Ajouter les cubes de porc, en plusieurs fois, et les faire dorer. Mettre le porc dans la mijoteuse.

→ Dégraisser la cocotte. Ajouter les oignons hachés, l'ail et le reste du mélange de fines herbes, du sel et du poivre. Cuire à feu moyen, en brassant souvent, pendant environ 5 minutes ou jusqu'à ce que les oignons aient ramolli. Ajouter les oignons perlés et le reste de la farine réservée et cuire, en brassant de temps à autre, pendant environ 5 minutes. Ajouter le bouillon et la feuille de laurier et porter à ébullition en raclant le fond de la cocotte pour en détacher les particules. Verser la préparation dans la mijoteuse. Couvrir et cuire à faible intensité de 6 à 7 heures.

→ Ajouter les pleurotes et les petits pois. Couvrir et poursuivre la cuisson à faible intensité pendant 1 heure ou jusqu'à ce que les pleurotes soient tendres. Retirer la feuille de laurier. (Vous pouvez préparer le ragoût à l'avance, le laisser refroidir complètement et le mettre dans des contenants hermétiques. Il se conservera jusqu'au lendemain au réfrigérateur ou jusqu'à 2 semaines au congélateur.)

PAR PORTION: cal.: 280; prot.: 27 g; m.g.: 13 g (3 g sat.); chol.: 71 mg; gluc.: 13 g; fibres: 2 g; sodium: 427 mg.

Casserole d'agneau à la grecque

La cannelle et le piment de la Jamaïque donnent un accent différent à ce plat. Utiliser de préférence du persil italien à feuilles plates, plus savoureux que son cousin le persil frisé.

↓
6 à 8 portions
↓
Préparation:
20 min
↓
Cuisson:
6 h 35 min

1 c. à tab	huile d'olive	15 ml
3 lb	cubes d'agneau à ragoût	1,5 kg
3	oignons coupés en tranches	3
6	gousses d'ail hachées finement	6
1 c. à tab	origan séché	15 ml
1 c. à tab	zeste de citron râpé	15 ml
1/4 c. à thé	sel	1 ml
1	pincée de piment de la Jamaïque moulu	1
1	pincée de cannelle moulue	1
2 c. à tab	farine	30 ml
1 1/2 t	bouillon de boeuf	375 ml
1/4 t	pâte de tomates	60 ml
1	boîte de coeurs d'artichauts, égouttés et coupés en quatre (14 oz/398 ml)	1
1/2 t	fromage feta émietté	125 ml
2 c. à tab	persil frais, haché	30 ml

→ Dans une grosse cocotte, chauffer l'huile à feu moyen-vif. Ajouter les cubes d'agneau, en plusieurs fois, et les faire dorer. Mettre l'agneau dans la mijoteuse.

→ Dégraisser la cocotte. Ajouter les oignons, l'ail, l'origan, le zeste de citron, le sel, le piment de la Jamaïque et la cannelle. Cuire à feu moyen, en brassant de temps à autre, pendant environ 5 minutes ou jusqu'à ce que les oignons aient ramolli. Parsemer de la farine et cuire, en brassant, pendant 1 minute. Ajouter le bouillon et la pâte de tomates et porter à ébullition en raclant le fond de la cocotte pour en détacher les particules. Verser la préparation dans la mijoteuse. Couvrir et cuire à faible intensité de 6 à 8 heures. (Vous pouvez préparer la casserole jusqu'à cette étape, la laisser refroidir complètement et la mettre dans des contenants hermétiques. Elle se conservera jusqu'à 3 jours au réfrigérateur ou jusqu'à 1 mois au congélateur.)

→ Ajouter les coeurs d'artichauts. Couvrir et poursuivre la cuisson pendant 15 minutes ou jusqu'à ce qu'ils soient chauds.

→ Au moment de servir, parsemer chaque portion du fromage feta et du persil.

PAR PORTION: cal.: 242; prot.: 25 g; m.g.: 11 g (4 g sat.); chol.: 77 mg; gluc.: 11 g; fibres: 3 g; sodium: 535 mg.

COUPES D'AGNEAU IDÉALES POUR LA MIJOTEUSE

- Rôtis d'épaule. **Ils sont bien persillés et savoureux.**

- Jarrets. **Cuits longtemps en chaleur humide, ils donnent d'excellents résultats.**

- Cubes d'épaule ou de gigot. **Parfaits pour les ragoûts.**

↓
6 portions
↓
Préparation:
25 min
↓
Cuisson:
6 h 35 min

Ragoût d'agneau à la courge et à la menthe

Cuit doucement à la mijoteuse, le gigot d'agneau devient tendre et fondant. Pour gagner du temps, on peut se procurer des cubes d'agneau provenant de l'épaule ou du gigot.

2 c. à tab	huile végétale	30 ml	1	boîte de pois chiches, égouttés et rincés (19 oz/540 ml)	1
1	gigot d'agneau désossé, le gras enlevé, coupé en cubes de 1 po (2,5 cm) (environ 3 lb/1,5 kg)	1		ou	
			2 t	pois chiches cuits maison (voir encadré, p. 213)	500 ml
2	oignons hachés	2	1/4 t	pâte de tomates	60 ml
4	gousses d'ail hachées finement	4	2 c. à tab	farine	30 ml
1 c. à tab	menthe séchée	15 ml	1/4 t	eau	60 ml
1/2 c. à thé	sel	2 ml	2 c. à tab	persil frais, haché	30 ml
1/2 c. à thé	poivre noir du moulin	2 ml	1 c. à tab	jus de citron	15 ml
1 1/2 t	bouillon de boeuf réduit en sel	375 ml	1/2 c. à thé	sauce tabasco	2 ml
2 t	courge musquée (de type butternut), pelée et coupée en cubes de 1 po (2,5 cm)	500 ml			

Truc cuisine

On est moins nombreux que prévu? On peut facilement réduire cette recette de moitié. Cuire alors le ragoût d'agneau à faible intensité de 5 à 6 heures (2 à 4 portions).

→ Dans un grand poêlon, chauffer l'huile à feu moyen-vif. Ajouter les cubes d'agneau, en plusieurs fois, et les faire dorer. Mettre l'agneau dans la mijoteuse.

→ Dégraisser le poêlon. Ajouter les oignons, l'ail, la menthe, le sel, le poivre et cuire à feu moyen, en brassant de temps à autre, pendant environ 5 minutes ou jusqu'à ce que les oignons aient ramolli. Mettre la préparation dans la mijoteuse.

→ Dans le poêlon, ajouter la moitié du bouillon et porter à ébullition en raclant le fond pour en détacher les particules. Verser ce liquide dans la mijoteuse. Ajouter le reste du bouillon, la courge, les pois chiches et la pâte de tomates. Couvrir et cuire à faible intensité de 6 à 8 heures. Dégraisser la préparation.

→ Dans un petit bol, mélanger la farine et l'eau, verser dans la mijoteuse et bien remuer. Couvrir et poursuivre la cuisson à intensité élevée pendant environ 15 minutes ou jusqu'à ce que la préparation ait épaissi. (Vous pouvez préparer le ragoût jusqu'à cette étape, le laisser refroidir complètement et le mettre dans des contenants hermétiques. Il se conservera jusqu'à 3 jours au réfrigérateur ou jusqu'à 1 mois au congélateur.)

→ Ajouter le persil, le jus de citron et la sauce tabasco et mélanger.

PAR PORTION: cal.: 367; prot.: 43 g; m.g.: 8 g (3 g sat.); chol.: 132 mg; gluc.: 30 g; fibres: 5 g; sodium: 630 mg.

Ragoût d'agneau aux haricots de Lima

Dix épices aromatisent ce ragoût dans un mariage de saveurs parfaitement équilibré qui met en valeur les haricots de Lima. Au besoin, on peut les remplacer par des pois chiches ou les omettre, tout simplement. Pour gagner du temps, on peut préparer ce ragoût avec 3 lb (1,5 kg) de cubes d'agneau provenant de l'épaule ou du gigot.

↓
6 à 8 portions
↓
Préparation:
25 min
↓
Cuisson:
6 h 40 min

1 c. à tab	huile végétale	15 ml		1	pincée de piment de Cayenne	1
1	gigot d'agneau désossé, le gras enlevé, coupé en cubes de 1 po (2,5 cm) (environ 3 lb/1,5 kg)	1		1	pincée de clou de girofle moulu	1
				1 t	eau	250 ml
2	oignons hachés	2		1	boîte de tomates (28 oz/796 ml)	1
3	gousses d'ail écrasées	3		1/4 t	pâte de tomates	60 ml
1/2 c. à thé	sel	2 ml		2	lanières de zeste de citron	2
1/2 c. à thé	cumin moulu	2 ml		3 t	haricots de Lima cuits maison (voir encadré, p. 213)	750 ml
1/2 c. à thé	coriandre moulue	2 ml				
1/2 c. à thé	gingembre moulu	2 ml				
1/4 à thé	curcuma	1 ml		1/2 t	olives vertes dénoyautées, coupées en quatre	125 ml
1/4 à thé	cannelle moulue	1 ml				
1/4 à thé	cardamome moulue	1 ml		1/3 t	persil frais, haché	80 ml
1/4 à thé	poivre noir du moulin	1 ml				
1	pincée de filaments de safran	1				

→ Dans un grand poêlon, chauffer la moitié de l'huile à feu moyen-vif. Ajouter les cubes d'agneau, en plusieurs fois, et les faire dorer. Mettre l'agneau dans la mijoteuse.

→ Dégraisser le poêlon. Chauffer le reste de l'huile à feu moyen. Ajouter les oignons et l'ail et cuire, en brassant de temps à autre, pendant environ 6 minutes ou jusqu'à ce que les oignons aient ramolli. Ajouter le sel, le cumin, la coriandre, le gingembre, le curcuma, la cannelle, la cardamome, le poivre, le safran, le piment de Cayenne et le clou de girofle et cuire, en brassant, pendant 2 minutes. Ajouter l'eau et porter à ébullition en raclant le fond du poêlon pour en détacher les particules. Mettre la préparation dans la mijoteuse. Ajouter les tomates, en les défaisant à l'aide d'une cuillère de bois, puis la pâte de tomates et le zeste de citron. Couvrir et cuire à faible intensité de 6 à 8 heures. (Vous pouvez préparer le ragoût jusqu'à cette étape, le laisser refroidir complètement et le mettre dans des contenants hermétiques. Il se conservera jusqu'à 3 jours au réfrigérateur ou jusqu'à 1 mois au congélateur.)

→ Ajouter les haricots de Lima et les olives. Couvrir et poursuivre la cuisson à intensité élevée pendant environ 15 minutes ou jusqu'à ce que la préparation soit fumante. Ajouter le persil et mélanger.

PAR PORTION: cal.: 333; prot.: 37 g; m.g.: 10 g (3 g sat.); chol.: 93 mg; gluc.: 24 g; fibres: 7 g; sodium: 504 mg.

Poulet aux 40 gousses d'ail

Cette version à la mijoteuse de ce classique français est délicieuse servie avec des haricots verts et une purée de pommes de terre au babeurre. Pour peler les gousses d'ail rapidement, les placer par groupes de quatre sur une planche à découper et les écraser avec le plat d'un grand couteau. La peau se brise et se détache alors plus facilement.

<table>
<tr><td>4 portions</td></tr>
<tr><td>Préparation: 30 min</td></tr>
<tr><td>Cuisson: 4 h 35 min</td></tr>
</table>

1 c. à tab	huile végétale	15 ml
8	hauts de cuisses de poulet, le gras enlevé (environ 1 1/2 lb/750 g en tout)	8
40	gousses d'ail (environ 4 bulbes)	40
1/2 c. à thé	thym séché	2 ml
1/2 c. à thé	romarin séché	2 ml

1/4 c. à thé	sauge séchée	1 ml
1/4 c. à thé	poivre noir du moulin	1 ml
1	pincée de sel	1
1 t	bouillon de poulet	250 ml
3 c. à tab	farine	45 ml
1/4 t	eau	60 ml
2 c. à tab	persil frais, haché finement	30 ml

À PROPOS

Les hauts de cuisses de poulet non désossés avec la peau sont idéals pour la cuisson à la mijoteuse, car les os donnent de la saveur et la peau permet de garder la chair intacte. Par contre, la peau ajoute des calories et du gras (jusqu'à 3 g de gras par 100 g de poulet) et devient molle et moins appétissante en cuisant. On conseille donc de l'enlever avant de servir.

→ Dans un grand poêlon, chauffer l'huile à feu moyen-vif. Ajouter les hauts de cuisses de poulet, en plusieurs fois, et les faire dorer. Mettre le poulet dans la mijoteuse.

→ Dégraisser le poêlon. Ajouter l'ail, le thym, le romarin, la sauge, le poivre et le sel et cuire à feu moyen, en brassant de temps à autre, pendant environ 5 minutes ou jusqu'à ce que l'ail soit légèrement doré. Ajouter le bouillon et porter à ébullition en raclant le fond du poêlon pour en détacher les particules. Mettre la préparation dans la mijoteuse. Couvrir et cuire à faible intensité pendant 4 heures. Dégraisser la préparation.

→ Dans un petit bol, mélanger la farine et l'eau, verser dans la mijoteuse et bien remuer. Couvrir et poursuivre la cuisson à intensité élevée pendant environ 15 minutes ou jusqu'à ce que la préparation ait épaissi. (Vous pouvez préparer le poulet à l'avance, le laisser refroidir complètement et le mettre dans des contenants hermétiques. Il se conservera jusqu'au lendemain au réfrigérateur ou jusqu'à 1 mois au congélateur.)

→ Au moment de servir, parsemer chaque portion du persil.

PAR PORTION (sans la peau): cal.: 338; prot.: 25 g; m.g.: 20 g (5 g sat.); chol.: 112 mg; gluc.: 15 g; fibres: 1 g; sodium: 345 mg.

Poulet aux champignons

Cuits à la mijoteuse, les hauts de cuisses de poulet ont moins tendance à sécher que les poitrines de poulet.

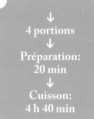

↓
4 portions
↓
Préparation:
20 min
↓
Cuisson:
4 h 40 min

1 c. à tab	huile végétale	15 ml	1/2 c. à thé	sel	2 ml
8	hauts de cuisses de poulet, le gras enlevé (environ 1 1/2 lb/750 g en tout)	8	1/4 c. à thé	poivre noir du moulin	1 ml
			1 t	lait évaporé à 2 % ou bouillon de poulet réduit en sel	250 ml
3 t	champignons blancs ou café coupés en tranches	750 ml	1 c. à tab	moutarde de Dijon	15 ml
			1/4 t	farine	60 ml
1	oignon haché	1	1/3 t	eau	80 ml
2	gousses d'ail hachées finement	2	2	oignons verts coupés en tranches	2
1 c. à thé	thym séché	5 ml			

→ Dans un grand poêlon, chauffer l'huile à feu moyen-vif. Ajouter les hauts de cuisses de poulet, en plusieurs fois, et les faire dorer. Mettre le poulet dans la mijoteuse.

→ Dégraisser le poêlon. Ajouter les champignons, l'oignon, l'ail, le thym, le sel et le poivre et cuire à feu moyen-vif, en brassant souvent, pendant environ 8 minutes ou jusqu'à ce que les champignons soient dorés et que le liquide se soit complètement évaporé. Mettre la préparation dans la mijoteuse.

→ Dans le poêlon, ajouter le lait évaporé et porter à ébullition en raclant le fond pour en détacher les particules. Verser le lait dans la mijoteuse. Ajouter la moutarde de Dijon. Couvrir et cuire à faible intensité pendant 4 heures. Dégraisser la préparation.

→ Dans un petit bol, mélanger la farine et l'eau, verser dans la mijoteuse et bien remuer. Couvrir et poursuivre la cuisson à intensité élevée pendant environ 15 minutes ou jusqu'à ce que la préparation ait épaissi. (Vous pouvez préparer le poulet à l'avance, le laisser refroidir complètement et le mettre dans des contenants hermétiques. Il se conservera jusqu'au lendemain au réfrigérateur ou jusqu'à 1 mois au congélateur.)

→ Au moment de servir, parsemer chaque portion des oignons verts.

PAR PORTION (sans la peau): cal.: 384; prot.: 29 g; m.g.: 21 g (6 g sat.); chol.: 117 mg; gluc.: 19 g; fibres: 2 g; sodium: 518 mg.

Gombo au poulet et aux saucisses

4 à 6 portions
Préparation:
30 min
Cuisson:
4 h 40 min

2 c. à tab	huile végétale	30 ml	1/4 c. à thé	sel	1 ml
4	hauts de cuisses de poulet désossés, la peau et le gras enlevés, coupés en cubes (environ 1 lb/500 g en tout)	4	1/4 c. à thé	poivre noir du moulin	1 ml
			1/2 t	vin blanc sec ou bouillon de poulet réduit en sel	125 ml
4	saucisses chorizo portugaises ou saucisses italiennes douces, coupées en tranches	4	1	boîte de tomates en dés (28 oz/796 ml)	1
2	oignons coupés en dés	2	1/2 t	bouillon de poulet réduit en sel	125 ml
2	branches de céleri coupées en dés	2	3 c. à tab	pâte de tomates	45 ml
1	poivron rouge coupé en dés	1	1/2 t	eau	125 ml
4	gousses d'ail hachées finement	4	1	paquet de gombos (okras) surgelés, décongelés et coupés en tranches (250 g)	1
1 c. à thé	paprika doux	5 ml			
1 c. à thé	thym séché	5 ml	1/4 t	persil frais, haché	60 ml
2	feuilles de laurier	2			

SOLUTION DE RECHANGE

Remplacer les gombos par 1 t (250 ml) de petits pois ou de haricots de soja (de type edamame) surgelés.

→ Dans un grand poêlon, chauffer la moitié de l'huile à feu moyen-vif. Ajouter les hauts de cuisses de poulet et les saucisses, en plusieurs fois, et les faire dorer. Mettre le poulet et les saucisses dans la mijoteuse.

→ Dégraisser le poêlon. Chauffer le reste de l'huile à feu moyen. Ajouter les oignons, le céleri, le poivron, l'ail, le paprika, le thym, les feuilles de laurier, le sel et le poivre et cuire, en brassant de temps à autre, pendant environ 8 minutes ou jusqu'à ce que les légumes aient ramolli. Mettre la préparation dans la mijoteuse.

→ Dans le poêlon, ajouter le vin et porter à ébullition en raclant le fond pour en détacher les particules. Verser ce liquide dans la mijoteuse. Ajouter les tomates, le bouillon, la pâte de tomates et l'eau. Couvrir et cuire à faible intensité pendant 4 heures. Dégraisser la préparation. Retirer les feuilles de laurier. (Vous pouvez préparer le gombo jusqu'à cette étape, le laisser refroidir complètement et le mettre dans des contenants hermétiques. Il se conservera jusqu'au lendemain au réfrigérateur ou jusqu'à 1 mois au congélateur.)

→ Ajouter les gombos. Couvrir et poursuivre la cuisson à intensité élevée pendant environ 15 minutes ou jusqu'à ce que la préparation soit fumante. Au moment de servir, parsemer chaque portion du persil.

PAR PORTION: cal.: 344; prot.: 20 g; m.g.: 22 g (7 g sat.); chol.: 67 mg; gluc.: 17 g; fibres: 4 g; sodium: 869 mg.

Poulet aux haricots noirs

Un des ingrédients caractéristiques de ce plat est la sauce aux haricots noirs et à l'ail, vendue surtout dans les épiceries asiatiques.

1 c. à tab	huile végétale	15 ml	3 c. à tab	sauce aux haricots noirs et à l'ail	45 ml
8	hauts de cuisses de poulet désossés, le gras enlevé, avec la peau (environ 1 1/2 lb/750 g en tout)	8	1 c. à tab	sauce soja	15 ml
			1 c. à tab	fécule de maïs	15 ml
1	oignon coupé en tranches	1	2 c. à tab	eau	30 ml
2	gousses d'ail hachées finement	2	1/2	poivron jaune ou rouge coupé en dés	1/2
3/4 t	bouillon de poulet	180 ml	2 c. à tab	coriandre (ou persil) fraîche, hachée finement	30 ml

❀
Truc cuisine
❀

Les hauts de cuisses de poulet sont rarement vendus désossés avec la peau. Il faudra donc les désosser nous-mêmes pour préparer ce plat. Pour ce faire, mettre les hauts de cuisses sur une planche à découper, le côté chair vers le haut.
À l'aide d'un bon couteau, inciser la chair jusqu'à l'os. En inclinant le tranchant vers l'os, longer l'os pour détacher la chair.

→ Dans un grand poêlon, chauffer l'huile à feu moyen-vif. Ajouter les hauts de cuisses de poulet, en plusieurs fois, et les faire dorer. Mettre le poulet dans la mijoteuse.

→ Dégraisser le poêlon. Ajouter l'oignon et l'ail et cuire à feu moyen, en brassant de temps à autre, pendant environ 5 minutes ou jusqu'à ce que l'oignon ait ramolli. Mettre la préparation dans la mijoteuse.

→ Dans le poêlon, mélanger le bouillon, la sauce aux haricots et la sauce soja et porter à ébullition en raclant le fond pour en détacher les particules. Verser le mélange de bouillon dans la mijoteuse. Couvrir et cuire à faible intensité pendant 4 heures. Dégraisser la préparation.

→ Dans un petit bol, mélanger la fécule de maïs et l'eau, verser dans la mijoteuse et bien remuer. Ajouter le poivron. Couvrir et poursuivre la cuisson à intensité élevée de 10 à 15 minutes ou jusqu'à ce que le poivron soit tendre et que la préparation ait épaissi. (Vous pouvez préparer le poulet à l'avance, le laisser refroidir complètement et le mettre dans des contenants hermétiques. Il se conservera jusqu'au lendemain au réfrigérateur ou jusqu'à 1 mois au congélateur.)

→ Au moment de servir, parsemer chaque portion de la coriandre.

PAR PORTION (sans la peau): cal.: 239; prot.: 24 g; m.g.: 10 g (2 g sat.); chol.: 94 mg; gluc.: 12 g; fibres: 1 g; sodium: 689 mg.

Poulet à la marocaine

Ce plat, appelé aussi poulet charmoula, est préparé avec un mélange d'épices (paprika, cumin et cannelle) et de fines herbes (coriandre et persil), qu'on désigne sous le nom de *charmoula*. En ajoutant les fines herbes à la fin de la cuisson, on préserve toute leur saveur.

↓
4 portions
↓
Préparation:
20 min
↓
Cuisson:
4 h 35 min

1 c. à tab	huile végétale	15 ml	1	pincée de cannelle moulue	1
8	hauts de cuisses de poulet, le gras enlevé (environ 1 1/2 lb/750 g en tout)	8	1 t	bouillon de poulet	250 ml
			1/4 t	farine	60 ml
1	oignon haché	1	1/3 t	eau	80 ml
2	gousses d'ail hachées finement	2	2 c. à tab	coriandre (ou persil) fraîche, hachée finement	30 ml
1 c. à thé	paprika doux	5 ml			
1/2 c. à thé	cumin moulu	2 ml	1 c. à tab	persil frais, haché finement	15 ml
1/4 c. à thé	sel	1 ml			
1/4 c. à thé	poivre noir du moulin	1 ml	2 c. à thé	jus de citron	10 ml

→ Dans un grand poêlon, chauffer l'huile à feu moyen-vif. Ajouter les hauts de cuisses de poulet, en plusieurs fois, et les faire dorer. Mettre le poulet dans la mijoteuse.

→ Dégraisser le poêlon. Ajouter l'oignon, l'ail, le paprika, le cumin, le sel, le poivre et la cannelle et cuire à feu moyen, en brassant de temps à autre, pendant environ 5 minutes ou jusqu'à ce que l'oignon ait ramolli. Ajouter le bouillon et porter à ébullition en raclant le fond du poêlon pour en détacher les particules. Mettre la préparation dans la mijoteuse. Couvrir et cuire à faible intensité pendant 4 heures. Dégraisser la préparation.

→ Dans un petit bol, mélanger la farine et l'eau, verser dans la mijoteuse et bien remuer. Couvrir et poursuivre la cuisson à intensité élevée pendant environ 15 minutes ou jusqu'à ce que la préparation ait épaissi. (Vous pouvez préparer le poulet jusqu'à cette étape, le laisser refroidir complètement et le mettre dans des contenants hermétiques. Il se conservera jusqu'au lendemain au réfrigérateur ou jusqu'à 1 mois au congélateur.)

→ Ajouter la coriandre, le persil et le jus de citron et mélanger.

PAR PORTION (sans la peau): cal.: 316; prot.: 24 g; m.g.: 20 g (5 g sat.); chol.: 112 mg; gluc.: 10 g; fibres: 1 g; sodium: 485 mg.

Cari de poulet

La garniture d'oignon rouge et de coriandre donne une touche originale à ce plat.
Comme l'oignon est salé puis rincé, il n'a pas le goût puissant de l'oignon cru.

↓
6 portions
↓
**Préparation:
25 min**
↓
**Cuisson:
4 h 40 min**

Cari de poulet

1 c. à tab	huile végétale (environ)	15 ml
16	hauts de cuisses de poulet, la peau et le gras enlevés (environ 3 lb/1,5 kg en tout)	16
4 t	oignons coupés en tranches fines (environ 4 oignons)	1 L
1/2 t	jus d'orange	125 ml
1/2 t	bouillon de poulet réduit en sel	125 ml
2 c. à tab	pâte de cari douce (de type Patak's)	30 ml
3	gousses d'ail hachées finement	3
1 c. à tab	gingembre frais, râpé	15 ml
3 c. à tab	farine	45 ml
1/4 t	eau	60 ml

Garniture à l'oignon rouge

2/3 t	oignon rouge coupé en tranches fines	160 ml
1/2 c. à thé	sel	2 ml
2 c. à tab	jus de lime ou de citron	30 ml
3/4 t	yogourt nature épais (de type balkan)	180 ml
2 c. à tab	coriandre fraîche, hachée	30 ml

Préparation du cari

→ Dans un grand poêlon, chauffer l'huile à feu moyen-vif. Ajouter les hauts de cuisses de poulet, en plusieurs fois, et les faire dorer (ajouter de l'huile, au besoin). Mettre le poulet dans la mijoteuse.

→ Dégraisser le poêlon. Ajouter les oignons et cuire à feu moyen, en brassant de temps à autre, pendant environ 10 minutes ou jusqu'à ce qu'ils soient presque tendres. Mettre les oignons sur le poulet dans la mijoteuse.

→ Dans le poêlon, ajouter le jus d'orange, le bouillon, la pâte de cari, l'ail et le gingembre et porter à ébullition en brassant pour diluer la pâte de cari et en raclant le fond pour en détacher les particules. Verser la préparation dans la mijoteuse. Couvrir et cuire à faible intensité de 4 à 6 heures. Dégraisser la préparation.

→ À l'aide d'une écumoire, mettre le poulet dans une assiette de service (laisser les oignons dans la mijoteuse), le couvrir et le réserver au chaud.

→ Dans un petit bol, mélanger la farine et l'eau, verser dans la mijoteuse et bien remuer. Couvrir et poursuivre la cuisson à intensité élevée pendant environ 15 minutes ou jusqu'à ce que la sauce ait épaissi. Napper le poulet réservé de la sauce. (Vous pouvez préparer le cari à l'avance, le laisser refroidir complètement et le mettre dans des contenants hermétiques. Il se conservera jusqu'au lendemain au réfrigérateur ou jusqu'à 1 mois au congélateur.)

Préparation de la garniture

→ Entre-temps, mettre l'oignon rouge dans une assiette, le parsemer du sel et laisser reposer pendant 15 minutes. Rincer à l'eau froide et éponger avec des essuie-tout. Dans un petit bol, mélanger l'oignon rouge et le jus de lime. Au moment de servir, garnir chaque portion de poulet du yogourt et de la garniture à l'oignon rouge. Parsemer de la coriandre.

❖
Truc cuisine
❖

On est moins nombreux que prévu? On peut facilement réduire cette recette de moitié. Cuire alors le poulet à faible intensité pendant environ 4 heures (2 à 4 portions).

PAR PORTION: cal.: 276; prot.: 26 g; m.g.: 12 g (2 g sat.); chol.: 98 mg; gluc.: 17 g; fibres: 2 g; sodium: 321 mg.

Poulet au paprika

Le secret de ce plat: un bon paprika doux hongrois (dans les épiceries fines). Tout comme les autres épices, le paprika finit par perdre son arôme. Lorsqu'il a passé plus d'un an dans le garde-manger, il est temps de le jeter.

1 c. à tab	huile végétale	15 ml	1/4 c. à thé	sel	1 ml
8	hauts de cuisses de poulet, le gras enlevé (environ 1 1/2 lb/750 g en tout)	8	1/4 c. à thé	poivre noir du moulin	1 ml
			1	boîte de tomates (19 oz/540 ml)	1
1	oignon haché	1	2 c. à tab	pâte de tomates	30 ml
2	gousses d'ail hachées finement	2	1	poivron vert coupé en dés	1
			1/2 t	crème sure légère	125 ml
1 c. à tab	paprika doux	15 ml	2 c. à tab	persil frais, haché finement	30 ml

→ Dans un grand poêlon, chauffer l'huile à feu moyen-vif. Ajouter les hauts de cuisses de poulet, en plusieurs fois, et les faire dorer. Mettre le poulet dans la mijoteuse.

→ Dégraisser le poêlon. Ajouter l'oignon, l'ail, le paprika, le sel et le poivre et cuire à feu moyen, en brassant souvent, pendant environ 5 minutes ou jusqu'à ce que l'oignon ait ramolli. Ajouter les tomates en les défaisant à l'aide d'une cuillère de bois. Porter à ébullition en raclant le fond du poêlon pour en détacher les particules. Verser la préparation dans la mijoteuse. Couvrir et cuire à faible intensité pendant 4 heures. Dégraisser la préparation.

→ Ajouter la pâte de tomates et le poivron. Couvrir et poursuivre la cuisson à intensité élevée pendant environ 15 minutes ou jusqu'à ce que la préparation ait épaissi. (Vous pouvez préparer le poulet à l'avance, le laisser refroidir complètement et le mettre dans des contenants hermétiques. Il se conservera jusqu'au lendemain au réfrigérateur ou jusqu'à 1 mois au congélateur.)

→ Au moment de servir, garnir chaque portion de la crème sure et du persil.

PAR PORTION (sans la peau): cal.: 268; prot.: 26 g; m.g.: 11 g (3 g sat.); chol.: 99 mg; gluc.: 17 g; fibres: 3 g; sodium: 478 mg.

COUPES DE POULET IDÉALES POUR LA MIJOTEUSE

● Hauts de cuisses de poulet non désossés avec la peau. Les os donnent de la saveur et la peau permet de garder la chair intacte. Pour éviter les calories associées à la peau, enlever le gras visible avant la cuisson et retirer la peau au moment de servir.

Poulet à l'aigre-douce

2	oignons verts	2
1	poivron rouge haché grossièrement	1
3	carottes coupées en tranches fines	3
3	gousses d'ail coupées en tranches	3
8	hauts de cuisses de poulet, la peau et le gras enlevés (environ 1 1/2 lb/750 g en tout)	8
1/2 c. à thé	sel	2 ml

1/2 c. à thé	poivre noir du moulin	2 ml
1 c. à tab	huile végétale	15 ml
1 t	jus d'orange	250 ml
1/2 t	miel liquide	125 ml
1/2 t	sauce soja	125 ml
3 c. à tab	pâte de tomates	45 ml
3 c. à tab	fécule de maïs	45 ml
1/4 t	eau	60 ml
1	poivron vert haché grossièrement	1

↓
4 portions
↓
Préparation:
20 min
↓
Cuisson:
4 h 30 min

→ Hacher la partie blanche des oignons verts et la mettre dans la mijoteuse. Couper la partie verte en tranches fines et réserver. Mettre le poivron rouge, les carottes et l'ail dans la mijoteuse.

→ Parsemer les hauts de cuisses de poulet du sel et du poivre. Dans un grand poêlon, chauffer l'huile à feu moyen-vif. Ajouter le poulet, en plusieurs fois, et le faire dorer. Mettre le poulet dans la mijoteuse.

→ Dégraisser le poêlon. Ajouter le jus d'orange et porter à ébullition en raclant le fond du poêlon pour en détacher les particules. Verser ce liquide dans la mijoteuse.

→ Dans un bol, mélanger le miel, la sauce soja et la pâte de tomates et verser dans la mijoteuse. Couvrir et cuire à faible intensité pendant 4 heures. Dégraisser la préparation.

→ Dans un petit bol, mélanger la fécule de maïs et l'eau, verser dans la mijoteuse et bien remuer. Ajouter le poivron vert. Couvrir et poursuivre la cuisson à intensité élevée pendant environ 15 minutes ou jusqu'à ce que le poivron soit tendre. (Vous pouvez préparer le poulet à l'avance, le laisser refroidir complètement et le mettre dans des contenants hermétiques. Il se conservera jusqu'au lendemain au réfrigérateur.)

→ Au moment de servir, parsemer chaque portion de l'oignon vert réservé.

PAR PORTION: cal.: 516; prot.: 27 g; m.g.: 19 g (5 g sat.); chol.: 93 mg; gluc.: 63 g; fibres: 4 g; sodium: 2 470 mg.

Casserole de poulet à l'espagnole

8 portions

Préparation:
15 min

Cuisson:
4 h 40 min

16	hauts de cuisses de poulet, le gras enlevé (environ 3 lb/1,5 kg en tout)	16	1 c. à thé	marjolaine (ou origan) séchée	5 ml
1 c. à thé	sel	5 ml	1/4 c. à thé	filaments de safran	1 ml
1/2 c. à thé	poivre noir du moulin	2 ml	2 c. à tab	eau chaude	30 ml
2 c. à tab	huile d'olive	30 ml	1/3 t	amandes moulues	80 ml
2	oignons espagnols hachés	2	1 c. à tab	jus de citron	15 ml
6	gousses d'ail hachées finement	6	1 t	grosses olives vertes dénoyautées, coupées en deux	250 ml
1/2 t	vin blanc sec	125 ml	1/4 t	persil frais, haché	60 ml
1	boîte de tomates (28 oz/796 ml)	1	2 c. à tab	pâte de tomates	30 ml
4 c. à thé	paprika doux	20 ml			

SOLUTION DE RECHANGE

Pas de vin blanc? Verser 2 c. à tab (30 ml) de vinaigre de vin blanc dans une tasse à mesurer. Ajouter suffisamment de bouillon de poulet pour obtenir 1/2 t (125 ml) de liquide en tout.

→ Parsemer les hauts de cuisses de poulet de 1/2 c. à thé (2 ml) du sel et du poivre. Dans un grand poêlon, chauffer la moitié de l'huile à feu moyen-vif. Ajouter le poulet, en plusieurs fois, et le faire dorer. Mettre le poulet dans la mijoteuse.

→ Dégraisser le poêlon. Chauffer le reste de l'huile à feu moyen. Ajouter les oignons et les deux tiers de l'ail et cuire, en brassant de temps à autre, pendant 4 minutes ou jusqu'à ce qu'ils aient ramolli. Ajouter le vin et porter à ébullition en raclant le fond du poêlon pour en détacher les particules. Mettre la préparation dans la mijoteuse. Ajouter les tomates, en les défaisant à l'aide d'une cuillère de bois, puis le paprika, la marjolaine et le reste du sel. Couvrir et cuire à faible intensité de 4 à 5 heures. Dégraisser la préparation.

→ Entre-temps, émietter les filaments de safran dans un bol, ajouter l'eau chaude et laisser reposer pendant 5 minutes. Ajouter les amandes, le reste de l'ail et le jus de citron dans le bol et mélanger. Mettre le mélange d'amandes, les olives, le persil et la pâte de tomates dans la mijoteuse. Couvrir et poursuivre la cuisson à intensité élevée pendant 20 minutes ou jusqu'à ce que la sauce ait épaissi. (Vous pouvez préparer la casserole à l'avance, la laisser refroidir complètement et la mettre dans des contenants hermétiques. Elle se conservera jusqu'au lendemain au réfrigérateur.)

PAR PORTION (sans la peau): cal.: 351; prot.: 35 g; m.g.: 17 g (3 g sat.); chol.: 138 mg; gluc.: 16 g; fibres: 3 g; sodium: 1 028 mg.

Ragoût de poulet aux boulettes de pâte

Ragoût de poulet

16	hauts de cuisses de poulet, le gras enlevé (environ 3 lb/1,5 kg en tout)	16
1 c. à tab	huile végétale	15 ml
2	carottes coupées en morceaux	2
2	branches de céleri coupées en morceaux	2
1	oignon haché	1
2	gousses d'ail hachées finement	2
2	feuilles de laurier	2
1 c. à thé	thym séché	5 ml
1/2 c. à thé	sel	2 ml
1/2 c. à thé	poivre noir du moulin	2 ml
1/4 c. à thé	marjolaine séchée	1 ml
1 1/2 t + 1/3 t	eau	455 ml
1 t	bouillon de poulet réduit en sel	250 ml
2	pommes de terre pelées et coupées en cubes de 1 po (2,5 cm)	2
3 c. à tab	farine	45 ml

Boulettes de pâte

3/4 t	farine	180 ml
1/4 t	semoule de maïs	60 ml
1 c. à thé	poudre à pâte	5 ml
1/4 c. à thé	bicarbonate de sodium	1 ml
1	pincée de sel	1
2 c. à tab	beurre froid, coupé en cubes	30 ml
2 c. à tab	persil frais, haché	30 ml
2/3 t	babeurre	160 ml

Truc cuisine

Pour cette recette, retirer les hauts de cuisses de poulet du ragoût, les laisser refroidir légèrement et enlever la peau.
Les remettre dans la mijoteuse et les couvrir des boulettes de pâte.

Préparation du ragoût

→ Mettre les hauts de cuisses de poulet dans la mijoteuse. Dans un grand poêlon, chauffer l'huile à feu moyen. Ajouter les carottes, le céleri, l'oignon, l'ail, les feuilles de laurier, le thym, le sel, le poivre et la marjolaine et cuire, en brassant de temps à autre, pendant environ 5 minutes ou jusqu'à ce que les légumes aient ramolli. Mettre la préparation dans la mijoteuse.

→ Dans le poêlon, ajouter 1 1/2 t (375 ml) de l'eau et porter à ébullition en raclant le fond pour en détacher les particules. Verser ce liquide dans la mijoteuse, puis ajouter le bouillon et les pommes de terre. Couvrir et cuire à faible intensité de 3 à 4 heures. Retirer les feuilles de laurier. Dégraisser la préparation.

→ Dans un petit bol, mélanger la farine et le reste de l'eau, verser dans la mijoteuse et remuer délicatement.

Préparation des boulettes

→ Entre-temps, dans un bol, mélanger la farine, la semoule de maïs, la poudre à pâte, le bicarbonate de sodium et le sel. Ajouter le beurre et, à l'aide d'un coupe-pâte ou de deux couteaux, travailler la préparation jusqu'à ce qu'elle ait la texture d'une chapelure grossière. À l'aide d'une fourchette, ajouter le persil, puis suffisamment du babeurre pour obtenir une pâte collante mais malléable. Laisser tomber la pâte en boules dans le ragoût, 1 c. à tab (15 ml) à la fois. Couvrir et poursuivre la cuisson à intensité élevée pendant environ 20 minutes ou jusqu'à ce que l'intérieur des boulettes de pâte soit cuit.

PAR PORTION (sans la peau): cal.: 385; prot.: 25 g; m.g.: 19 g (6 g sat.); chol.: 113 mg; gluc.: 28 g; fibres: 2 g; sodium: 458 mg.

Hauts de cuisses de poulet, sauce crémeuse au beurre d'arachides

La sauce de ce plat associe délicieusement le beurre d'arachides, le lait de coco et une pointe de piment fort. Un régal servi sur du riz avec des pois mange-tout, du brocoli ou des asperges.

↓
8 portions
↓
**Préparation:
15 min**
↓
**Cuisson:
4 h 40 min**

1/4 t	huile végétale	60 ml
1	oignon haché	1
4	gousses d'ail hachées	4
3 c. à tab	pâte de tomates	45 ml
2 c. à tab	paprika doux	30 ml
2 c. à tab	eau	30 ml
3/4 c. à thé	sel	4 ml
3/4 c. à thé	poivre noir du moulin	4 ml
1/2 c. à thé	gingembre moulu	2 ml

1 t	lait de coco	250 ml
3 c. à tab	beurre d'arachides crémeux	45 ml
16	hauts de cuisses de poulet, le gras enlevé (environ 3 lb/1,5 kg en tout)	16
2 c. à tab	piment chili frais (de type jalapeño), rouge ou vert, épépiné et haché	30 ml
1/4 t	coriandre (ou persil) fraîche, hachée	60 ml

→ Dans un grand poêlon, chauffer la moitié de l'huile à feu moyen-vif. Ajouter l'oignon et l'ail et cuire, en brassant de temps à autre, pendant environ 4 minutes ou jusqu'à ce que l'oignon ait ramolli. Ajouter la pâte de tomates, le paprika, l'eau, 1/2 c. à thé (2 ml) chacun du sel et du poivre et le gingembre. Cuire, en brassant, pendant 1 minute. Ajouter le lait de coco et le beurre d'arachides et mélanger. Laisser refroidir légèrement. Au robot culinaire ou au mélangeur, réduire la préparation au beurre d'arachides en purée lisse. Réserver. (Vous pouvez préparer la sauce à l'avance, la laisser refroidir et la mettre dans un contenant hermétique. Elle se conservera jusqu'à 2 jours au réfrigérateur.)

→ Parsemer les hauts de cuisses de poulet du reste du sel et du poivre. Dans le poêlon, chauffer le reste de l'huile à feu moyen-vif. Ajouter le poulet, en plusieurs fois, et le faire dorer. Mettre le poulet et la sauce au beurre d'arachides réservée dans la mijoteuse. Couvrir et cuire à faible intensité pendant 4 heures. Dégraisser la préparation.

→ Ajouter le piment chili et la coriandre. Couvrir et poursuivre la cuisson à intensité élevée pendant environ 20 minutes ou jusqu'à ce que la sauce ait épaissi.

PAR PORTION (sans la peau): cal.: 514; prot.: 41 g; m.g.: 36 g (12 g sat.); chol.: 149 mg; gluc.: 6 g; fibres: 1 g; sodium: 399 mg.

Poulet braisé au citron, au fenouil et à l'ail, sauce au citron

On l'accompagne d'une purée de pommes de terre et de haricots verts cuits à la vapeur.

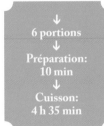

↓
6 portions
↓
Préparation:
10 min
↓
Cuisson:
4 h 35 min

1	bulbe de fenouil (environ 1 lb/500 g)	1	2 c. à tab	huile végétale	30 ml
1/3 t	farine	80 ml	20	grosses gousses d'ail (environ 2 bulbes)	20
1/4 c. à thé	sel	1 ml	1 t	bouillon de poulet	250 ml
1/4 c. à thé	poivre noir du moulin	1 ml	1/2 t	vin blanc sec	125 ml
12	hauts de cuisses de poulet désossés, la peau et le gras enlevés (environ 2 lb/1 kg en tout)	12	1/3 t	eau	80 ml
			2 c. à tab	aneth frais, haché	30 ml
			2 c. à tab	jus de citron	30 ml

→ Retirer une tranche à la base du bulbe de fenouil et couper les tiges à environ 1 po (2,5 cm) du bulbe. Couper le bulbe en deux sur la longueur et retirer le coeur. Couper les demi-bulbes en tranches de 1/4 po (5 mm) d'épaisseur. Hacher les feuilles. Réserver les tranches et les feuilles de fenouil séparément.

→ Dans un plat peu profond, mélanger la farine, le sel et le poivre. Passer les hauts de cuisses de poulet dans le mélange de farine en les retournant pour bien les enrober. Réserver le reste du mélange de farine.

→ Dans un grand poêlon, chauffer l'huile à feu moyen-vif. Ajouter le poulet, en plusieurs fois, et le faire dorer. Mettre le poulet dans la mijoteuse.

→ Dégraisser le poêlon. Ajouter l'ail et les tranches de fenouil réservées et cuire à feu moyen, en brassant de temps à autre, pendant environ 10 minutes ou jusqu'à ce que le fenouil ait ramolli. Mettre le mélange de fenouil, le bouillon et le vin dans la mijoteuse. Couvrir et cuire à faible intensité de 4 à 5 heures. Dégraisser la préparation.

→ Dans un petit bol, mélanger le reste de la farine réservée et l'eau, verser dans la mijoteuse et bien remuer. Couvrir et poursuivre la cuisson à intensité élevée pendant environ 15 minutes ou jusqu'à ce que la sauce ait légèrement épaissi. (Vous pouvez préparer le poulet jusqu'à cette étape, le laisser refroidir complètement et le mettre dans des contenants hermétiques. Il se conservera jusqu'au lendemain au réfrigérateur.)

→ Ajouter l'aneth, le jus de citron et les feuilles de fenouil réservées et bien mélanger.

PAR PORTION: cal.: 266; prot.: 18 g; m.g.: 15 g (3 g sat.); chol.: 62 mg; gluc.: 15 g; fibres: 3 g; sodium: 315 mg.

Poulet glacé au soja

↓
4 portions
↓
Préparation:
15 min
↓
Cuisson:
4 h 30 min

2 c. à thé	huile végétale	10 ml
8	hauts de cuisses de poulet, le gras enlevé (environ 1 1/2 lb/750 g en tout)	8
1 t	champignons coupés en deux	250 ml
1	oignon coupé en tranches	1
1	morceau de gingembre frais de 2 po (5 cm) de longueur, coupé en tranches	1
2	gousses d'ail hachées finement	2

1	pincée de flocons de piment fort	1
1 t	bouillon de poulet réduit en sel	250 ml
1/4 t	sauce soja réduite en sel	60 ml
1 c. à tab	sucre	15 ml
3 c. à tab	fécule de maïs	45 ml
1/4 t	eau	60 ml
1	poivron jaune ou vert, haché	1
	brins de coriandre (ou de persil) fraîche	

→ Dans un grand poêlon, chauffer l'huile à feu moyen-vif. Ajouter les hauts de cuisses de poulet, en plusieurs fois, et les faire dorer. Mettre le poulet dans la mijoteuse.

→ Dégraisser le poêlon. Ajouter les champignons, l'oignon, le gingembre, l'ail et les flocons de piment fort et cuire à feu moyen, en brassant de temps à autre, pendant environ 5 minutes ou jusqu'à ce que l'oignon ait ramolli. Mettre la préparation dans la mijoteuse.

→ Dans un bol, mélanger le bouillon, la sauce soja et le sucre. Verser ce mélange dans la mijoteuse. Couvrir et cuire à faible intensité de 4 à 5 heures. Dégraisser la préparation.

→ Dans un petit bol, mélanger la fécule de maïs et l'eau, verser dans la mijoteuse et bien remuer. Ajouter le poivron. Couvrir et poursuivre la cuisson à intensité élevée pendant environ 15 minutes ou jusqu'à ce que la sauce ait épaissi et que le poivron soit tendre. (Vous pouvez préparer le poulet à l'avance, le laisser refroidir complètement et le mettre dans des contenants hermétiques. Il se conservera jusqu'au lendemain au réfrigérateur ou jusqu'à 1 mois au congélateur.)

→ Au moment de servir, garnir chaque portion de brins de coriandre.

PAR PORTION (sans la peau): cal.: 244; prot.: 25 g; m.g.: 8 g (2 g sat.); chol.: 95 mg; gluc.: 17 g; fibres: 1 g; sodium: 853 mg.

Poulet au cari vert à la thaïe

Ce poulet au cari thaï est piquant et épicé comme dans les restos. Pour une version moins relevée, réduire la pâte de cari à 2 c. à thé (10 ml) ou utiliser une pâte de cari indienne, plus douce. À servir avec beaucoup de riz.

↓
4 portions
↓
Préparation:
15 min
↓
Cuisson:
4 h 30 min

2 c. à tab	huile végétale	30 ml	1	boîte de lait de coco (400 ml)	1
6	hauts de cuisses de poulet désossés, la peau et le gras enlevés, coupés en bouchées (environ 1 lb/500 g en tout)	6	2 c. à tab	sauce de poisson	30 ml
			1 c. à tab	sucre	15 ml
3	petites aubergines asiatiques, coupées en cubes de 2 po (5 cm) ou	3	1 c. à tab	pâte de cari vert (de type thaïe)	15 ml
			1/2 c. à thé	zeste de lime râpé	2 ml
1	grosse aubergine, coupée en cubes de 2 po (5 cm)	1	1 c. à tab	jus de lime	15 ml
			2	poivrons verts coupés en dés	2
1	gros oignon, coupé en dés	1	1/2 t	basilic frais tassé légèrement, haché	125 ml
2	gousses d'ail hachées finement	2			
1	morceau de gingembre frais de 2 po (5 cm) de longueur, coupé en tranches	1	1/2 t	coriandre fraîche, tassée légèrement, hachée	125 ml

→ Dans un wok ou un grand poêlon, chauffer la moitié de l'huile à feu vif. Ajouter le poulet, en plusieurs fois, et cuire, en brassant, pendant environ 3 minutes ou jusqu'à ce qu'il soit doré. Mettre le poulet dans la mijoteuse.

→ Dans le wok, chauffer le reste de l'huile à feu moyen-vif. Ajouter les aubergines, l'oignon, l'ail et le gingembre et cuire, en brassant, pendant environ 5 minutes ou jusqu'à ce que l'oignon ait ramolli. Mettre la préparation dans la mijoteuse.

→ Dans un bol, mélanger le lait de coco, la sauce de poisson, le sucre, la pâte de cari et le zeste et le jus de lime. Verser ce mélange dans la mijoteuse. Couvrir et cuire à faible intensité de 4 à 5 heures. Dégraisser la préparation.

→ Ajouter les poivrons, le basilic et la coriandre. Couvrir et poursuivre la cuisson à intensité élevée pendant environ 15 minutes ou jusqu'à ce que les poivrons soient tendres.

PAR PORTION: cal.: 504; prot.: 27 g; m.g.: 35 g (20 g sat.); chol.: 95 mg; gluc.: 26 g; fibres: 6 g; sodium: 815 mg.

Chili au poulet

↓
4 portions
↓
Préparation:
30 min
↓
Cuisson:
4 h 35 min

Avec son côté fumé et son goût plus piquant que l'assaisonnement au chili ordinaire, le piment chipotle en poudre (vendu dans certaines épiceries fines) combiné avec le cumin et la coriandre renouvellent ce chili délicieusement. Les piments chipotle, dont est tirée la poudre, sont en effet des piments jalapeño fumés. Accompagner ce plat savoureux de tortillas ou de pain de maïs.

2 c. à tab	huile végétale	30 ml	1/4 c. à thé	poivre noir du moulin	1 ml
8	hauts de cuisses de poulet désossés, la peau et le gras enlevés (environ 1 1/2 lb/750 g en tout)	8	1	boîte de haricots blancs, égouttés et rincés (19 oz/540 ml)	1
1	oignon haché	1	2	boîtes de piments chilis verts hachés (4 1/2 oz/127 ml chacune)	2
3	gousses d'ail hachées finement	3	2 c. à tab	farine	30 ml
2 c. à thé	coriandre moulue	10 ml	3 c. à tab	eau	45 ml
1 1/2 c. à thé	cumin moulu	7 ml	1/3 t	coriandre fraîche, hachée	80 ml
1 c. à thé	piment chipotle en poudre	5 ml	2 c. à tab	jus de lime	30 ml
1/4 c. à thé	sel	1 ml			

→ Dans un grand poêlon, chauffer la moitié de l'huile à feu moyen-vif. Ajouter les hauts de cuisses de poulet, en plusieurs fois, et les faire dorer. Mettre le poulet dans la mijoteuse.

→ Dégraisser le poêlon. Chauffer le reste de l'huile à feu moyen. Ajouter l'oignon, l'ail, la coriandre moulue, le cumin, le piment chipotle, le sel et le poivre et cuire, en brassant de temps à autre, pendant environ 6 minutes ou jusqu'à ce que l'oignon ait ramolli. Mettre la préparation dans la mijoteuse. Ajouter les haricots blancs et les piments chilis. Couvrir et cuire à faible intensité de 4 à 5 heures.

→ Retirer le poulet de la mijoteuse, le laisser refroidir légèrement et le couper en cubes. Réserver. Dégraisser la préparation. Dans un petit bol, mélanger la farine et l'eau, verser dans la mijoteuse et bien remuer. Couvrir et poursuivre la cuisson à intensité élevée pendant environ 15 minutes ou jusqu'à ce que la préparation ait épaissi. Ajouter le poulet réservé et mélanger. (Vous pouvez préparer le chili jusqu'à cette étape, le laisser refroidir complètement et le mettre dans des contenants hermétiques. Il se conservera jusqu'au lendemain au réfrigérateur.)

→ Couvrir et poursuivre la cuisson à intensité élevée pendant environ 5 minutes ou jusqu'à ce que le chili soit chaud. Ajouter la coriandre hachée et le jus de lime et mélanger.

PAR PORTION: cal.: 352; prot.: 30 g; m.g.: 14 g (2 g sat.); chol.: 95 mg; gluc.: 28 g; fibres: 9 g; sodium: 708 mg.

Poulet à l'indonésienne, sauce au beurre d'arachides

Si on le désire, on peut faire dorer le poulet dans un peu d'huile avant de le mettre dans la mijoteuse.

↓
4 portions
↓
Préparation:
15 min
↓
Cuisson:
4 h 10 min

8	hauts de cuisses de poulet, la peau et le gras enlevés (environ 1 1/2 lb/750 g en tout)	8	1/4 t	sauce soja	60 ml
			1/2 c. à thé	gingembre moulu	2 ml
			1/4 c. à thé	flocons de piment fort	1 ml
5	carottes coupées en tranches	5	1 t	petits pois surgelés	250 ml
2	oignons hachés	2	1 c. à thé	vinaigre de vin blanc	5 ml
2	gousses d'ail hachées finement	2	2	oignons verts coupés en tranches	2
1 1/4 t	eau	310 ml	1/2 t	arachides non salées, hachées	125 ml
3/4 t	beurre d'arachides crémeux	180 ml			

→ Mettre les hauts de cuisses de poulet, les carottes, les oignons et l'ail dans la mijoteuse. Dans un petit bol, mélanger l'eau, le beurre d'arachides, la sauce soja, le gingembre et les flocons de piment fort. Verser ce mélange dans la mijoteuse. Couvrir et cuire à faible intensité de 4 à 5 heures. Dégraisser la préparation. (Vous pouvez préparer le poulet jusqu'à cette étape, le laisser refroidir complètement et le mettre dans des contenants hermétiques. Il se conservera jusqu'au lendemain au réfrigérateur.)

→ Ajouter les petits pois et le vinaigre de vin. Couvrir et poursuivre la cuisson à intensité élevée pendant environ 10 minutes ou jusqu'à ce que la préparation soit fumante.

→ Au moment de servir, parsemer chaque portion des oignons verts et des arachides.

PAR PORTION: cal.: 655; prot.: 48 g; m.g.: 39 g (8 g sat.); chol.: 115 mg; gluc.: 34 g; fibres: 9 g; sodium: 1 467 mg.

Chili au dindon et aux haricots noirs

Débordant de légumes, ce chili fait un bon petit souper dans un bol. On peut le préparer avec des haricots en boîte ou des haricots secs qu'on fait tremper et cuire (voir encadré, p. 213). On peut faire des réserves de haricots cuits en les congelant 2 t (500 ml) à la fois dans des sacs de congélation. C'est économique et pratique puisqu'ils sont alors prêts pour un autre chili.

↓
4 à 6 portions
↓
Préparation:
20 min
↓
Cuisson:
4 h 20 min

2 c. à tab	huile végétale	30 ml		1	boîte de haricots noirs, égouttés et rincés (19 oz/540 ml)	1
1 lb	dindon ou poulet haché	500 g		1	courgette coupée en dés	1
1	oignon haché	1		1/2 t	maïs en grains	125 ml
2	gousses d'ail hachées finement	2		1/4 t	coriandre (ou persil) fraîche, hachée	60 ml
3 c. à tab	assaisonnement au chili	45 ml			crème sure (facultatif)	
2 c. à thé	origan séché	10 ml			piments chilis frais (de type jalapeño), épépinés et coupés en tranches (facultatif)	
1/2 c. à thé	sel	2 ml				
1/4 à thé	poivre noir du moulin	1 ml				
2 c. à tab	pâte de tomates	30 ml				
1	boîte de tomates en dés (28 oz/796 ml)	1				

→ Dans un grand poêlon, chauffer 1 c. à tab (15 ml) de l'huile à feu moyen-vif. Ajouter le dindon haché et cuire, en le défaisant à l'aide d'une cuillère de bois, pendant environ 8 minutes ou jusqu'à ce qu'il ait perdu sa teinte rosée. À l'aide d'une écumoire, mettre le dindon dans la mijoteuse.

→ Dégraisser le poêlon. Chauffer le reste de l'huile à feu moyen. Ajouter l'oignon, l'ail, l'assaisonnement au chili, l'origan, le sel et le poivre et cuire pendant environ 4 minutes ou jusqu'à ce que l'oignon ait ramolli. Ajouter la pâte de tomates et poursuivre la cuisson, en brassant, pendant 1 minute. Ajouter les tomates et porter à ébullition en raclant le fond du poêlon pour en détacher les particules. Verser la préparation dans la mijoteuse, puis ajouter les haricots noirs, la courgette et le maïs.

→ Couvrir et cuire à faible intensité pendant 4 heures ou jusqu'à ce que la préparation ait épaissi. Dégraisser la préparation. (Vous pouvez préparer le chili jusqu'à cette étape, le laisser refroidir complètement et le mettre dans des contenants hermétiques. Il se conservera jusqu'à 3 jours au réfrigérateur ou jusqu'à 1 mois au congélateur.)

→ Ajouter la coriandre et mélanger. Au moment de servir, garnir chaque portion de crème sure et de piments chilis, si désiré.

PAR PORTION: cal.: 281; prot.: 20 g; m.g.: 12 g (3 g sat.); chol.: 60 mg; gluc.: 26 g; fibres: 9 g; sodium: 717 mg.

Casserole de moules, de poisson et de saucisses

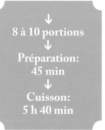

8 à 10 portions

Préparation:
45 min

Cuisson:
5 h 40 min

1 c. à tab	huile d'olive	15 ml
1 lb	saucisses chorizo portugaises ou saucisses italiennes douces, coupées en tranches épaisses	500 g
1	oignon haché	1
2	gousses d'ail hachées finement	2
1/2 t	céleri coupé en dés	125 ml
1/2 c. à thé	thym séché	2 ml
3/4 t	vin blanc sec	180 ml
1	aubergine coupée en cubes de 1 po (2,5 cm)	1

1	boîte de tomates en dés (28 oz/796 ml)	1
1/4 t	pâte de tomates	60 ml
1 c. à tab	paprika doux	15 ml
2 lb	moules	1 kg
12 oz	filets de tilapia ou autre poisson à chair blanche ferme, coupés en morceaux de 2 po (5 cm)	375 g
2 c. à tab	persil frais, haché	30 ml

→ Dans un grand poêlon, chauffer l'huile à feu moyen-vif. Ajouter les saucisses, en plusieurs fois, et les faire dorer. Mettre les saucisses dans la mijoteuse.

→ Dégraisser le poêlon. Ajouter l'oignon, l'ail, le céleri et le thym et cuire à feu moyen, en brassant souvent, pendant environ 5 minutes ou jusqu'à ce que les légumes aient ramolli. Mettre la préparation dans la mijoteuse.

→ Dans le poêlon, ajouter le vin et porter à ébullition en raclant le fond pour en détacher les particules. Verser ce liquide dans la mijoteuse, puis ajouter l'aubergine, les tomates, la pâte de tomates et le paprika. Couvrir et cuire à faible intensité de 5 à 6 heures. Dégraisser la préparation.

→ Entre-temps, brosser les moules et retirer la barbe (éliminer les moules dont la coquille est brisée ou qui ne se referment pas lorsqu'on les frappe délicatement sur le comptoir). Mettre les moules et le poisson sur la préparation de légumes dans la mijoteuse. Couvrir et poursuivre la cuisson à intensité élevée pendant environ 20 minutes ou jusqu'à ce que les moules s'ouvrent (éliminer celles qui restent fermées) et que la préparation soit fumante.

→ Au moment de servir, parsemer chaque portion du persil.

PAR PORTION: cal.: 313; prot.: 22 g; m.g.: 20 g (7 g sat.); chol.: 63 mg; gluc.: 11 g; fibres: 2 g; sodium: 781 mg.

Cari aux légumes et aux oeufs durs

Servir ce cari sur du riz basmati et l'accompagner de quartiers de lime.

2 c. à tab	huile végétale	30 ml
1	gros oignon, coupé en tranches	1
1	petite aubergine, coupée en cubes	1
3	gousses d'ail hachées finement	3
1 c. à tab	gingembre frais, haché finement	15 ml
1/2 c. à thé	sel	2 ml
3 t	bouquets de chou-fleur	750 ml

2	pommes de terre pelées et coupées en cubes	2
2 t	bouillon de légumes	500 ml
1/4 t	pâte de tomates	60 ml
3 c. à tab	pâte de cari douce (de type Patak's)	45 ml
1 1/2 t	petits pois surgelés	375 ml
4	oeufs durs coupés en dés	4
1/4 t	coriandre fraîche, hachée	60 ml

→ Dans un grand poêlon, chauffer l'huile à feu moyen. Ajouter l'oignon, l'aubergine, l'ail, le gingembre et le sel et cuire pendant 6 minutes ou jusqu'à ce que l'aubergine soit tendre. Mettre la préparation dans la mijoteuse. Ajouter le chou-fleur, les pommes de terre, le bouillon, la pâte de tomates et la pâte de cari. Couvrir et cuire à faible intensité pendant 4 heures.

→ Ajouter les petits pois. Couvrir et poursuivre la cuisson à intensité élevée pendant 15 minutes ou jusqu'à ce que la préparation soit fumante.

→ Au moment de servir, parsemer chaque portion des oeufs durs et de la coriandre.

PAR PORTION: cal.: 245; prot.: 9 g; m.g.: 13 g (2 g sat.); chol.: 124 mg; gluc.: 26 g; fibres: 6 g; sodium: 698 mg.

Tofu braisé à la chinoise

Populaire en Chine, ce plat appelé *ma po tofu* est préparé ici avec du sans-viande hachée (protéines de soja texturées) plutôt que le traditionnel porc haché. À servir sur du riz.

↓
4 à 6 portions
↓
Préparation:
25 min
↓
Cuisson:
3 h 30 min

1 c. à tab	huile végétale	15 ml	1 1/2 t	bouillon de légumes	375 ml
6	oignons verts (les parties blanche et verte hachées séparément)	6	2 c. à tab	xérès sec ou bouillon de légumes	30 ml
			2 c. à tab	sauce soja	30 ml
3 t	champignons coupés en tranches	750 ml	2 c. à tab	sauce aux haricots noirs et à l'ail	30 ml
2	carottes coupées en dés	2	1 c. à thé	huile de sésame	5 ml
3	gousses d'ail hachées finement	3	1	paquet de tofu mi-ferme, égoutté et épongé, coupé en cubes de 3/4 po (2 cm) (454 g)	1
1 c. à tab	gingembre frais, haché finement	15 ml			
1	pincée de flocons de piment fort	1	3 c. à tab	fécule de maïs	45 ml
			1/2 t	eau	125 ml
1	pincée de clou de girofle moulu	1	1 t	petits pois surgelés	250 ml
1	paquet de sans-viande hachée (protéines de soja texturées) (de type Yves Veggie Cuisine) (340 g)	1			

→ Dans un grand poêlon, chauffer l'huile à feu moyen-vif. Ajouter la partie blanche des oignons verts, les champignons, les carottes, l'ail, le gingembre, les flocons de piment fort et le clou de girofle et cuire, en brassant, pendant 8 minutes ou jusqu'à ce que le liquide des champignons se soit évaporé. Mettre la préparation dans la mijoteuse, puis ajouter le sans-viande hachée.

→ Dans un bol, mélanger le bouillon, le xérès, la sauce soja, la sauce aux haricots et l'huile de sésame. Verser ce mélange dans la mijoteuse, puis ajouter le tofu. Couvrir et cuire à faible intensité pendant 3 heures. Dégraisser la préparation, au besoin.

→ Dans un petit bol, mélanger la fécule de maïs et l'eau, verser dans la mijoteuse et remuer délicatement. Ajouter les petits pois. Couvrir et poursuivre la cuisson à intensité élevée pendant 20 minutes ou jusqu'à ce que la sauce ait épaissi. (Vous pouvez préparer le tofu braisé à l'avance, le laisser refroidir complètement et le mettre dans des contenants hermétiques. Il se conservera jusqu'au lendemain au réfrigérateur.)

→ Au moment de servir, parsemer chaque portion de la partie verte des oignons verts.

PAR PORTION: cal.: 214; prot.: 18 g; m.g.: 7 g (1 g sat.); chol.: aucun; gluc.: 21 g; fibres: 6 g; sodium: 908 mg.

↓
4 portions
↓
Préparation:
20 min
↓
Cuisson:
4 h 25 min

Cari aux légumes et au tofu à la thaïe

Si on n'aime pas les mets épicés, il suffit de réduire la quantité de pâte de cari à 2 c. à thé (10 ml). Servir ce cari sur du riz et l'accompagner de quartiers de lime.

1 c. à tab	huile végétale	15 ml	1/2 t	coriandre fraîche, hachée	125 ml
1	oignon haché grossièrement	1	1 c. à tab	pâte de cari vert (de type thaïe)	15 ml
1	aubergine coupée en dés (environ 1 lb/500 g)	1	1 c. à tab	sauce soja	15 ml
2	poivrons (rouge et vert) coupés en morceaux	2	1/2 c. à thé	zeste de lime râpé	2 ml
			1 c. à tab	jus de lime	15 ml
1	courgette coupée en morceaux	1	1	paquet de tofu ferme, égoutté et épongé, coupé en cubes de 3/4 po (2 cm) (454 g)	1
3	gousses d'ail hachées finement	3			
1 c. à tab	gingembre frais, haché finement	15 ml	1/3 t	arachides non salées hachées	80 ml
1	boîte de lait de coco (400 ml)	1			

→ Dans un grand poêlon, chauffer l'huile à feu moyen. Ajouter l'oignon, l'aubergine, le poivron rouge, la courgette, l'ail et le gingembre et cuire, en brassant de temps à autre, pendant environ 8 minutes ou jusqu'à ce que l'aubergine soit tendre. Mettre la préparation dans la mijoteuse.

→ Dans un bol, mélanger le lait de coco, 1 c. à tab (15 ml) de la coriandre, la pâte de cari, la sauce soja et le zeste et le jus de lime. Verser ce mélange dans la mijoteuse, puis ajouter le tofu. Couvrir et cuire à faible intensité pendant 4 heures.

→ Ajouter le poivron vert et le reste de la coriandre. Couvrir et poursuivre la cuisson à intensité élevée pendant environ 15 minutes ou jusqu'à ce que la sauce ait épaissi et que le poivron vert soit tendre.

→ Au moment de servir, parsemer chaque portion des arachides.

PAR PORTION: cal.: 467; prot.: 17 g; m.g.: 37 g (20 g sat.); chol.: aucun; gluc.: 26 g; fibres: 7 g; sodium: 443 mg.

Chili aux haricots noirs, salsa à l'avocat

L'exquise salsa à l'avocat qui accompagne ce chili peut également servir à garnir des hamburgers ou des sandwichs.

↓
8 portions
↓
Préparation: 20 min
↓
Cuisson: 4 h 5 min

Chili aux haricots noirs

1 c. à tab	huile végétale	15 ml
2	oignons hachés	2
2	gousses d'ail hachées finement	2
2	carottes hachées	2
1	piment chili frais (de type jalapeño), épépiné et haché finement	1
1 c. à tab	assaisonnement au chili	15 ml
1 c. à thé	cumin moulu	5 ml
1 c. à thé	origan séché	5 ml
1/4 c. à thé	sel	1 ml
1/4 t	pâte de tomates	60 ml
2	boîtes de tomates étuvées (28 oz/796 ml chacune)	2
2	boîtes de haricots noirs, égouttés et rincés (19 oz/540 ml chacune) ou	2
4 t	haricots noirs cuits maison (voir encadré, p. 213)	1 L
2	poivrons rouges hachés	2

Salsa à l'avocat

2	avocats coupés en dés	2
2 c. à tab	oignon rouge haché finement	30 ml
2 c. à tab	coriandre fraîche, hachée	30 ml
2 c. à tab	jus de lime	30 ml
1	pincée de sel	1
1	pincée de poivre noir du moulin	1

Préparation du chili

→ Dans un grand poêlon, chauffer l'huile à feu moyen. Ajouter les oignons, l'ail, les carottes, le piment chili, l'assaisonnement au chili, le cumin, l'origan et le sel et cuire, en brassant de temps à autre, pendant 5 minutes ou jusqu'à ce que les oignons aient ramolli. Mettre la préparation dans la mijoteuse.

→ Ajouter la pâte de tomates, les tomates, les haricots noirs et les poivrons. Couvrir et cuire à faible intensité de 4 à 6 heures. (Vous pouvez préparer le chili à l'avance, le laisser refroidir complètement et le mettre dans des contenants hermétiques. Il se conservera jusqu'à 3 jours au réfrigérateur ou jusqu'à 1 mois au congélateur.)

Préparation de la salsa

→ Dans un bol, mélanger tous les ingrédients. Au moment de servir, garnir chaque portion de chili de la salsa.

PAR PORTION: cal.: 275; prot.: 11 g; m.g.: 10 g (1 g sat.); chol.: aucun; gluc.: 39 g; fibres: 14 g; sodium: 565 mg.

Tacos végé

Le sans-viande hachée est un produit à base de soja qui ressemble à de la viande hachée. Comme le tofu, il a peu de goût et absorbe les saveurs des aliments avec lesquels il est cuit. Ces protéines végé sont économiques et s'apprêtent à toutes les sauces pour le bonheur des végétariens et des autres aussi. Le sans-viande hachée est vendu au rayon des produits biologiques des supermarchés et dans les magasins d'aliments naturels.

2 t	bouillon de légumes	500 ml	1 c. à thé	origan séché	5 ml
2 t	sans-viande hachée (protéines de soja texturées) (de type Yves Veggie Cuisine)	500 ml	1/2 c. à thé	piment chipotle en poudre ou sauce tabasco	2 ml
			1/2 c. à thé	sel	2 ml
2 c. à tab	huile végétale	30 ml	1	boîte de tomates (28 oz/796 ml)	1
2	oignons coupés en petits dés	2	12	coquilles à taco	12
2	branches de céleri coupées en petits dés	2	2 t	laitue iceberg déchiquetée	500 ml
6	gousses d'ail hachées finement	6	2	tomates italiennes hachées	2
2 c. à tab	assaisonnement au chili	30 ml	1	avocat coupé en dés (facultatif)	1
4 c. à thé	cumin moulu	20 ml	1 t	cheddar râpé	250 ml
4 c. à thé	coriandre moulue	20 ml			

→ Dans une casserole, porter à ébullition 1 1/2 t (375 ml) du bouillon. Mettre le sans-viande hachée dans la mijoteuse, puis verser le bouillon chaud. Couvrir et laisser reposer pendant 10 minutes.

→ Entre-temps, dans un grand poêlon, chauffer l'huile à feu moyen. Ajouter les oignons, le céleri et l'ail et cuire, en brassant de temps à autre, pendant 5 minutes ou jusqu'à ce que les légumes aient ramolli. Ajouter l'assaisonnement au chili, le cumin, la coriandre, l'origan, le piment chipotle et le sel et poursuivre la cuisson, en brassant, pendant 1 minute. Mettre la préparation dans la mijoteuse.

→ Dans le poêlon, ajouter le reste du bouillon et les tomates, en les défaisant à l'aide d'une cuillère de bois. Porter à ébullition à feu moyen en raclant le fond du poêlon. Verser la préparation dans la mijoteuse. Couvrir et cuire à faible intensité de 4 à 6 heures. (Vous pouvez préparer la garniture végé à l'avance, la laisser refroidir complètement et la mettre dans des contenants hermétiques. Elle se conservera jusqu'à 3 jours au réfrigérateur ou jusqu'à 1 mois au congélateur.)

→ Mettre environ 1/4 t (60 ml) de la garniture végé dans chaque coquille à taco. Garnir de la laitue, des tomates fraîches, de l'avocat, si désiré, et du cheddar.

PAR TACO: cal.: 210; prot.: 13 g; m.g.: 9 g (3 g sat.); chol.: 11 mg; gluc.: 21 g; fibres: 5 g; sodium: 443 mg.

Ratatouille aux pois chiches

↓
6 portions
↓
**Préparation:
15 min**
↓
**Cuisson:
4 h 10 min**

1 c. à tab	huile végétale	15 ml
1	oignon haché	1
2	gousses d'ail hachées finement	2
1	grosse aubergine, coupée en cubes	1
2 c. à thé	basilic séché	10 ml
1 c. à thé	origan séché	5 ml
1/2 c. à thé	sel	2 ml
1/2 c. à thé	poivre noir du moulin	2 ml
1	boîte de tomates entières (28 oz/796 ml)	1
2	poivrons (rouge et jaune) coupés en morceaux de 1 po (2,5 cm)	2

2	courgettes coupées en deux sur la longueur, puis en morceaux de 1 1/2 po (4 cm)	2
1/3 t	pâte de tomates	80 ml
1	boîte de pois chiches, égouttés et rincés (19 oz/540 ml) ou	1
2 t	pois chiches cuits maison (voir encadré, p. 213)	500 ml
1/4 t	basilic ou persil frais, haché	60 ml

→ Dans un grand poêlon, chauffer l'huile à feu moyen. Ajouter l'oignon, l'ail, l'aubergine, le basilic séché, l'origan, le sel et le poivre et cuire, en brassant de temps à autre, pendant environ 10 minutes ou jusqu'à ce que l'oignon ait ramolli. Mettre la préparation dans la mijoteuse.

→ Ajouter les tomates, en les défaisant à l'aide d'une cuillère de bois, puis les poivrons, les courgettes, la pâte de tomates et les pois chiches. Couvrir et cuire à faible intensité pendant 4 heures. (Vous pouvez préparer la ratatouille jusqu'à cette étape, la laisser refroidir complètement et la mettre dans des contenants hermétiques. Elle se conservera jusqu'à 3 jours au réfrigérateur ou jusqu'à 1 mois au congélateur.)

→ Ajouter le basilic frais et mélanger.

PAR PORTION: cal.: 192; prot.: 7 g; m.g.: 4 g (traces sat.); chol.: aucun; gluc.: 36 g; fibres: 8 g; sodium: 589 mg.

Tajine de poulet aux raisins secs

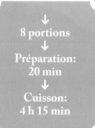

2 c. à tab	huile végétale (environ)	30 ml	2 t	bouillon de poulet	500 ml
3 lb	hauts de cuisses de poulet désossés, la peau et le gras enlevés	1,5 kg	2 c. à tab	pâte de tomates	30 ml
			2 c. à tab	jus de citron	30 ml
2	oignons coupés en deux, puis en tranches fines	2	2 c. à tab	farine	30 ml
			2 c. à thé	sel à l'ail	10 ml
4	carottes coupées en tranches fines	4	1 1/2 c. à thé	cumin moulu	7 ml
			1 1/2 c. à thé	gingembre moulu	7 ml
1/2 t	raisins secs	125 ml	1 c. à thé	cannelle moulue	5 ml
1/2 t	abricots séchés hachés grossièrement	125 ml	3/4 c. à thé	poivre noir du moulin	4 ml
				pignons grillés (facultatif)	

→ Dans un grand poêlon, chauffer 1 c. à tab (15 ml) de l'huile à feu moyen-vif. Ajouter le poulet, en plusieurs fois, et le faire dorer (ajouter de l'huile, au besoin). Mettre le poulet dans la mijoteuse. Ajouter, en couches successives, les oignons, les carottes, les raisins secs et les abricots dans la mijoteuse.

→ Dans un bol, à l'aide d'un fouet, mélanger le bouillon, la pâte de tomates, le jus de citron, la farine, le sel à l'ail, le cumin, le gingembre, la cannelle et le poivre. Verser ce mélange dans la mijoteuse. Couvrir et cuire à faible intensité pendant 4 heures. (Vous pouvez préparer le tajine à l'avance, le laisser refroidir complètement et le mettre dans des contenants hermétiques. Il se conservera jusqu'à 3 jours au réfrigérateur ou jusqu'à 1 mois au congélateur.)

→ Au moment de servir, parsemer de pignons, si désiré.

PAR PORTION: cal.: 370 ; prot.: 51 g; m.g.: 7 g (2 g sat.); chol.: 125 mg; gluc.: 23 g; fibres: 3 g; sodium: 830 mg.

Cassoulet au poulet et au porc

3 c. à tab	huile végétale	45 ml	2	brins de thym frais	2
2 lb	hauts de cuisses de poulet, la peau et le gras enlevés	1 kg	1	feuille de laurier	1
1	rôti d'épaule de porc désossé, le gras enlevé, coupé en cubes (environ 1 lb/500 g)	1	1/2 lb	saucisses de Toulouse cuites, coupées en deux sur la longueur, puis en tranches de 1/2 po (1 cm) d'épaisseur	250 g
1	oignon haché	1	1 t	chapelure nature	250 ml
2	gousses d'ail écrasées	2	2	boîtes de haricots blancs (de type cannellini), égouttés et rincés (19 oz/540 ml chacune)	2
1	boîte de tomates en dés, égouttées (19 oz/540 ml)	1			
1 1/2 t	bouillon de poulet réduit en sel	375 ml	1/2 c. à thé	thym frais, haché	2 ml
1 t	vin blanc sec	250 ml	1/2 c. à thé	sel	2 ml
1 c. à tab	pâte de tomates	15 ml	1/2 c. à thé	poivre noir du moulin	2 ml

↓
8 portions
↓
Préparation:
25 min
↓
Cuisson:
7 h 30 min

→ Dans un grand poêlon, chauffer l'huile à feu moyen-vif. Ajouter les hauts de cuisses de poulet et les cubes de porc, en plusieurs fois, et les faire dorer. Mettre le poulet et le porc dans la mijoteuse. Ajouter l'oignon, l'ail, les tomates, le bouillon, le vin, la pâte de tomates, les brins de thym et la feuille de laurier. Couvrir et cuire à faible intensité pendant 7 heures.

→ Ajouter les saucisses, 3/4 t (180 ml) de la chapelure, les haricots blancs, le thym haché, le sel et le poivre et mélanger. Couvrir et poursuivre la cuisson à intensité élevée pendant 15 minutes. Retirer les brins de thym et la feuille de laurier. (Vous pouvez préparer le cassoulet à l'avance, le laisser refroidir complètement et le mettre dans des contenants hermétiques. Il se conservera jusqu'à 3 jours au réfrigérateur ou jusqu'à 1 mois au congélateur.)

→ Au moment de servir, parsemer chaque portion de 1/2 c. à tab (7 ml) du reste de la chapelure.

PAR PORTION: cal.: 498; prot.: 44 g; m.g.: 19 g (7 g sat.); chol.: 153 mg; gluc.: 31 g; fibres: 6 g; sodium: 945 mg.

Chili au boeuf à la mexicaine

10 portions

Préparation: 25 min

Cuisson: 6 h 40 min

1 à 2 c. à tab	huile végétale	15 à 30 ml
1	bifteck de ronde désossé ou rôti d'épaule de porc désossé, le gras enlevé, coupés en cubes de 1/2 po (1 cm) (environ 2 lb/1 kg)	1
2	oignons hachés	2
3	boîtes de haricots rouges, égouttés et rincés (19 oz/540 ml chacune)	3
1	boîte de tomates en dés (28 oz/796 ml)	1
1 t	bière ou bouillon de boeuf	250 ml

1 à 2 c. à tab	piments chipotle en sauce adobo, hachés	15 à 30 ml
1 c. à tab	assaisonnement au chili	15 ml
2 c. à thé	sel à l'ail	10 ml
2 c. à thé	cumin moulu	10 ml
1 c. à thé	origan séché	5 ml
2	poivrons jaunes, rouges ou verts hachés grossièrement	2
	crème sure (facultatif)	
	coriandre fraîche, hachée (facultatif)	
	quartiers de lime (facultatif)	

→ Dans un grand poêlon, chauffer l'huile à feu moyen-vif. Ajouter les cubes de boeuf, en plusieurs fois, et les faire dorer. Mettre le boeuf dans la mijoteuse.

→ Dégraisser le poêlon. Ajouter les oignons et cuire pendant 5 minutes ou jusqu'à ce qu'ils aient ramolli. Mettre les oignons, les haricots rouges, les tomates, la bière, les piments, l'assaisonnement au chili, le sel à l'ail, le cumin et l'origan dans la mijoteuse. Couvrir et cuire à faible intensité pendant 6 heures.

→ Dégraisser la préparation. (Vous pouvez préparer le chili jusqu'à cette étape, le laisser refroidir complètement et le mettre dans des contenants hermétiques. Il se conservera jusqu'à 3 jours au réfrigérateur ou jusqu'à 1 mois au congélateur.)

→ Ajouter les poivrons, couvrir et poursuivre la cuisson à intensité élevée pendant 20 minutes ou jusqu'à ce qu'ils soient tendres. Au moment de servir, garnir chaque portion de crème sure et de coriandre, et accompagner de quartiers de lime, si désiré.

PAR PORTION: cal.: 270; prot.: 29 g; m.g.: 3 g (1 g sat.); chol.: 35 mg; gluc.: 33 g; fibres: 10 g; sodium: 1 020 mg.

Chili végétarien

1	boîte de tomates entières (28 oz/796 ml)	1		1	carotte hachée	1
1/4 t	pâte de tomates	60 ml		1	branche de céleri hachée	1
1 c. à tab	assaisonnement au chili	15 ml		1	boîte de haricots rouges, égouttés et rincés (19 oz/540 ml)	1
1 c. à thé	origan séché	5 ml				
1 c. à thé	cumin moulu	5 ml		1	boîte de haricots noirs, égouttés et rincés (19 oz/540 ml)	1
1/4 c. à thé	sel	1 ml				
1/4 c. à thé	poivre noir du moulin	1 ml		1	boîte de pois chiches, égouttés et rincés (19 oz/540 ml)	1
1/4 c. à thé	sucre	1 ml				
1	oignon haché	1				
2	gousses d'ail hachées finement	2				

→ Dans la mijoteuse, défaire les tomates à l'aide d'une cuillère de bois. Ajouter la pâte de tomates, l'assaisonnement au chili, l'origan, le cumin, le sel, le poivre et le sucre et mélanger. Ajouter le reste des ingrédients. Couvrir et cuire à faible intensité de 4 à 6 heures. (Vous pouvez préparer le chili à l'avance, le laisser refroidir complètement et le mettre dans des contenants hermétiques. Il se conservera jusqu'à 3 jours au réfrigérateur ou jusqu'à 1 mois au congélateur.)

PAR PORTION: cal.: 297; prot.: 18 g; m.g.: 3 g (traces sat.); chol.: aucun; gluc.: 55 g; fibres: 14 g; sodium: 838 mg.

↓
6 portions
↓
Préparation: 15 min
↓
Cuisson: 4 h

SOLUTION DE RECHANGE

Remplacer les légumineuses en boîte par 2 t (500 ml) chacun de haricots rouges, de haricots noirs et de pois chiches cuits maison. L'encadré de la p. 213 indique la façon de les cuire.

UN GARDE-MANGER BIEN GÉRÉ

• Au moins une fois par année, faire le ménage du garde-manger. Vérifier les dates d'expiration et jeter tout ce qui est périmé.

• Mettre les pâtes, le riz, les lentilles, les haricots secs, la semoule de maïs et la farine dans des contenants hermétiques ou des sacs de congélation. Ne pas les conserver dans leur emballage d'origine.

• Étiqueter les contenants en indiquant le nom du produit et sa date d'achat.

• Conserver les grains entiers (flocons d'avoine, orge, farine) et les noix au réfrigérateur ou au congélateur pour éviter qu'ils ne rancissent.

Chili au boeuf et aux saucisses italiennes

12 oz	saucisses italiennes, la peau enlevée et la chair émiettée	375 g	2	piments chilis frais (de type jalapeño), épépinés et hachés finement	2
1	rôti de palette désossé, le gras enlevé, coupé en cubes de 3/4 po (2 cm) (environ 2 à 2 1/2 lb/1 à 1,25 kg)	1	2	petits piments chilis rouges séchés	2
2	oignons hachés	2	2 c. à tab	assaisonnement au chili	30 ml
4 t	eau	1 L	2	gousses d'ail hachées finement	2
2	boîtes de haricots rouges ou noirs, égouttés et rincés (19 oz/540 ml chacune)	2	1/2 c. à thé	sel	2 ml
			1/2 c. à thé	origan séché	2 ml
1	boîte de tomates en dés (28 oz/796 ml)	1	2	poivrons verts hachés grossièrement	2
2	boîtes de pâte de tomates (5 1/2 oz/156 ml chacune)	2		crème sure (facultatif)	
12	tranches de bacon cuites et émiettées	12		cheddar râpé (facultatif)	
				oignons verts coupés en tranches (facultatif)	

↓
10 portions
↓
Préparation: 30 min
↓
Cuisson: 6 h 35 min

→ Dans un grand poêlon, cuire la chair des saucisses à feu moyen-vif pendant environ 5 minutes ou jusqu'à ce qu'elle ait perdu sa teinte rosée. Mettre la chair des saucisses dans la mijoteuse. Dans le poêlon, faire dorer les cubes de boeuf et les oignons, en plusieurs fois, puis les mettre dans la mijoteuse.

→ Ajouter l'eau, les haricots rouges, les tomates, la pâte de tomates, la moitié du bacon, les piments chilis frais et séchés, l'assaisonnement au chili, l'ail, le sel et l'origan dans la mijoteuse. Couvrir et cuire à faible intensité pendant 6 heures. Dégraisser la préparation.

→ Ajouter les poivrons, couvrir et poursuivre la cuisson à intensité élevée pendant 20 minutes ou jusqu'à ce qu'ils soient tendres.

→ Au moment de servir, retirer les petits piments séchés. Garnir chaque portion du reste du bacon, de crème sure, de cheddar et d'oignons verts, si désiré. (Vous pouvez préparer le chili à l'avance, le laisser refroidir complètement et le mettre dans des contenants hermétiques. Il se conservera jusqu'à 3 jours au réfrigérateur ou jusqu'à 1 mois au congélateur.)

PAR PORTION: cal.: 455; prot.: 37 g; m.g.: 20 g (7 g sat.); chol.: 85 mg; gluc.: 32 g; fibres: 9 g; sodium: 1 335 mg.

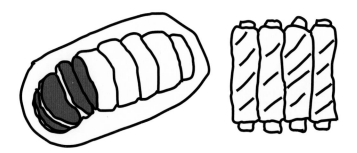

RÔTIS, *braisés* ET CÔTES LEVÉES

Pot-au-feu à l'espagnole

1	rôti de côtes croisées désossé (environ 3 lb/1,5 kg)	1
1/4 c. à thé	sel	1 ml
1/4 c. à thé	poivre noir du moulin	1 ml
2 c. à tab	huile végétale (environ)	30 ml
1	oignon coupé en tranches fines	1
2	gousses d'ail hachées finement	2
4 oz	prosciutto coupé en dés	125 g
1/2 c. à thé	marjolaine séchée	2 ml
1 t	bouillon de boeuf réduit en sel	250 ml
1/2 t	xérès sec ou bouillon de boeuf réduit en sel	125 ml
1	boîte de tomates égouttées (28 oz/796 ml)	1
1 t	poivrons rouges grillés en pot, égouttés et coupés en lanières	250 ml
2 c. à tab	farine	30 ml
1/4 t	eau	60 ml
1/4 t	amandes moulues	60 ml
2 c. à tab	pâte de tomates	30 ml
1	poivron vert coupé en tranches fines	1

Truc cuisine

Les poivrons rouges grillés en pot sont extra pour nous dépanner, surtout l'hiver, lorsque les poivrons rouges frais coûtent une fortune. Une fois le pot ouvert, il est préférable de les conserver au réfrigérateur et de les utiliser dans les jours qui suivent dans les salades, les pâtes et les ragoûts ou comme garniture sur des soupes.

→ Parsemer le rôti de boeuf du sel et du poivre. Dans une cocotte, chauffer la moitié de l'huile à feu moyen-vif. Ajouter le rôti et le faire dorer de tous les côtés (ajouter un peu du reste de l'huile, au besoin). Mettre le rôti dans la mijoteuse.

→ Dégraisser la cocotte. Chauffer le reste de l'huile à feu moyen. Ajouter l'oignon, l'ail, le prosciutto et la marjolaine et cuire, en brassant de temps à autre, pendant environ 5 minutes ou jusqu'à ce que l'oignon ait ramolli. Ajouter le bouillon et le xérès et porter à ébullition en raclant le fond de la cocotte pour en détacher les particules. Verser la préparation dans la mijoteuse. Ajouter les tomates et les poivrons grillés. Couvrir et cuire à faible intensité de 6 à 8 heures.

→ Déposer le rôti sur une planche à découper et le couvrir de papier d'aluminium, sans serrer. Laisser reposer pendant 15 minutes.

→ Entre-temps, dégraisser le liquide de cuisson. Dans un petit bol, mélanger la farine et l'eau, verser dans la mijoteuse et bien remuer. Ajouter les amandes, la pâte de tomates et le poivron et mélanger. Couvrir et poursuivre la cuisson à intensité élevée pendant environ 15 minutes ou jusqu'à ce que la sauce ait épaissi.

→ Au moment de servir, couper le rôti en tranches fines, les mettre dans une assiette de service et les napper de la sauce.

PAR PORTION: cal.: 397; prot.: 36 g; m.g.: 23 g (7 g sat.); chol.: 110 mg; gluc.: 12 g; fibres: 2 g; sodium: 565 mg.

Rôti de boeuf braisé au gingembre

Pas de gingembre frais? On peut le remplacer par 1 c. à thé (5 ml) de gingembre moulu.

1	rôti de côtes croisées ou de haut de palette désossé (environ 4 lb/2 kg)	1
1/2 c. à thé	poivre noir du moulin	2 ml
2 c. à tab	huile végétale	30 ml
1	oignon haché	1
5	gousses d'ail hachées finement	5
1 c. à tab	gingembre frais, haché finement	15 ml

1/2 t	sauce hoisin	125 ml
1/2 t	bouillon de boeuf	125 ml
1/4 t	cassonade tassée	60 ml
1/4 t	sauce soja réduite en sel	60 ml
1/2 t	eau	125 ml
2 c. à tab	farine	30 ml
2	oignons verts coupés en tranches fines	2

Truc cuisine

Les rôtis braisés se réchauffent très bien. Ils sont même plus faciles à couper lorsqu'ils sont froids. Couvrir et réfrigérer le rôti et la sauce séparément. Lorsque la sauce est froide, retirer le gras figé à la surface. Couper le rôti en tranches fines et enlever le gras. Mettre ensuite les tranches dans la sauce pour les réchauffer.

→ Parsemer le rôti de boeuf du poivre. Dans une cocotte, chauffer l'huile à feu moyen-vif. Ajouter le rôti et le faire dorer de tous les côtés. Mettre le rôti dans la mijoteuse.

→ Dégraisser la cocotte. Ajouter l'oignon, l'ail et le gingembre et cuire à feu moyen, en brassant de temps à autre, pendant environ 2 minutes ou jusqu'à ce que l'oignon ait ramolli. Ajouter la sauce hoisin, le bouillon, la cassonade, la sauce soja et 1/4 t (60 ml) de l'eau. Porter à ébullition en raclant le fond de la cocotte pour en détacher les particules. Verser la préparation dans la mijoteuse. Couvrir et cuire à faible intensité pendant 6 heures.

→ Déposer le rôti sur une planche à découper et le couvrir de papier d'aluminium, sans serrer. Laisser reposer de 10 à 15 minutes.

→ Entre-temps, dégraisser le liquide de cuisson. Dans un petit bol, mélanger la farine et le reste de l'eau, verser dans la mijoteuse et bien remuer. Couvrir et poursuivre la cuisson à intensité élevée pendant environ 15 minutes ou jusqu'à ce que la sauce ait épaissi (remuer à la mi-cuisson).

→ Au moment de servir, couper le rôti en tranches fines, les mettre dans une assiette de service et les napper de la sauce. Parsemer des oignons verts.

PAR PORTION: cal.: 473; prot.: 50 g; m.g.: 21 g (7 g sat.); chol.: 116 mg; gluc.: 18 g; fibres: 1 g; sodium: 754 mg.

LES COUPES DE BOEUF IDÉALES POUR LA MIJOTEUSE

• **Rôtis à braiser (ou de type pot-au-feu).** Les coupes dites à mijoter ou à braiser donnent d'excellents résultats. On recherche les mots «rôti» ou «viande à braiser» sur l'étiquette. Le plus souvent, il s'agit de viande coupée dans l'épaule, comme le rôti de côtes croisées de type pot-au-feu ou le rôti de haut ou de bas de palette. D'autres bons choix: la poitrine et la pointe de poitrine désossées. Un conseil: cuire jusqu'à ce que la viande se détache à la fourchette.

• **Bouts de côtes.** Cuites lentement dans la mijoteuse, ces côtes levées sont délicieuses.

• **Cubes de boeuf à ragoût.** Ils sont pratiques, mais ils peuvent provenir de différentes parties et leur temps de cuisson peut varier. Il vaut mieux prendre un rôti entier – un rôti de côtes croisées désossé, par exemple – le dégraisser et le couper en cubes de la grosseur qui nous convient.

• **Biftecks à mijoter.** À essayer, les biftecks de palette, de haut ou de bas de palette désossés et de côtes croisées.

Pot-au-feu traditionnel

3 t	oignons coupés en tranches (voir Truc cuisine ci-contre)	750 ml	1/4 t	vinaigre de vin rouge	60 ml
8	pommes de terre pelées et coupées en deux	8	1 1/2 c. à thé	gingembre moulu	7 ml
			1/2 c. à thé	sel	2 ml
1 c. à tab	huile végétale	15 ml	1/2 c. à thé	poivre noir du moulin	2 ml
1	rôti de côtes croisées ou de palette désossé (environ 3 lb/1,5 kg)	1	1/4 c. à thé	clou de girofle moulu	1 ml
			1	feuille de laurier	1
			1 t	crème sure légère	250 ml
1 1/2 t	bouillon de boeuf ou eau	375 ml	3 c. à tab	farine	45 ml
1/4 t	cassonade tassée	60 ml	1	poivron vert coupé en dés	1

→ Mettre les oignons et les pommes de terre dans le fond de la mijoteuse. Dans une cocotte, chauffer l'huile à feu moyen-vif. Ajouter le rôti de boeuf et le faire dorer de tous les côtés. Déposer le rôti sur les légumes dans la mijoteuse.

→ Dégraisser la cocotte. Ajouter 1/2 t (125 ml) du bouillon et porter à ébullition en raclant le fond de la cocotte pour en détacher les particules. Verser ce liquide dans la mijoteuse. Dans un bol, mélanger le reste du bouillon, la cassonade, le vinaigre de vin, le gingembre, le sel, le poivre, le clou de girofle et la feuille de laurier. Verser le mélange de bouillon sur le rôti. Couvrir et cuire à faible intensité de 7 à 8 heures. Retirer la feuille de laurier.

→ Déposer le rôti sur une planche à découper et le couvrir de papier d'aluminium, sans serrer. Laisser reposer pendant 15 minutes.

→ Entre-temps, dégraisser le liquide de cuisson. Dans un bol, mélanger la crème sure, la farine et 1/2 t (125 ml) du liquide de cuisson, verser dans la mijoteuse et bien remuer. Ajouter le poivron. Couvrir et poursuivre la cuisson à intensité élevée pendant environ 15 minutes ou jusqu'à ce que la sauce ait épaissi.

→ Au moment de servir, couper le rôti en tranches fines, les mettre dans une assiette de service et les napper de la sauce.

PAR PORTION: cal.: 530; prot.: 41 g; m.g.: 16 g (6 g sat.); chol.: 89 mg; gluc.: 54 g; fibres: 4 g; sodium: 531 mg.

↓
6 à 8 portions
↓
Préparation:
25 min
↓
Cuisson:
7 h 30 min

❖
Truc cuisine
❖

Combien d'oignons faut-il couper? Un oignon jaune moyen de 4 oz (125 g) donne environ 1 t (250 ml) d'oignon haché ou coupé en tranches, légèrement tassées. Dans les ragoûts, les sauces et les pot-au-feu, même si la quantité d'oignon n'est pas tout à fait exacte, le résultat est le même.

Rôti de boeuf aux champignons

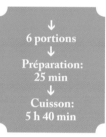

↓
6 portions
↓
Préparation:
25 min
↓
Cuisson:
5 h 40 min

1	rôti de côtes croisées désossé (environ 3 lb/1,5 kg)	1	3	gousses d'ail hachées finement	3
1/2 c. à thé	sel	2 ml	1 c. à thé	marjolaine séchée	5 ml
1/2 c. à thé	poivre noir du moulin	2 ml	1 c. à thé	origan séché	5 ml
2 c. à tab	huile végétale	30 ml	1/3 t	bouillon de boeuf réduit en sel	80 ml
4 t	champignons blancs (12 oz/375 g)	1 L	2 c. à tab	pâte de tomates	30 ml
2	carottes coupées en tranches	2	2 c. à thé	sauce Worcestershire	10 ml
2	branches de céleri coupées en tranches	2	3 c. à tab	farine	45 ml
1	oignon coupé en dés	1	1/4 t	eau	60 ml

❖
Truc cuisine
❖

Avant de couper le rôti cuit, le déposer sur une planche à découper. Pour le garder au chaud, le couvrir de papier d'aluminium, sans serrer, et le laisser reposer pendant 15 minutes pour permettre au jus de bien se répartir dans la viande. Retirer la ficelle et couper le rôti en tranches très fines dans le sens contraire des fibres. De cette façon, on coupe les longues fibres en petits morceaux, et la viande ainsi découpée est plus tendre.

→ Parsemer le rôti de boeuf du sel et du poivre. Dans une cocotte, chauffer la moitié de l'huile à feu moyen-vif. Ajouter le rôti et le faire dorer de tous les côtés. Mettre le rôti dans la mijoteuse.

→ Dégraisser la cocotte. Chauffer le reste de l'huile à feu moyen. Ajouter les champignons, les carottes, le céleri, l'oignon, l'ail, la marjolaine et l'origan et cuire, en brassant de temps à autre, pendant environ 10 minutes ou jusqu'à ce que les légumes aient ramolli. Mettre la préparation dans la mijoteuse.

→ Dans la cocotte, ajouter le bouillon et porter à ébullition en raclant le fond pour en détacher les particules. Verser ce liquide dans la mijoteuse, puis ajouter la pâte de tomates et la sauce Worcestershire. Couvrir et cuire à faible intensité de 5 à 7 heures.

→ Déposer le rôti sur une planche à découper et le couvrir de papier d'aluminium, sans serrer. Laisser reposer pendant 15 minutes.

→ Entre-temps, dégraisser le liquide de cuisson. Dans un petit bol, mélanger la farine et l'eau, verser dans la mijoteuse et bien remuer. Couvrir et poursuivre la cuisson à intensité élevée pendant environ 15 minutes ou jusqu'à ce que la sauce ait épaissi.

→ Au moment de servir, couper le rôti en tranches fines, les mettre dans une assiette de service et les napper de la sauce.

PAR PORTION: cal.: 454; prot.: 47 g; m.g.: 23 g (8 g sat.); chol.: 114 mg; gluc.: 11 g; fibres: 2 g; sodium: 347 mg.

Rôti de boeuf aux panais et aux navets

↓
8 à 10 portions
↓
Préparation:
25 min
↓
Cuisson:
7 h 35 min

2	panais coupés en deux sur la longueur, puis en morceaux de 2 po (5 cm)	2
2	carottes coupées en deux sur la longueur, puis en morceaux de 2 po (5 cm)	2
2	navets blancs coupés en quatre	2
3	oignons	3
1	rôti de palette ou de côtes croisées désossé (environ 3 lb/1,5 kg)	1
1/2 c. à thé	sel	2 ml
1/2 c. à thé	poivre noir du moulin	2 ml

2 c. à tab	huile végétale	30 ml
3	gousses d'ail coupées en tranches	3
1 t	bouillon de boeuf réduit en sel	250 ml
1	boîte de tomates (28 oz/796 ml)	1
1/2 c. à thé	marjolaine (ou thym) séchée	2 ml
2	feuilles de laurier	2
2 c. à tab	farine	30 ml
1/4 t	eau	60 ml

→ Mettre les panais, les carottes et les navets blancs dans la mijoteuse. Couper les oignons en six quartiers chacun en laissant la racine. Réserver.

→ Parsemer le rôti de boeuf du sel et du poivre. Dans une cocotte, chauffer la moitié de l'huile à feu moyen-vif. Ajouter le rôti et le faire dorer de tous les côtés. Mettre le rôti sur les légumes dans la mijoteuse.

→ Dégraisser la cocotte. Chauffer le reste de l'huile à feu moyen. Ajouter les oignons réservés et cuire, en les retournant une fois, pendant environ 5 minutes ou jusqu'à ce qu'ils soient dorés. Mettre les oignons dans la mijoteuse. Dans la cocotte, ajouter l'ail et cuire, en brassant, pendant 1 minute. Ajouter le bouillon et porter à ébullition en raclant le fond de la cocotte pour en détacher les particules. Verser le mélange de bouillon dans la mijoteuse. Ajouter les tomates, la marjolaine et les feuilles de laurier. Couvrir et cuire à faible intensité de 7 à 8 heures.

→ Déposer le rôti sur une planche à découper et le couvrir de papier d'aluminium, sans serrer. Laisser reposer pendant environ 15 minutes.

→ Entre-temps, retirer les feuilles de laurier du liquide de cuisson et le dégraisser. Dans un petit bol, mélanger la farine et l'eau, verser dans la mijoteuse et bien remuer. Couvrir et poursuivre la cuisson à intensité élevée pendant 15 minutes ou jusqu'à ce que la sauce ait épaissi.

→ Au moment de servir, couper le rôti en tranches fines, les mettre dans une assiette de service et les napper de la sauce.

PAR PORTION: cal.: 327; prot.: 28 g; m.g.: 16 g (4 g sat.); chol.: 77 mg; gluc.: 19 g; fibres: 4 g; sodium: 407 mg.

Poitrine de boeuf braisée à la bière

1	bouteille de bière (341 ml)	1	1/4 c. à thé	poivre noir du moulin	1 ml
3/4 t	bouillon de boeuf réduit en sel	180 ml	1	rôti de poitrine de boeuf double (environ 4 lb/2 kg) (voir encadré ci-dessous)	1
2 c. à tab	moutarde de Dijon	30 ml	1/4 t	farine	60 ml
1 c. à tab	raifort en crème	15 ml	1/3 t	eau	80 ml
4	oignons coupés en tranches	4			
6	gousses d'ail hachées finement	6			

→ Dans la mijoteuse, mélanger la bière, le bouillon, la moutarde de Dijon, le raifort, les oignons, l'ail et le poivre. Ajouter le rôti de boeuf, l'arroser du mélange de bière et le couvrir d'environ le tiers des oignons. Couvrir et cuire à faible intensité de 5 à 6 heures.

→ Déposer le rôti sur une planche à découper et le couvrir de papier d'aluminium, sans serrer. Laisser reposer pendant 15 minutes.

→ Entre-temps, dégraisser le liquide de cuisson. Dans un petit bol, mélanger la farine et l'eau, verser dans la mijoteuse et bien remuer. Couvrir et poursuivre la cuisson à intensité élevée pendant environ 15 minutes ou jusqu'à ce que la sauce ait épaissi. (Vous pouvez préparer le rôti et la sauce à l'avance, les laisser refroidir séparément et les mettre ensemble dans un contenant hermétique. Ils se conserveront jusqu'à 2 jours au réfrigérateur ou jusqu'à 1 mois au congélateur.)

→ Au moment de servir, couper le rôti en tranches fines, les mettre dans une assiette de service et les napper de la sauce.

PAR PORTION: cal.: 352; prot.: 28 g; m.g.: 23 g (9 g sat.); chol.: 95 mg; gluc.: 8 g; fibres: 1 g; sodium: 176 mg.

À PROPOS DE LA POITRINE DE BOEUF

● La poitrine de boeuf fait non seulement d'excellents pot-au-feu, elle sert aussi à préparer le fameux smoked meat et le boeuf salé (*corned beef,* populaire en Ontario). Elle se compose de deux muscles: la partie plate triangulaire et la pointe. On peut acheter la poitrine entière, juste la pointe ou la partie plate, ou une poitrine double, qui comprend la pointe et une section de la partie plate. Cette coupe a l'avantage de comprendre à la fois des parties maigres et plus grasses. Comme on ne la trouve pas dans tous les supermarchés, il est préférable de la commander.

● C'est aussi une pièce qui se prépare bien à l'avance. Il suffit de laisser refroidir la viande et la sauce séparément tel qu'indiqué dans les recettes, de les réfrigérer jusqu'au lendemain, puis de dégraisser la sauce. En refroidissant, la viande devient plus ferme et il est alors plus facile de la couper dans le sens contraire des fibres. On peut réfrigérer ou congeler la quantité de tranches désirée dans la sauce et les réchauffer au four ou sur la cuisinière au moment de servir.

Poitrine de boeuf au vin rouge

Le vin rouge attendrit cette pièce de viande, tandis que la sauce soja et le jus de canneberge lui donnent une saveur mi-sucrée, mi-salée bien équilibrée. On peut utiliser une poitrine de boeuf double (qui comprend la pointe et une section de la partie plate) ou un rôti de poitrine (constitué uniquement de la partie plate). Si le rôti est trop gros pour la mijoteuse, il suffit de le couper en deux. On utilise idéalement une mijoteuse d'une capacité de 20 à 24 t (5 à 6 L).

2	gros oignons, coupés en tranches	2
1 1/4 c. à thé	sel	6 ml
3/4 c. à thé	poivre noir du moulin	4 ml
3/4 c. à thé	romarin séché	4 ml
1/4 c. à thé	piment de Cayenne	1 ml
1	rôti de poitrine de boeuf double (environ 4 lb/2 kg) (voir encadré, p. 153)	1
3/4 t	vin rouge	180 ml

1/2 t	bouillon de boeuf	125 ml
1/2 t	jus de canneberge concentré surgelé, décongelé	125 ml
1/4 t	sauce soja	60 ml
4	gousses d'ail hachées finement	4
1/4 t	farine	60 ml
1/3 t	eau	80 ml

↓
10 portions
↓
Préparation:
15 min
↓
Temps de marinade:
12 h
↓
Cuisson:
5 h 20 min

→ Mettre les oignons dans un grand bol. Dans un petit bol, mélanger le sel, le poivre, le romarin et le piment de Cayenne. Frotter chaque côté du rôti de boeuf du mélange d'épices. Déposer le rôti sur les oignons, le côté gras vers le haut.

→ Dans un autre bol, mélanger le vin, le bouillon, le jus de canneberge, la sauce soja et l'ail. Verser cette marinade sur le rôti. Couvrir et laisser mariner au réfrigérateur pendant au moins 12 heures ou jusqu'au lendemain. Déposer le rôti dans une assiette. Mettre les oignons et la marinade dans la mijoteuse, puis ajouter le rôti. Couvrir et cuire à faible intensité de 5 à 6 heures.

→ Déposer le rôti sur une planche à découper et le couvrir de papier d'aluminium, sans serrer. Laisser reposer pendant 20 minutes.

→ Entre-temps, dégraisser le liquide de cuisson. Dans un petit bol, mélanger la farine et l'eau, verser dans la mijoteuse et bien remuer. Couvrir et poursuivre la cuisson à intensité élevée pendant environ 20 minutes ou jusqu'à ce que la sauce ait épaissi. (Vous pouvez préparer le rôti et la sauce à l'avance, les laisser refroidir séparément, puis les mettre ensemble dans un contenant hermétique. Ils se conserveront jusqu'à 2 jours au réfrigérateur ou jusqu'à 1 mois au congélateur.)

→ Au moment de servir, couper le rôti en tranches fines, les mettre dans une assiette de service et les napper de la sauce.

PAR PORTION: cal.: 306; prot.: 29 g; m.g.: 15 g (6 g sat.); chol.: 73 mg; gluc.: 13 g; fibres: 1 g; sodium: 805 mg.

Boeuf salé

Une bonne moutarde de Meaux (moutarde à l'ancienne), une salade de chou ou du chou cuit à la vapeur accompagneront à merveille ces tranches de boeuf salé (ou *corned beef*). La recette donne suffisamment de viande pour quatre à six personnes. S'il en reste, on peut préparer de savoureux sandwichs.

3	pommes de terre pelées et coupées en quatre	3	1	feuille de laurier	1
2	carottes coupées en morceaux	2	1 c. à thé	thym séché	5 ml
2	branches de céleri coupées en morceaux	2	1 c. à thé	grains de poivre noir	5 ml
2	oignons coupés en quatre	2	1/2 c. à thé	graines de carvi broyées	2 ml
2	gousses d'ail broyées	2	2 lb	pointe de poitrine de boeuf salé	1 kg
1/2	rutabaga pelé et coupé en morceaux	1/2	1 1/4 t	bouillon de poulet réduit en sel ou eau	310 ml
			1 1/4 t	eau	310 ml

→ Dans la mijoteuse, mettre les pommes de terre, les carottes, le céleri, les oignons, l'ail, le rutabaga, la feuille de laurier, le thym, les grains de poivre et les graines de carvi. Rincer le boeuf salé et le déposer sur les légumes. Ajouter le bouillon et l'eau. Couvrir et cuire à faible intensité de 8 à 10 heures.

→ Déposer le boeuf salé sur une planche à découper et le couper en tranches fines. Disposer les tranches de boeuf et les légumes dans une assiette de service. Arroser d'un peu du liquide de cuisson filtré, si désiré.

PAR PORTION: cal.: 441; prot.: 34 g; m.g.: 17 g (6 g sat.); chol.: 156 mg; gluc.: 37 g; fibres: 5 g; sodium: 1 920 mg.

EN SAUCE BARBECUE: UN VRAI RÉGAL!

Une autre façon savoureuse et facile d'apprêter la poitrine de boeuf est de la cuire dans une sauce barbecue. Pourquoi ne pas l'essayer avec votre sauce préférée ou l'une de nos sauces, comme la Sauce barbecue et la Sauce barbecue à l'érable des pages 216 et 217? Après la cuisson, on la coupe en tranches et on les sert en sandwichs dans de beaux petits pains croustillants.

→ Au besoin, couper en deux un rôti de poitrine de boeuf désossé de 4 lb (2 kg) (la partie plate seulement). Mettre le rôti dans une mijoteuse d'une capacité de 18 à 24 t (4,5 à 6 L). Verser 2 t (500 ml) de sauce barbecue sur le rôti et le retourner pour bien l'enrober (mettre les deux moitiés l'une sur l'autre, au besoin).

→ Couvrir et cuire à faible intensité de 5 à 6 heures (retourner le rôti à la mi-cuisson). Déposer le rôti sur une planche à découper et le couvrir de papier d'aluminium, sans serrer. Laisser reposer pendant 10 minutes.

→ Entre-temps, dégraisser la sauce dans la mijoteuse. (Vous pouvez préparer le rôti et la sauce à l'avance, les laisser refroidir séparément, puis les mettre ensemble dans un contenant hermétique. Ils se conserveront jusqu'à 2 jours au réfrigérateur ou jusqu'à 1 mois au congélateur.)

→ Au moment de servir, couper le rôti en tranches et les napper de la sauce (10 portions).

Boeuf à la cubaine

Ce plat est une variante du porc ou du boeuf effiloché mexicain. On le sert avec un riz traditionnel aux haricots noirs ou des tortillas, ou sur des pommes de terre au four coupées en deux.

↓
6 portions
↓
Préparation:
20 min
↓
Cuisson:
5 h 20 min

1	bifteck de flanc (environ 2 lb/1 kg)	1
1/2 c. à thé	sel	2 ml
1/2 c. à thé	poivre noir du moulin	2 ml
1 c. à tab	huile végétale (environ)	15 ml
1	oignon coupé en deux, puis en tranches	1
1	piment cubanel ou poivron rouge haché	1
4	gousses d'ail hachées	4
1 c. à thé	cumin moulu	5 ml
1 c. à thé	origan séché	5 ml
1 t	bouillon de boeuf	250 ml
1/2 t	eau	125 ml
1/4 t	coriandre fraîche, hachée	60 ml
1	boîte de sauce tomate (14 oz/398 ml)	1
2 c. à tab	pâte de tomates	30 ml
1 c. à tab	vinaigre blanc	15 ml
2	feuilles de laurier	2

→ Parsemer chaque côté du bifteck de flanc du sel et du poivre. Dans une cocotte, chauffer l'huile à feu moyen-vif. Ajouter le bifteck et le faire dorer de chaque côté. Mettre le bifteck dans la mijoteuse.

→ Dans la cocotte, cuire l'oignon, le piment, l'ail, le cumin et l'origan à feu moyen, en brassant de temps à autre, pendant environ 5 minutes ou jusqu'à ce que les légumes aient ramolli (ajouter de l'huile, au besoin). Mettre la préparation sur le bifteck.

→ Dans la cocotte, ajouter le bouillon et l'eau et porter à ébullition en raclant le fond pour en détacher les particules. Ajouter 1 c. à tab (15 ml) de la coriandre, la sauce tomate, la pâte de tomates, le vinaigre blanc et les feuilles de laurier et mélanger. Verser le mélange de bouillon sur le bifteck. Couvrir et cuire à faible intensité pendant 5 heures.

→ Retirer les feuilles de laurier de la mijoteuse. Déposer le bifteck sur une planche à découper et le couper en quatre morceaux dans le sens contraire des fibres de la viande. À l'aide de deux fourchettes, effilocher délicatement la chair du bifteck et la mettre dans un grand bol. Parsemer du reste de la coriandre. Mettre la préparation dans la mijoteuse et mélanger pour bien l'enrober.

PAR PORTION: cal.: 340; prot.: 35 g; m.g.: 16 g (6 g sat.); chol.: 64 mg; gluc.: 11 g; fibres: 2 g; sodium: 868 mg.

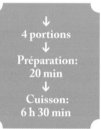

↓ 4 portions ↓ Préparation: 20 min ↓ Cuisson: 6 h 30 min

Bifteck à la cajun

1/4 t	farine	60 ml	2	oignons coupés en tranches	2
1/4 c. à thé	sel	1 ml	2	gousses d'ail hachées finement	2
1/4 c. à thé	poivre noir du moulin	1 ml	2	branches de céleri coupées en tranches	2
1	bifteck d'intérieur de ronde à mariner, coupé en huit morceaux (environ 1 lb/500 g)	1	2 c. à thé	assaisonnement à la cajun	10 ml
			1 c. à thé	thym séché	5 ml
1 c. à tab	huile végétale	15 ml	1	poivron vert haché	1
1/4 t	pâte de tomates	60 ml	2	oignons verts hachés	2
2 t	bouillon de boeuf	500 ml	2 c. à tab	persil frais, haché	30 ml
2	tranches de bacon hachées	2			

→ Dans un grand sac de plastique résistant (de type Ziploc), mélanger la farine, le sel et le poivre. Mettre les morceaux de bifteck dans le sac, un à la fois, et le fermer hermétiquement. Avec le côté plat d'un maillet, aplatir le bifteck à environ 1/4 po (5 mm) d'épaisseur en faisant pénétrer le mélange de farine dans la viande.

→ Dans un grand poêlon, chauffer l'huile à feu moyen-vif. Ajouter les morceaux de bifteck, en plusieurs fois, et les faire dorer. Mettre les morceaux de bifteck dans la mijoteuse.

→ Dans le poêlon, mélanger la pâte de tomates et le bouillon et porter à ébullition en raclant le fond pour en détacher les particules. Verser le mélange de bouillon dans la mijoteuse. Ajouter le bacon, les oignons, l'ail, le céleri, l'assaisonnement à la cajun et le thym. Couvrir et cuire à faible intensité de 6 à 8 heures. (Vous pouvez préparer le bifteck jusqu'à cette étape, le laisser refroidir complètement et le mettre dans des contenants hermétiques. Il se conservera jusqu'à 3 jours au réfrigérateur ou jusqu'à 1 mois au congélateur.)

→ Ajouter le poivron. Couvrir et poursuivre la cuisson à intensité élevée pendant environ 15 minutes ou jusqu'à ce que le poivron soit tendre mais encore croquant. Ajouter les oignons verts et le persil et mélanger.

PAR PORTION: cal.: 310; prot.: 31 g; m.g.: 13 g (4 g sat.); chol.: 55 mg; gluc.: 18 g; fibres: 3 g; sodium: 630 mg.

Bifteck aux fines herbes et aux oignons

↓
4 portions
↓
Préparation:
15 min
↓
Cuisson:
6 h 15 min

2	oignons coupés en tranches	2	1 c. à tab	huile végétale	15 ml
2	carottes coupées en tranches	2	1/4 t	pâte de tomates	60 ml
1/4 t	farine	60 ml	3/4 t	bouillon de boeuf	180 ml
1/4 c. à thé	sel	1 ml	1/2 t	vin blanc sec	125 ml
1/4 c. à thé	poivre noir du moulin	1 ml	2	gousses d'ail coupées en tranches	2
1	bifteck d'intérieur de ronde à mariner, coupé en huit morceaux (environ 1 lb/500 g)	1	1 1/2 c. à thé	marjolaine séchée	7 ml
			1/4 t	persil frais, haché	60 ml

❖
Truc cuisine
❖

Toutes les recettes qui demandent du bouillon peuvent se préparer avec du bouillon réduit en sel.

→ Mettre les oignons et les carottes dans la mijoteuse. Dans un grand sac de plastique résistant (de type Ziploc), mélanger la farine, le sel et le poivre. Mettre les morceaux de bifteck dans le sac, un à la fois, et le fermer hermétiquement. Avec le côté plat d'un maillet, aplatir le bifteck à environ 1/4 po (5 mm) d'épaisseur en faisant pénétrer le mélange de farine dans la viande.

→ Dans un grand poêlon, chauffer l'huile à feu moyen-vif. Ajouter les morceaux de bifteck, en plusieurs fois, et les faire dorer. Mettre les morceaux de bifteck sur les légumes dans la mijoteuse.

→ Dans le poêlon, mélanger la pâte de tomates et le bouillon. Ajouter le vin et porter à ébullition en raclant le fond du poêlon pour en détacher les particules. Ajouter l'ail et la marjolaine. Verser le mélange de bouillon dans la mijoteuse. Couvrir et cuire à faible intensité de 6 à 8 heures. (Vous pouvez préparer le bifteck à l'avance, le laisser refroidir complètement et le mettre dans des contenants hermétiques. Il se conservera jusqu'à 3 jours au réfrigérateur ou jusqu'à 1 mois au congélateur.)

→ Au moment de servir, parsemer chaque portion du persil.

PAR PORTION: cal.: 272; prot.: 29 g; m.g.: 9 g (2 g sat.); chol.: 50 mg; gluc.: 19 g; fibres: 3 g; sodium: 391 mg.

Côtes levées de boeuf, sauce barbecue

3 lb	bouts de côtes de boeuf	1,5 kg	2 c. à tab	sauce Worcestershire	30 ml
2	oignons hachés	2	2 c. à thé	thym séché	10 ml
4	gousses d'ail hachées finement	4	1 c. à thé	moutarde sèche	5 ml
1 t + 1/2 t	eau	375 ml	3/4 c. à thé	sel	4 ml
			3/4 c. à thé	poivre noir du moulin	4 ml
1 t	ketchup	250 ml	1/4 t	farine	60 ml
1/4 t	mélasse	60 ml	2 c. à thé	vinaigre de cidre	10 ml

↓
6 portions
↓
Préparation:
30 min
↓
Cuisson:
7 h 15 min

→ Couper les côtes levées en portions de deux côtes, enlever l'excédent de gras et les mettre dans la mijoteuse. Parsemer des oignons et de l'ail. Dans un petit bol, mélanger 1 t (250 ml) de l'eau, le ketchup, la mélasse, la sauce Worcestershire, le thym, la moutarde, le sel et le poivre. Verser la préparation sur les côtes levées. Couvrir et cuire à faible intensité de 7 à 8 heures.

→ Dégraisser le liquide de cuisson. Dans un petit bol, mélanger la farine et le reste de l'eau, puis ajouter 1/2 t (125 ml) du liquide de cuisson. Verser dans la mijoteuse et bien remuer. Couvrir et poursuivre la cuisson à intensité élevée pendant environ 15 minutes ou jusqu'à ce que la sauce ait épaissi. Ajouter le vinaigre de cidre et mélanger. (Vous pouvez préparer les côtes levées à l'avance, les laisser refroidir complètement et les mettre dans des contenants hermétiques. Elles se conserveront jusqu'à 3 jours au réfrigérateur ou jusqu'à 1 mois au congélateur.)

PAR PORTION: cal.: 331; prot.: 25 g; m.g.: 12 g (5 g sat.); chol.: 56 mg; gluc.: 31 g; fibres: 2 g; sodium: 933 mg.

❖
Truc cuisine
❖

La sauce est trop épaisse? Ajouter un peu d'eau bouillante ou de bouillon chaud à la fin de la cuisson. Goûter et rectifier l'assaisonnement, au besoin. Si elle est trop liquide, la verser dans une casserole, porter à ébullition et laisser bouillir jusqu'à ce qu'elle ait réduit à la consistance désirée.

162

↓
Préparation:
30 min
↓
Trempage:
20 min
↓
Cuisson:
7 h 30 min

Côtes levées de boeuf, sauce au vin rouge

Ces côtes levées sont délicieuses, mais assez grasses. Pour s'en délecter sans regret, on réduit le gras de trois façons dans cette recette: on enlève d'abord le gras visible lorsqu'on coupe les côtes en portions individuelles, on les passe sous le gril du four, puis on enlève le gras à la surface du liquide de cuisson lorsque les côtes levées sont presque prêtes.

1	paquet de champignons porcini ou shiitake séchés (14 g)	1	3/4 c. à thé	sel	4 ml
1 t	eau bouillante	250 ml	1/2 c. à thé	poivre noir du moulin	2 ml
3 lb	bouts de côtes de boeuf	1,5 kg	3/4 t	vin rouge	180 ml
1 c. à tab	huile végétale	15 ml	2 c. à tab	pâte de tomates	30 ml
2 t	champignons blancs	500 ml	1	boîte de tomates en dés (28 oz/796 ml)	1
2	oignons hachés	2	1/4 t	farine	60 ml
3	gousses d'ail hachées finement	3	2 c. à tab	vinaigre balsamique ou vinaigre de vin rouge	30 ml
2	carottes coupées en dés	2	1/3 t	eau	80 ml
1 c. à tab	romarin séché	15 ml	2 c. à tab	persil frais, haché finement	30 ml

Truc cuisine

On est moins nombreux que prévu? On peut réduire cette recette de moitié et cuire les côtes levées de 6 à 7 heures (2 à 4 portions).

→ Mettre les champignons porcini dans un bol à l'épreuve de la chaleur, les couvrir de l'eau bouillante et faire tremper pendant 20 minutes.

→ Entre-temps, couper les côtes levées en portions de deux côtes, enlever l'excédent de gras et les mettre en une seule couche sur une plaque de cuisson ou dans une rôtissoire peu profonde, le côté chair dessus. Cuire sous le gril préchauffé du four pendant environ 5 minutes ou jusqu'à ce qu'elles soient bien dorées (les retourner à la mi-cuisson). Mettre les côtes levées dans la mijoteuse.

→ Dans une passoire placée sur un bol, égoutter les champignons porcini (réserver les champignons et le liquide de trempage séparément). Dans un grand poêlon, chauffer l'huile à feu moyen-vif. Ajouter les champignons porcini réservés, les champignons blancs, les oignons, l'ail, les carottes, le romarin, le sel et le poivre et cuire, en brassant, pendant environ 5 minutes ou jusqu'à ce que les oignons aient ramolli. Mettre la préparation dans la mijoteuse.

→ Dans le poêlon, mélanger le liquide de trempage réservé, le vin et la pâte de tomates et porter à ébullition en raclant le fond pour en détacher les particules. Verser le mélange de vin dans la mijoteuse, puis ajouter les tomates. Couvrir et cuire à faible intensité de 7 à 8 heures.

→ Dégraisser le liquide de cuisson. Dans un petit bol, mélanger la farine, le vinaigre balsamique et l'eau, verser dans la mijoteuse et bien remuer. Couvrir et poursuivre la cuisson à intensité élevée pendant environ 15 minutes ou jusqu'à ce que la sauce ait épaissi. Ajouter le persil et mélanger.

SOLUTION DE RECHANGE

On peut remplacer le vin rouge par la même quantité de bouillon de boeuf réduit en sel mélangé à 1 c. à tab (15 ml) de vinaigre de vin.

PAR PORTION: cal.: 468; prot.: 20 g; m.g.: 36 g (15 g sat.); chol.: 69 mg; gluc.: 17 g; fibres: 3 g; sodium: 441 mg.

Rôti de porc aux oignons

On peut aussi préparer cette recette avec un rôti de longe de porc désossé et réduire le temps de cuisson à 5 heures.

↓
8 à 12 portions
↓
Préparation:
30 min
↓
Cuisson:
6 h 40 min

1/2 c. à thé	clous de girofle	2 ml		1 t	bouillon de poulet	250 ml
1	rôti de longe de porc (bout des côtes) (environ 4 lb/2 kg)	1		1/4 t	pâte de tomates	60 ml
				2 c. à tab	vinaigre de cidre	30 ml
1/2 c. à thé	poivre noir du moulin	2 ml		4	gousses d'ail hachées finement	4
2 c. à tab	huile végétale	30 ml		2	feuilles de laurier	2
4	oignons coupés en tranches	4		1/2 c. à thé	sel	2 ml
1 c. à thé	graines de cumin ou de carvi	5 ml		1/4 t	fécule de maïs	60 ml
				1/2 t	eau	125 ml
1 t	vin blanc sec ou bouillon de poulet	250 ml		1/4 t	persil frais, haché finement	60 ml

→ Piquer les clous de girofle dans le rôti de porc et le parsemer du poivre. Dans une cocotte, chauffer la moitié de l'huile à feu moyen-vif. Ajouter le rôti et le faire dorer de tous les côtés. Mettre le rôti dans la mijoteuse.

→ Dégraisser la cocotte. Chauffer le reste de l'huile à feu moyen-vif. Ajouter les oignons et les graines de cumin et cuire, en brassant, pendant environ 8 minutes ou jusqu'à ce que les oignons soient dorés. Mettre la préparation dans la mijoteuse. Dans la cocotte, ajouter le vin et porter à ébullition en raclant le fond pour en détacher les particules. Verser ce liquide dans la mijoteuse, puis ajouter le bouillon, la pâte de tomates, le vinaigre de cidre, l'ail, les feuilles de laurier et le sel. Couvrir et cuire à faible intensité pendant 6 heures.

→ Déposer le rôti sur une planche à découper et le couvrir de papier d'aluminium, sans serrer. Laisser reposer pendant 15 minutes.

→ Entre-temps, retirer les feuilles de laurier de la mijoteuse et dégraisser le liquide de cuisson. Dans un petit bol, mélanger la fécule de maïs et l'eau, verser dans la mijoteuse et bien remuer. Couvrir et poursuivre la cuisson à intensité élevée pendant environ 15 minutes ou jusqu'à ce que la sauce ait épaissi. Ajouter le persil et mélanger.

→ Au moment de servir, couper le rôti en tranches, les mettre dans une assiette de service et les napper de la sauce.

PAR PORTION: cal.: 272; prot.: 20 g; m.g.: 18 g (6 g sat.); chol.: 65 mg; gluc.: 8 g; fibres: 1 g; sodium: 210 mg.

❖
Truc cuisine
❖

Si on préfère une sauce plus liquide, réduire la quantité de fécule de maïs à 2 c. à tab (30 ml).

Porc effiloché en sauce

Le porc effiloché est un plat savoureux, parfait pour les buffets. Le rôti d'épaule est idéal pour cette recette, car la cuisson le rend si tendre qu'il s'effiloche facilement.

↓ 8 portions ↓ Préparation: 25 min ↓ Cuisson: 8 h 25 min

1	rôti d'épaule de porc désossé, le gras enlevé (environ 3 1/2 lb/1,75 kg)	1	2 c. à thé	coriandre moulue	10 ml
3/4 c. à thé	sel	4 ml	2	feuilles de laurier	2
3/4 c. à thé	poivre noir du moulin	4 ml	1/4 t	pâte de tomates	60 ml
2 c. à tab	huile végétale	30 ml	1	boîte de sauce tomate (14 oz/398 ml)	1
2	oignons coupés en dés	2	2 c. à tab	cassonade tassée	30 ml
4	gousses d'ail hachées finement	4	2 c. à tab	vinaigre de cidre	30 ml
			2 c. à tab	sauce Worcestershire	30 ml
2 c. à tab	assaisonnement au chili	30 ml	2	oignons verts coupés en tranches	2

→ Parsemer le rôti de porc du sel et du poivre. Dans une cocotte, chauffer l'huile à feu moyen-vif. Ajouter le rôti et le faire dorer de tous les côtés. Mettre le rôti dans la mijoteuse.

→ Dégraisser la cocotte en réservant 1 c. à tab (15 ml) du gras. Ajouter les oignons, l'ail, l'assaisonnement au chili, la coriandre et les feuilles de laurier et cuire à feu moyen, en brassant souvent, pendant environ 5 minutes ou jusqu'à ce que les oignons aient ramolli. Ajouter la pâte de tomates et poursuivre la cuisson, en brassant, pendant 2 minutes ou jusqu'à ce que la préparation devienne légèrement plus foncée. Ajouter la sauce tomate, la cassonade, le vinaigre de cidre et la sauce Worcestershire et porter à ébullition en raclant le fond de la cocotte pour en détacher les particules. Verser la préparation dans la mijoteuse. Couvrir et cuire à faible intensité de 8 à 10 heures.

→ Déposer le rôti sur une planche à découper et le couvrir de papier d'aluminium, sans serrer. Laisser reposer pendant 10 minutes. À l'aide de deux fourchettes, effilocher délicatement la chair du rôti. Réserver.

→ Entre-temps, dégraisser le liquide de cuisson dans la mijoteuse (s'il y en a plus de 3 t/750 ml, le verser dans une grande casserole peu profonde et le faire bouillir à feu vif pendant 15 minutes ou jusqu'à ce qu'il ait réduit à 3 t/750 ml). Retirer les feuilles de laurier. Ajouter le porc réservé. (Vous pouvez préparer le porc effiloché jusqu'à cette étape, le laisser refroidir complètement et le mettre dans des contenants hermétiques. Il se conservera jusqu'à 3 jours au réfrigérateur ou jusqu'à 1 mois au congélateur.)

→ Réduire à feu moyen et laisser mijoter pendant environ 4 minutes ou jusqu'à ce que la préparation soit chaude. Au moment de servir, parsemer chaque portion des oignons verts.

PAR PORTION: cal.: 342; prot.: 43 g; m.g.: 12 g (3 g sat.); chol.: 118 mg; gluc.: 13 g; fibres: 2 g; sodium: 735 mg.

❦ Truc cuisine ❦

Le porc effiloché en sauce se laisse déguster tel quel, mais il fait aussi de généreux sandwichs. Placer des petits pains empereur (de type kaiser) près de la mijoteuse et présenter la sauce en saucière. Accompagner d'une belle salade de chou.

VARIANTE
Boeuf effiloché

Remplacer le porc par un rôti de palette ou de côtes croisées désossé. Remplacer la coriandre moulue par de l'origan séché. Utiliser 1 boite de 20 oz (680 ml) de sauce tomate et ajouter 1/2 c. à thé (2 ml) de sauce tabasco à la préparation avant de servir.

Rôti de porc aux piments chilis

Bien que les piments chilis en boîte soient assez doux, ils ajoutent un peu de piquant à ce rôti tout en lui donnant un accent du Sud-Ouest.

4 t	carottes hachées (environ 4 grosses carottes)	1 L	2	gousses d'ail hachées finement	2
6	oignons coupés en deux	6	1 c. à thé	origan séché	5 ml
3 c. à tab	farine	45 ml	1 c. à thé	cumin moulu	5 ml
1	rôti d'épaule de porc désossé (environ 3 lb/1,5 kg)	1	1 c. à thé	coriandre moulue	5 ml
1 c. à tab	huile végétale	15 ml	1/2 c. à thé	sel	2 ml
1 t	bouillon de poulet	250 ml	1/2 c. à thé	poivre noir du moulin	2 ml
1/2	boîte de piments chilis (de type jalapeño), égouttés et rincés, hachés (4 1/2 oz/127 ml)	1/2	1/3 t	eau	80 ml

→ Mettre les carottes et les oignons dans la mijoteuse. Étendre la farine dans une assiette. Passer le rôti de porc dans la farine et le retourner pour bien l'enrober (réserver la farine).

→ Dans une cocotte, chauffer l'huile à feu moyen-vif. Ajouter le rôti et le faire dorer de tous les côtés. Déposer le rôti sur les légumes dans la mijoteuse. Dégraisser la cocotte. Ajouter le bouillon, les piments chilis, l'ail, l'origan, le cumin, la coriandre, le sel et le poivre et porter à ébullition en raclant le fond de la cocotte pour en détacher les particules. Verser le mélange de bouillon sur le rôti. Couvrir et cuire à faible intensité de 5 à 6 heures.

→ Déposer le rôti sur une planche à découper et le couvrir de papier d'aluminium, sans serrer. Laisser reposer pendant 15 minutes.

→ Entre-temps, dégraisser le liquide de cuisson. Dans un petit bol, mélanger la farine réservée et l'eau, verser dans la mijoteuse et bien remuer. Couvrir et poursuivre la cuisson à intensité élevée pendant environ 15 minutes ou jusqu'à ce que la sauce ait épaissi.

→ Au moment de servir, couper le rôti en tranches fines, les mettre dans une assiette de service et les napper de la sauce.

PAR PORTION: cal.: 574; prot.: 40 g; m.g.: 38 g (13 g sat.); chol.: 147 mg; gluc.: 18 g; fibres: 4 g; sodium: 542 mg.

Porc braisé aux pommes

Ce plat réconfortant se prépare aussi bien avec un rôti d'épaule de porc qu'un rôti de milieu de longe – plus cher cependant –, mais il est recommandé de choisir plutôt l'épaule, car la viande est persillée et garde son moelleux à la cuisson.

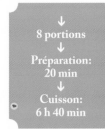

↓
8 portions
↓
Préparation:
20 min
↓
Cuisson:
6 h 40 min

1	rôti d'épaule de porc désossé (environ 3 lb/1,5 kg)	1	1 c. à tab	sauge séchée	15 ml
1 c. à thé	sel	5 ml	1 t	jus de pomme à l'ancienne (de type Tradition)	250 ml
1 c. à thé	poivre noir du moulin	5 ml	1 t	bouillon de poulet réduit en sel	250 ml
1 c. à tab	huile végétale	15 ml	1 c. à tab	vinaigre de cidre	15 ml
4	oignons coupés en tranches	4	4 c. à thé	farine	20 ml
2	gousses d'ail hachées finement	2	1/4 t	eau	60 ml

→ Parsemer le rôti de porc de la moitié du sel et du poivre. Dans une cocotte, chauffer l'huile à feu moyen-vif. Ajouter le rôti et le faire dorer de tous les côtés. Mettre le rôti dans la mijoteuse.

→ Dégraisser la cocotte. Ajouter les oignons, l'ail, la sauge et le reste du sel et du poivre et cuire à feu moyen, en brassant de temps à autre, de 10 à 12 minutes ou jusqu'à ce que les oignons soient dorés. Ajouter le jus de pomme, le bouillon et le vinaigre de cidre et porter à ébullition en raclant le fond de la cocotte pour en détacher les particules. Verser le mélange de jus de pomme sur le rôti. Couvrir et cuire à faible intensité de 6 à 8 heures.

→ Déposer le rôti sur une planche à découper et le couvrir de papier d'aluminium, sans serrer. Laisser reposer pendant 15 minutes.

→ Entre-temps, dégraisser le liquide de cuisson. Dans un petit bol, mélanger la farine et l'eau, verser dans la mijoteuse et bien remuer. Couvrir et poursuivre la cuisson à intensité élevée pendant environ 15 minutes ou jusqu'à ce que la sauce ait épaissi.

→ Au moment de servir, défaire le rôti en morceaux, les mettre dans une assiette de service et les napper de la sauce.

PAR PORTION: cal.: 420; prot.: 30 g; m.g.: 28 g (10 g sat.); chol.: 110 mg; gluc.: 12 g; fibres: 1 g; sodium: 461 mg.

LA COCOTTE EN BREF

Une cocotte est une grande casserole à fond épais munie d'un couvercle et de deux poignées, conçue pour la cuisson sur la cuisinière et au four. C'est un ustensile indispensable pour faire dorer les grosses pièces de viande comme les rôtis.

Rôti de porc au cinq-épices

Le rôti de porc non désossé peut être difficile à couper. Pour se faciliter la tâche, on demande au boucher d'enlever l'échine ou de détacher les côtelettes de l'échine.

8 portions
↓
Préparation:
30 min
↓
Cuisson:
5 h 35 min

1	rôti de milieu de longe de porc non désossé, ficelé (environ 3 lb/1,5 kg)	1	3/4 c. à thé	cinq-épices	4 ml
			1 t	bouillon de poulet réduit en sel	250 ml
1/2 c. à thé	poivre noir du moulin	2 ml	1/4 t	vinaigre de riz, xérès ou eau	60 ml
1 c. à tab	huile végétale	15 ml			
1	oignon haché	1	2 t	oignons perlés pelés (un sac de 10 oz/284 g)	500 ml
6	gousses d'ail hachées finement	6			
			2 c. à tab	fécule de maïs	30 ml
2 c. à tab	gingembre frais, râpé finement	30 ml	1/4 t	eau	60 ml

Truc cuisine

Pour une jolie présentation, le haut des os du rôti a été manchonné, c'est-à-dire qu'on a enlevé la membrane, le gras et la chair qui recouvraient les os pour les mettre à nu.

→ Parsemer le rôti de porc de la moitié du poivre. Dans une cocotte, chauffer l'huile à feu moyen-vif. Ajouter le rôti et le faire dorer de tous les côtés. Mettre le rôti dans la mijoteuse.

→ Dégraisser la cocotte. Ajouter l'oignon, l'ail, le gingembre, le cinq-épices et le reste du poivre et cuire à feu moyen, en brassant souvent, pendant environ 5 minutes ou jusqu'à ce que l'oignon ait ramolli. Ajouter le bouillon et porter à ébullition en raclant le fond de la cocotte pour en détacher les particules. Verser le mélange de bouillon sur le rôti, puis ajouter le vinaigre de riz et les oignons perlés. Couvrir et cuire à faible intensité de 5 à 6 heures.

→ Déposer le rôti sur une planche à découper et le couvrir de papier d'aluminium, sans serrer. Laisser reposer pendant 15 minutes.

→ Entre-temps, dégraisser le liquide de cuisson. Dans un petit bol, mélanger la fécule de maïs et l'eau, verser dans la mijoteuse et bien remuer. Couvrir et poursuivre la cuisson à intensité élevée pendant environ 15 minutes ou jusqu'à ce que la sauce ait épaissi.

→ Au moment de servir, retirer la ficelle et couper le rôti en tranches épaisses. Mettre les tranches de porc dans une assiette de service et les napper de la sauce.

PAR PORTION: cal.: 282; prot.: 25 g; m.g.: 16 g (5 g sat.); chol.: 79 mg; gluc.: 8 g; fibres: 1 g; sodium: 149 mg.

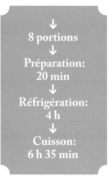

↓
8 portions
↓
Préparation:
20 min
↓
Réfrigération:
4 h
↓
Cuisson:
6 h 35 min

Tacos au porc effiloché à l'ananas

Les ananas donnent une délicieuse saveur fruitée à ce porc effiloché et en font un vrai régal pour les partys. Placer simplement la mijoteuse sur la table du buffet avec des coquilles à taco ou des tortillas et des garnitures: salsa, crème sure, laitue déchiquetée, fromage monterey jack râpé, avocats hachés, oignons et piments (de type jalapeño) marinés.

2 c. à tab	cassonade tassée	30 ml	3	gousses d'ail hachées finement	3
2 c. à thé	assaisonnement au chili	10 ml	1	boîte de pâte de tomates (5 1/2 oz/156 ml)	1
2 c. à thé	cumin moulu	10 ml			
2 c. à thé	thym séché	10 ml	3 c. à tab	vinaigre de cidre	45 ml
1 c. à thé	sel	5 ml	1/2 c. à thé	sauce tabasco	2 ml
1 c. à thé	poivre noir du moulin	5 ml	1	boîte d'ananas broyés, non égouttés (14 oz/398 ml)	1
1	rôti d'épaule de porc désossé, le gras enlevé (environ 3 lb/1,5 kg)	1	1/4 t	coriandre fraîche, hachée	60 ml
2 c. à tab	huile végétale	30 ml		coquilles à taco	
2	oignons coupés en dés	2			

→ Dans un grand bol, mélanger la cassonade, l'assaisonnement au chili, le cumin, le thym, le sel et le poivre. Ajouter le rôti de porc et le frotter du mélange d'épices de manière à bien l'enrober. Couvrir et laisser reposer au réfrigérateur pendant 4 heures pour permettre aux saveurs d'imprégner le rôti (le retourner de temps à autre). Retirer le rôti du bol et l'éponger avec des essuie-tout.

→ Dans une cocotte, chauffer l'huile à feu moyen-vif. Ajouter le rôti et le faire dorer de tous les côtés. Mettre le rôti dans la mijoteuse.

→ Dégraisser la cocotte. Ajouter les oignons et l'ail et cuire à feu moyen, en brassant, pendant environ 4 minutes ou jusqu'à ce que les oignons aient ramolli. Ajouter la pâte de tomates, le vinaigre de cidre et la sauce tabasco et poursuivre la cuisson, en brassant, pendant 2 minutes. Ajouter les ananas et leur jus et porter à ébullition en raclant le fond de la cocotte pour en détacher les particules. Verser la préparation sur le rôti. Couvrir et cuire à faible intensité de 6 à 7 heures.

→ Déposer le rôti sur une planche à découper et le couvrir de papier d'aluminium, sans serrer. Laisser reposer pendant 10 minutes. À l'aide de deux fourchettes, effilocher délicatement la chair du rôti. Réserver.

→ Entre-temps, dégraisser le liquide de cuisson et le verser dans une grande casserole peu profonde. Porter à ébullition à feu vif et laisser bouillir vigoureusement pendant environ 8 minutes ou jusqu'à ce qu'il ait réduit à environ 3 t (750 ml). Ajouter le porc réservé. (Vous pouvez préparer le porc effiloché jusqu'à cette étape, le laisser refroidir complètement et le mettre dans des contenants hermétiques. Il se conservera jusqu'à 3 jours au réfrigérateur ou jusqu'à 1 mois au congélateur.)

→ Réduire à feu moyen et laisser mijoter pendant environ 4 minutes ou jusqu'à ce que la préparation soit bouillonnante. Parsemer de la coriandre. Servir dans des coquilles à taco.

PAR PORTION: cal.: 503; prot.: 32 g; m.g.: 33 g (10 g sat.); chol.: 97 mg; gluc.: 20 g; fibres: 2 g; sodium: 427 mg.

Porc aux fruits séchés

Les tranches de porc peuvent provenir de l'épaule, de la longe ou de la fesse. Les tranches d'épaule sont les moins chères et conviennent particulièrement bien au braisage, comme dans cette recette.

↓
6 portions
↓
Préparation:
20 min
↓
Cuisson:
4 h 20 min

1 c. à tab	huile végétale	15 ml	1/2 t	jus d'orange	125 ml
6	tranches d'épaule de porc parées (environ 2 1/2 lb/1,25 kg en tout)	6	1/2 t	bouillon de poulet	125 ml
			2 c. à thé	cumin moulu	10 ml
2	oignons coupés en quartiers	2	2 c. à thé	paprika doux	10 ml
2	gousses d'ail hachées finement	2	1 c. à thé	coriandre moulue	5 ml
			1/2 c. à thé	cannelle moulue	2 ml
1 t	abricots séchés	250 ml	1/2 c. à thé	sel	2 ml
1 t	pruneaux dénoyautés	250 ml	1/4 c. à thé	poivre noir du moulin	1 ml

→ Dans un grand poêlon, chauffer l'huile à feu moyen-vif. Ajouter les tranches de porc, en plusieurs fois, et les faire dorer de chaque côté. Mettre le porc dans la mijoteuse, puis ajouter les oignons, l'ail, les abricots et les pruneaux.

→ Dégraisser le poêlon. Ajouter le jus d'orange, le bouillon, le cumin, le paprika, la coriandre, la cannelle, le sel et le poivre et porter à ébullition en raclant le fond du poêlon pour en détacher les particules. Verser le mélange de jus d'orange dans la mijoteuse. Couvrir et cuire à faible intensité de 4 à 5 heures.

→ Mettre les tranches de porc et les fruits séchés dans une assiette de service, couvrir de papier d'aluminium, sans serrer, et réserver au chaud.

→ Dégraisser le liquide de cuisson. Couvrir et poursuivre la cuisson à intensité élevée pendant environ 5 minutes ou jusqu'à ce que la sauce ait légèrement épaissi. Au moment de servir, napper les tranches de porc réservées de la sauce.

PAR PORTION: cal.: 394; prot.: 27 g; m.g.: 17 g (5 g sat.); chol.: 92 mg; gluc.: 35 g; fibres: 6 g; sodium: 321 mg.

JAMBON À LA MIJOTEUSE

● Le jambon cuit merveilleusement bien à la mijoteuse, il reste juteux et il n'est pas nécessaire de l'enrober de moutarde ou d'épices avant la cuisson (de toute façon, elles ne pénétreraient pas la viande). On le sert plutôt avec une salsa aux fruits frais, une sauce ou de la moutarde, tout simplement!

→ Mettre un jambon désossé de 3 à 4 lb (1,5 à 2 kg) dans la mijoteuse. Ajouter 1/4 t (60 ml) d'eau. Couvrir et cuire à faible intensité de 2 à 3 heures ou jusqu'à ce qu'un thermomètre à viande inséré au centre du jambon indique 140°F (60°C). Déposer le jambon sur une planche à découper et le couvrir de papier d'aluminium, sans serrer. Laisser reposer de 10 à 20 minutes avant de le couper en tranches (10 à 12 portions).

Côtes levées de porc, sauce barbecue

Comme la sauce et ses variantes sont assez collantes, le chef avisé tapissera l'intérieur de la mijoteuse de papier d'aluminium avant d'y ajouter les côtes levées pour faciliter le nettoyage après la cuisson.

> ↓
> **4 à 6 portions**
> ↓
> **Préparation:**
> **30 min**
> ↓
> **Cuisson:**
> **6 h 10 min**

Côtes levées

3 lb	côtes levées de dos (2 carrés de côtes)	1,5 kg
4 c. à thé	assaisonnement au mesquite ou à la cajun	20 ml
1/2 c. à thé	sel	2 ml
1/2 c. à thé	poivre noir du moulin	2 ml

Sauce barbecue

2 t	ketchup	500 ml
1/2 t	vinaigre de vin	125 ml
2 c. à tab	sucre	30 ml
2 c. à tab	sauce Worcestershire	30 ml

Préparation des côtes levées

→ Enlever l'excédent de gras des côtes levées. Au besoin, retirer la membrane sous les côtes. Couper les côtes levées en portions de deux côtes.

→ Dans un petit bol, mélanger l'assaisonnement au mesquite, le sel et le poivre. Frotter les côtes levées du mélange d'assaisonnement et les mettre en une seule couche sur une plaque de cuisson ou dans une rôtissoire peu profonde. Cuire sous le gril préchauffé du four pendant environ 10 minutes ou jusqu'à ce qu'elles soient dorées (les retourner à la mi-cuisson). Mettre les côtes levées dans la mijoteuse.

Préparation de la sauce

→ Dans un bol, mélanger le ketchup, le vinaigre de vin, le sucre et la sauce Worcestershire. Verser le mélange de ketchup sur les côtes levées et les retourner pour bien les enrober. Couvrir et cuire à faible intensité pendant 6 heures.

PAR PORTION: cal.: 533; prot.: 33 g; m.g.: 32 g (12 g sat.); chol.: 88 mg; gluc.: 31 g; fibres: 2 g; sodium: 1452 mg.

VARIANTES

Côtes levées, sauce à la moutarde et au miel

Omettre l'assaisonnement au mesquite. Réserver le sel et le poivre pour la préparation de la sauce. Pour la sauce, mélanger 1/4 t (60 ml) chacune de moutarde de Dijon et de moutarde de Meaux (moutarde à l'ancienne), 2 c. à tab (30 ml) chacun de miel liquide et de vinaigre de cidre, 2 gousses d'ail hachées finement, le sel et poivre réservés. Cuire tel qu'indiqué dans la recette.

Côtes levées, sauce aux haricots noirs

Omettre l'assaisonnement au mesquite, le sel et le poivre. Pour la sauce, mélanger 1/3 t (80 ml) de sauce aux haricots noirs et à l'ail, 1/4 t (60 ml) de sauce hoisin, 2 c. à tab (30 ml) chacun de miel liquide et de ketchup, 1 c. à tab (15 ml) chacun de sauce soja réduite en sel, d'huile de sésame, de vinaigre de riz et de moutarde de Dijon et 2 gousses d'ail hachées finement. Cuire tel qu'indiqué dans la recette.

↓
4 portions
↓
Préparation: 15 min
↓
Cuisson: 3 h 15 min

Porc à la jamaïcaine

On peut préparer notre propre assaisonnement à la jamaïcaine, mais les versions du commerce donnent de bons résultats et nous font gagner du temps.

4	tranches épaisses d'épaule de porc, parées (environ 2 lb/1 kg en tout)	4	1 t	ketchup	250 ml
1/4 c. à thé	sel	1 ml	1/4 t	vinaigre de vin rouge	60 ml
1/4 c. à thé	poivre noir du moulin	1 ml	1 c. à tab	cassonade tassée	15 ml
1 c. à tab	huile végétale	15 ml	1 c. à tab	sauce Worcestershire	15 ml
1/4 t	eau	60 ml	1 c. à tab	assaisonnement à la jamaïcaine	15 ml

→ Parsemer chaque côté des tranches de porc du sel et du poivre. Dans un grand poêlon, chauffer l'huile à feu moyen-vif. Ajouter les tranches de porc et les faire dorer de chaque côté. Mettre le porc dans la mijoteuse.

→ Dégraisser le poêlon. Ajouter l'eau et porter à ébullition en raclant le fond du poêlon pour en détacher les particules. Ajouter le ketchup, le vinaigre de vin, la cassonade, la sauce Worcestershire et l'assaisonnement à la jamaïcaine et bien remuer. Verser le mélange de ketchup sur les tranches de porc. Couvrir et cuire à faible intensité pendant 3 heures.

PAR PORTION: cal.: 482; prot.: 36 g; m.g.: 28 g (9 g sat.); chol.: 134 mg; gluc.: 24 g; fibres: 1 g; sodium: 1 383 mg.

LES COUPES DE PORC IDÉALES POUR LA MIJOTEUSE

● **Rôtis.** Les rôtis d'épaule de porc sont parfaits pour la mijoteuse. Bien persillés, ils s'attendrissent en cuisant et supportent mieux les cuissons longues que les coupes maigres provenant de la fesse ou de la longe. De moins belle apparence, les rôtis de soc et d'épaule picnic, désossés ou non, sont une solution économique qui convient parfaitement à la préparation du porc effiloché. Pour le style et l'élégance, le rôti de longe (bout des côtes) ou le carré de porc sont indiqués, car ils font de belles tranches.

● **Côtes levées.** Les côtes levées de dos et de flanc font des merveilles dans la mijoteuse.

● **Côtelettes et tranches.** Les tranches et les côtelettes d'épaule sont à privilégier.

Choucroute traditionnelle

Cette choucroute braisée est une spécialité alsacienne. La pomme et l'oignon lui donnent une note sucrée, tandis que le morceau de bacon lui apporte un côté fumé, caractéristique essentielle de toute bonne choucroute. Un régal à servir avec des pommes de terre bouillies et un assortiment de moutardes. On trouve le bacon doublement fumé chez William J. Walter, saucissier. Sinon, on peut le remplacer par du bacon fumé ordinaire.

↓
6 portions
↓
Préparation:
15 min
↓
Cuisson:
3 h 30 min

8 oz	bacon doublement fumé, coupé en tranches épaisses	250 g
12 oz	saucisses (de type kielbassa, knackwurst ou de Toulouse)	375 g
1	pot ou boîte de choucroute, rincée et égouttée (28 oz/796 ml)	1
1	oignon coupé en tranches	1
1	pomme coupée en tranches	1
2	gousses d'ail hachées finement	2

1/4 c. à thé	graines de carvi	1 ml
1/4 c. à thé	graines de coriandre	1 ml
1	feuille de laurier	1
4	baies de genièvre ou	4
4 c. à thé	gin	20 ml
1 1/2 t	vin blanc sec ou bouillon de poulet réduit en sel	375 ml

→ Tapisser le fond et une partie de la paroi de la mijoteuse des tranches de bacon. Mettre les saucisses au centre.

→ Dans un grand bol, mélanger la choucroute, l'oignon, la pomme, l'ail, les graines de carvi et de coriandre, la feuille de laurier et les baies de genièvre. Mettre la préparation dans la mijoteuse et l'arroser du vin. Couvrir et cuire à faible intensité pendant 3 1/2 heures ou jusqu'à ce que les oignons soient tendres et que le liquide de cuisson ait bien réduit (il doit en rester très peu au fond de la mijoteuse). Retirer la feuille de laurier.

→ Au moment de servir, couper les saucisses en tranches et les servir avec la choucroute et le bacon.

PAR PORTION: cal.: 348; prot.: 15 g; m.g.: 26 g (13 g sat.); chol.: 63 mg; gluc.: 14 g; fibres: 4 g; sodium: 1 529 mg.

Pain de viande à l'italienne

Le secret pour que ce pain de viande reste bien juteux? La mie de pain trempée dans du lait.

Pain de viande		
1 1/4 t	mie de pain frais, émiettée	310 ml
1/2 t	lait	125 ml
4 c. à thé	huile d'olive	20 ml
1 1/2 t	oignons hachés	375 ml
2	gousses d'ail hachées finement	2
1 c. à thé	origan séché	5 ml
2	oeufs	2
1/2 t	tomates séchées conservées dans l'huile, hachées	125 ml

1/2 t	persil frais, haché	125 ml
1/2 t	parmesan râpé	125 ml
1/2 c. à thé	sel	2 ml
1/2 c. à thé	poivre noir du moulin	2 ml
1 lb	veau ou boeuf haché	500 g
1 lb	porc haché	500 g
Garniture		
3/4 t	fromage provolone râpé	180 ml
2 c. à tab	persil frais, haché	30 ml
2 c. à tab	tomates séchées conservées dans l'huile, hachées	30 ml

Préparation du pain de viande

→ Dans un bol, mélanger la mie de pain et le lait et faire tremper pendant 10 minutes.

→ Entre-temps, dans un poêlon, chauffer l'huile à feu moyen. Ajouter les oignons, l'ail et l'origan et cuire, en brassant de temps à autre, pendant environ 6 minutes ou jusqu'à ce que les oignons soient dorés.

→ Tapisser le fond et la paroi de la mijoteuse de papier d'aluminium résistant. Dans un grand bol, battre les oeufs. Ajouter les tomates séchées, le persil, le parmesan, le sel, le poivre, le mélange de mie de pain et la préparation d'oignons, et mélanger à l'aide d'une cuillère de bois. Ajouter le veau et le porc hachés, et bien mélanger. Déposer la préparation de viande au centre de la mijoteuse et la façonner en pain. Couvrir et cuire à faible intensité de 6 à 8 heures ou jusqu'à ce qu'un thermomètre à lecture instantanée inséré au centre du pain de viande indique 170°F (75°C).

Préparation de la garniture

→ Parsemer le dessus du pain de viande du fromage provolone, puis garnir le centre du persil et des tomates séchées. Couvrir et poursuivre la cuisson à intensité élevée pendant environ 5 minutes ou jusqu'à ce que le fromage ait fondu. En s'aidant du papier d'aluminium, soulever délicatement le pain de viande et le déposer sur une planche à découper. Laisser reposer pendant 5 minutes en laissant le gras s'écouler sur le papier. Mettre le pain de viande sur la planche et le couper en tranches.

PAR PORTION: cal.: 344; prot.: 30 g; m.g.: 20 g (8 g sat.); chol.: 137 mg; gluc.: 10 g; fibres: 1 g; sodium: 488 mg.

↓
8 portions
↓
Préparation:
30 min
↓
Trempage:
10 min
↓
Cuisson:
6 h 15 min

Truc cuisine

Les restes de pain de viande font de délicieux sandwichs garnis de cornichons marinés ou de relish.

VARIANTE
Pain de viande au boeuf

Omettre les tomates séchées et le parmesan. Remplacer l'origan par de la sauge séchée. Remplacer le veau et le porc hachés par 2 lb (1 kg) de boeuf haché maigre. Ajouter 1/2 t (125 ml) de ketchup et 2 c. à tab (30 ml) de sauce Worcestershire. Cuire tel qu'indiqué dans la recette. Omettre la garniture. Émietter plutôt 4 tranches de bacon croustillant sur le dessus du pain de viande cuit.

↓
8 portions
↓
Préparation:
30 min
↓
Cuisson:
5 h 35 min

Rôti d'agneau et haricots verts, sauce balsamique

1	rôti d'épaule d'agneau désossé (environ 2 3/4 lb/1,375 kg)	1
1/4 c. à thé	sel	1 ml
1/4 c. à thé	poivre noir du moulin	1 ml
2 c. à tab	huile végétale	30 ml
4	tranches de bacon hachées	4
1	oignon haché	1
4	gousses d'ail coupées en tranches	4

1/3 t	pâte de tomates	80 ml
2 t	bouillon de boeuf	500 ml
1 1/2 lb	haricots verts parés et coupés en deux	750 g
1 c. à tab	fécule de maïs	15 ml
2 c. à tab	eau	30 ml
1 c. à tab	vinaigre balsamique	15 ml

→ Parsemer le rôti d'agneau du sel et du poivre. Dans une cocotte, chauffer l'huile à feu moyen-vif. Ajouter le rôti et le faire dorer de tous les côtés. Mettre le rôti dans la mijoteuse.

→ Dégraisser la cocotte. Ajouter le bacon et cuire à feu moyen, en brassant de temps à autre, pendant environ 5 minutes ou jusqu'à ce qu'il soit croustillant. Mettre le bacon dans la mijoteuse.

→ Dégraisser la cocotte. Ajouter l'oignon et l'ail et cuire à feu moyen, en brassant, pendant environ 4 minutes ou jusqu'à ce qu'ils aient ramolli. Ajouter la pâte de tomates et poursuivre la cuisson, en brassant, pendant environ 2 minutes ou jusqu'à ce que la préparation devienne légèrement plus foncée. Ajouter le bouillon et porter à ébullition en raclant le fond de la cocotte pour en détacher les particules. Verser la préparation dans la mijoteuse. Couvrir et cuire à faible intensité de 5 à 6 heures.

→ Déposer le rôti sur une planche à découper et le couvrir de papier d'aluminium, sans serrer. Laisser reposer pendant 15 minutes. Entre-temps, dans une casserole d'eau bouillante salée, cuire les haricots verts à couvert de 5 à 7 minutes ou jusqu'à ce qu'ils soient tendres mais encore croquants. Égoutter et réserver.

→ Entre-temps, dégraisser le liquide de cuisson dans la mijoteuse. Dans un petit bol, mélanger la fécule de maïs et l'eau, verser dans la mijoteuse et bien remuer. Couvrir et poursuivre la cuisson à intensité élevée pendant environ 10 minutes ou jusqu'à ce que la sauce ait épaissi et qu'elle soit brillante.

→ Au moment de servir, couper le rôti en tranches fines et les mettre dans une assiette de service avec les haricots verts réservés. Ajouter le vinaigre balsamique à la sauce et mélanger. Napper les tranches d'agneau et les haricots de la sauce.

PAR PORTION: cal.: 382; prot.: 29 g; m.g.: 24 g (9 g sat.); chol.: 99 mg; gluc.: 11 g; fibres: 3 g; sodium: 775 mg.

Jarrets d'agneau braisés à l'italienne

La gremolata est une garniture italienne composée de persil frais, haché, de zeste de citron râpé et d'ail haché. Parsemée telle quelle en finition sur l'osso buco et d'autres plats mijotés, elle relève leur saveur d'une touche d'herbes fraîches.

↓
6 portions
↓
Préparation:
30 min
↓
Cuisson:
6 h 35 min

Jarrets d'agneau braisés

6	jarrets d'agneau (environ 4 lb/2 kg en tout)	6
1/2 c. à thé	poivre noir du moulin	2 ml
2 c. à tab	huile d'olive	30 ml
2 c. à thé	graines de fenouil	10 ml
1	oignon coupé en dés	1
2	carottes coupées en dés	2
2	branches de céleri coupées en dés	2
6	gousses d'ail hachées finement	6
3/4 c. à thé	sel	4 ml
1 t	vin rouge	250 ml
1	boîte de tomates en dés (28 oz/796 ml)	1
1/4 t	pâte de tomates	60 ml
1/4 t	farine	60 ml
3 c. à tab	beurre ramolli	45 ml
Gremolata		
1/4 t	persil frais, haché	60 ml
1	gousse d'ail hachée finement	1
1 c. à thé	zeste de citron râpé	5 ml

Préparation des jarrets d'agneau

→ Parsemer les jarrets d'agneau du poivre. Dans une cocotte, chauffer la moitié de l'huile à feu moyen-vif. Ajouter les jarrets d'agneau, en plusieurs fois, et les faire dorer de chaque côté. Mettre l'agneau dans la mijoteuse.

→ Dégraisser la cocotte. Chauffer le reste de l'huile à feu moyen. Ajouter les graines de fenouil et cuire pendant environ 10 secondes ou jusqu'à ce qu'elles commencent à éclater. Ajouter l'oignon, les carottes, le céleri, l'ail et le sel et cuire, en brassant souvent, pendant environ 5 minutes ou jusqu'à ce que l'oignon ait ramolli. Mettre la préparation dans la mijoteuse.

→ Dans la cocotte, ajouter le vin et porter à ébullition en raclant le fond pour en détacher les particules. Verser ce liquide dans la mijoteuse, puis ajouter les tomates et la pâte de tomates. Couvrir et cuire à faible intensité pendant 6 heures ou jusqu'à ce que l'agneau se détache facilement de l'os.

→ Dégraisser le liquide de cuisson. Dans un petit bol, mélanger la farine et le beurre, ajouter ce mélange au liquide de cuisson et bien remuer. Couvrir et poursuivre la cuisson à intensité élevée pendant environ 15 minutes ou jusqu'à ce que la sauce ait épaissi.

Préparation de la gremolata

→ Entre-temps, dans un petit bol, mélanger le persil, l'ail et le zeste de citron. Au moment de servir, parsemer chaque portion de la gremolata.

PAR PORTION: cal.: 505; prot.: 49 g; m.g.: 25 g (10 g sat.); chol.: 166 mg; gluc.: 19 g; fibres: 3 g; sodium: 721 mg.

Jarrets d'agneau au fenouil et aux haricots blancs

Les jarrets d'agneau n'ont peut-être pas la classe du gigot, mais ils braisent tellement bien à la mijoteuse et deviennent si tendres et savoureux que tout le monde y succombera. Les haricots blancs sont l'accompagnement classique en cuisine française.

6	jarrets d'agneau (environ 4 lb/2 kg en tout)	6	1 t	vin blanc sec ou bouillon de poulet réduit en sel	250 ml
1/2 c. à thé	sel	2 ml	1 t	bouillon de poulet réduit en sel	250 ml
1/2 c. à thé	poivre noir du moulin	2 ml	2	boîtes de haricots blancs (de type navy), égouttés et rincés (19 oz/540 ml chacune) ou	2
2 c. à tab	huile végétale	30 ml			
1	oignon coupé en petits dés	1	4 t	haricots blancs (de type navy), cuits maison (voir encadré, p. 213)	1 L
1 1/2 t	carottes coupées en dés	375 ml			
1 1/2 t	fenouil ou céleri coupé en dés	375 ml	1/2 t	tomates séchées conservées dans l'huile, égouttées et hachées	125 ml
2	gousses d'ail hachées finement	2			
1 c. à thé	thym séché	5 ml	1/4 t	persil frais, haché	60 ml
1 c. à thé	graines de fenouil	5 ml			

→ Parsemer les jarrets d'agneau du sel et du poivre. Dans une cocotte, chauffer la moitié de l'huile à feu moyen-vif. Ajouter les jarrets d'agneau, en plusieurs fois, et les faire dorer. Mettre l'agneau dans la mijoteuse.

→ Dégraisser la cocotte. Chauffer le reste de l'huile à feu moyen. Ajouter l'oignon, les carottes, le fenouil, l'ail, le thym et les graines de fenouil et cuire, en brassant de temps à autre, pendant environ 5 minutes ou jusqu'à ce que l'oignon ait ramolli. Ajouter le vin et le bouillon et porter à ébullition en raclant le fond de la cocotte pour en détacher les particules. Verser la préparation dans la mijoteuse. Ajouter les haricots blancs et les tomates séchées. Couvrir et cuire à faible intensité pendant 6 heures ou jusqu'à ce que l'agneau se détache facilement de l'os. Mettre les jarrets d'agneau dans une assiette de service, les couvrir et les réserver au chaud.

→ Dégraisser le liquide de cuisson. Ajouter le persil et mélanger. Au moment de servir, répartir la préparation de haricots blancs dans des bols peu profonds et garnir chacun d'un jarret d'agneau réservé.

PAR PORTION: cal.: 649; prot.: 58 g; m.g.: 28 g (9 g sat.); chol.: 150 mg; gluc.: 40 g; fibres: 5 g; sodium: 1 030 mg.

↓
6 portions
↓
Préparation:
25 min
↓
Cuisson:
6 h 20 min

❖
Truc cuisine
❖

Le fenouil n'est plus un légume exotique. On le trouve maintenant au rayon des légumes frais dans la plupart des supermarchés. Pour le préparer, le rincer et couper les tiges au ras du bulbe, en conservant les feuilles plumeuses pour des garnitures. Couper le bulbe en deux sur la longueur et retirer la partie dure à la base; le couper ensuite en tranches fines sur la largeur, puis en dés.

Jarrets d'agneau braisés à la provençale

Jarrets d'agneau braisés		
6	jarrets d'agneau (environ 4 lb/2 kg en tout)	6
1 c. à thé	herbes de Provence séchées	5 ml
1/2 c. à thé	sel	2 ml
1/2 c. à thé	poivre noir du moulin	2 ml
1 c. à tab	huile d'olive	15 ml
Sauce aux tomates		
1 c. à tab	huile d'olive	15 ml
2	oignons coupés en dés	2
3	gousses d'ail hachées finement	3

1	feuille de laurier	1
1/2 c. à thé	origan séché	2 ml
1/4 c. à thé	sel	1 ml
1/4 c. à thé	poivre noir du moulin	1 ml
1	boîte de tomates (28 oz/796 ml)	1
1/4 t	pâte de tomates	60 ml
2 c. à tab	sucre	30 ml
2 c. à tab	vinaigre balsamique	30 ml
1	brin de basilic frais, haché ou	1
1/4 c. à thé	basilic séché	1 ml

Préparation des jarrets d'agneau

→ Frotter les jarrets d'agneau des herbes de Provence, du sel et du poivre. Dans une cocotte, chauffer l'huile à feu moyen-vif. Ajouter les jarrets d'agneau, en plusieurs fois, et les faire dorer. Mettre l'agneau dans la mijoteuse.

Préparation de la sauce

→ Dégraisser la cocotte. Chauffer l'huile à feu moyen. Ajouter les oignons, l'ail, la feuille de laurier, l'origan, le sel et le poivre et cuire, en brassant de temps à autre, pendant environ 5 minutes ou jusqu'à ce que les oignons aient ramolli. Mettre la préparation dans la mijoteuse.

→ Dans la cocotte, ajouter les tomates en les défaisant à l'aide d'une cuillère de bois, puis la pâte de tomates, le sucre et le vinaigre balsamique. Porter à ébullition en raclant le fond de la cocotte pour en détacher les particules. Verser la préparation dans la mijoteuse. Couvrir et cuire à faible intensité pendant 6 heures ou jusqu'à ce que l'agneau se détache facilement de l'os. Mettre les jarrets d'agneau dans une assiette de service, les couvrir et les réserver au chaud.

→ Dégraisser le liquide de cuisson et le verser dans une grande casserole. Porter à ébullition à feu vif et laisser bouillir pendant environ 15 minutes ou jusqu'à ce qu'il ait réduit à environ 4 t (1 L). Ajouter le basilic et mélanger. Napper les jarrets d'agneau réservés de la sauce.

PAR PORTION: cal.: 473; prot.: 50 g; m.g.: 22 g (8 g sat.); chol.: 156 mg; gluc.: 17 g; fibres: 2 g; sodium: 616 mg.

Filets de saumon aux poireaux braisés

Un plat rapide à préparer, car il se compose de quelques ingrédients seulement. Pour une cuisson uniforme, il est préférable de choisir des morceaux de filet coupés au centre du saumon, dans la partie la plus épaisse.

↓
4 portions
↓
**Préparation:
10 min**
↓
**Cuisson:
1 h 10 min**

3 c. à tab	beurre	45 ml	1/4 c. à thé	poivre noir du moulin	1 ml
6	poireaux coupés en tranches (les parties blanche et vert pâle seulement)	6	4	morceaux de filet de saumon (environ 1 1/2 lb/750 g en tout)	4
1/4 c. à thé	sel	1 ml	1/4 t	vin blanc sec	60 ml

→ Dans un grand poêlon, faire fondre le beurre à feu moyen. Réserver 1 c. à tab (15 ml) du beurre fondu dans un petit bol.

→ Dans le poêlon contenant le reste du beurre, ajouter les poireaux et la moitié du sel et du poivre. Cuire à feu moyen, en brassant souvent, pendant environ 8 minutes ou jusqu'à ce que les poireaux aient ramolli. Réserver 1/2 t (125 ml) des poireaux et mettre le reste dans la mijoteuse.

→ Déposer les morceaux de saumon sur les poireaux dans la mijoteuse et les badigeonner du beurre réservé. Parsemer du reste du sel et du poivre et des poireaux réservés. Arroser du vin. Couvrir et cuire à faible intensité de 1 à 1 1/2 heure ou jusqu'à ce que la chair du saumon se défasse facilement à la fourchette.

PAR PORTION: cal.: 418; prot.: 32 g; m.g.: 26 g (9 g sat.); chol.: 114 mg; gluc.: 14 g; fibres: 2 g; sodium: 314 mg.

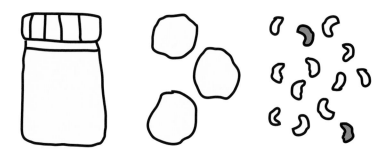

SAUCES, *boulettes* ET LÉGUMINEUSES

↓
Donne environ
8 t (2 L).
↓
Préparation:
30 min
↓
Cuisson:
5 h 20 min

Sauce bolognaise

Cette sauce italienne est parfaite pour les petits soupers du week-end. En plus, elle donne des restes à congeler pour les soirs de semaine où on est pressé.

1 lb	boeuf haché maigre, porc ou dindon haché	500 g
4	tranches de bacon ou de pancetta hachées finement	4
2	oignons hachés	2
3	gousses d'ail hachées finement	3
2	carottes coupées en dés	2
2	branches de céleri hachées	2
1 c. à thé	origan séché	5 ml
1 c. à thé	graines de fenouil écrasées légèrement	5 ml
1 c. à thé	sel	5 ml

1 c. à thé	poivre noir du moulin	5 ml
1 t	lait	250 ml
1	boîte de tomates entières (28 oz/796 ml)	1
1	boîte de tomates broyées (28 oz/796 ml)	1
1 t	vin rouge	250 ml
2 c. à tab	pâte de tomates	30 ml
1	feuille de laurier	1
1	pincée de sucre	1
1/4 t	persil frais, haché finement	60 ml

Truc cuisine

❖

Pour quatre personnes, prévoir en tout 12 oz (375 g) de pâtes en entrée et 1 lb (500 g) en plat principal.

→ Dans un grand poêlon, cuire le boeuf haché à feu moyen-vif, en brassant souvent, pendant environ 5 minutes ou jusqu'à ce qu'il ait perdu sa teinte rosée. Retirer le gras du poêlon. Ajouter le bacon, les oignons, l'ail, les carottes, le céleri, l'origan, les graines de fenouil, le sel et le poivre et cuire à feu moyen, en brassant de temps à autre, pendant environ 8 minutes ou jusqu'à ce que les légumes aient ramolli. Ajouter le lait, réduire à feu doux et laisser mijoter pendant environ 3 minutes ou jusqu'à ce que presque tout le liquide se soit évaporé. Mettre la préparation dans la mijoteuse.

→ Ajouter les tomates entières et les défaire à l'aide d'une cuillère de bois. Ajouter les tomates broyées, le vin, la pâte de tomates, la feuille de laurier et le sucre. Couvrir et cuire à faible intensité pendant 5 heures.

→ Retirer la feuille de laurier. Ajouter le persil et mélanger. (Vous pouvez préparer la sauce à l'avance, la laisser refroidir et la mettre dans des contenants hermétiques. Elle se conservera jusqu'à 3 jours au réfrigérateur ou jusqu'à 1 mois au congélateur.)

PAR PORTION de 1 t (250 ml): cal.: 261; prot.: 17 g; m.g.: 13 g (6 g sat.); chol.: 41 mg; gluc.: 20 g; fibres: 4 g; sodium: 614 mg.

Sauce à spaghetti aux tomates et aux fines herbes

1 1/2 lb	boeuf haché maigre	750 g	1	poivron rouge ou jaune haché	1
2	boîtes de tomates (28 oz/796 ml chacune)	2	4	gousses d'ail hachées finement	4
1	boîte de pâte de tomates (5 1/2 oz/156 ml)	1	1 c. à tab	basilic séché	15 ml
1 1/2 t	champignons coupés en tranches	375 ml	1 c. à tab	origan séché	15 ml
			1 c. à thé	thym séché	5 ml
2	carottes hachées	2	1 c. à thé	sel	5 ml
2	branches de céleri hachées	2	1/2 c. à thé	poivre noir du moulin	2 ml
			1/4 c. à thé	piment de Cayenne	1 ml
1	oignon haché	1	4 c. à thé	vinaigre balsamique	20 ml

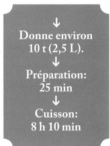

Donne environ
10 t (2,5 L).
↓
Préparation:
25 min
↓
Cuisson:
8 h 10 min

→ Dans un grand poêlon, cuire le boeuf haché à feu moyen-vif, en brassant souvent, pendant environ 8 minutes ou jusqu'à ce qu'il ait perdu sa teinte rosée.

→ Entre-temps, mettre les tomates dans la mijoteuse et les défaire à l'aide d'une cuillère de bois. Ajouter la pâte de tomates, les champignons, les carottes, le céleri, l'oignon, le poivron, l'ail, le basilic, l'origan, le thym, le sel, le poivre et le piment de Cayenne et mélanger. À l'aide d'une écumoire, mettre le boeuf haché dans la mijoteuse.

→ Couvrir et cuire à faible intensité de 8 à 10 heures. Ajouter le vinaigre balsamique et mélanger. (Vous pouvez préparer la sauce à l'avance, la laisser refroidir et la mettre dans des contenants hermétiques. Elle se conservera jusqu'à 3 jours au réfrigérateur ou jusqu'à 1 mois au congélateur.)

PAR PORTION de 1 1/4 t (310 ml): cal.: 243; prot.: 20 g; m.g.: 10 g (4 g sat.); chol.: 44 mg; gluc.: 20 g; fibres: 4 g; sodium: 706 mg.

❖
Truc cuisine
❖
Pour une sauce raffinée, couper tous les légumes en dés de même dimension.

QUELLES PÂTES CHOISIR?

Il n'y a pas vraiment de règle stricte qui détermine la manière de marier les pâtes et les sauces. Voici quand même quelques conseils pratiques.

● **Sauces aux légumes avec de gros morceaux.** Utiliser des pâtes creuses où les légumes peuvent se loger: fusilli, orecchiette et coquilles.

● **Sauces à la viande.** Les favorites sont les macaronis, les tagliatelle, les pappardelle, les fusilli, les bucatini et, bien sûr, les spaghettis.

● **Sauces lisses.** Utiliser des pâtes dont la surface accroche les sauces: fusilli, farfalle, macaronis, penne et coquilles.

● **Soupes.** N'importe quelles petites pâtes font l'affaire: orzo, tubetti et petites étoiles. Dans une soupe minestrone, on peut aussi utiliser des pâtes cuites ou couper des pâtes longues.

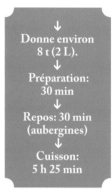

↓
**Donne environ
8 t (2 L).**
↓
**Préparation:
30 min**
↓
**Repos: 30 min
(aubergines)**
↓
**Cuisson:
5 h 25 min**

Sauce à l'aubergine et aux saucisses

Cette recette donne suffisamment de sauce pour qu'on puisse en congeler.
On en aura ainsi en réserve pour préparer de bons petits plats de pâtes express.
À marier avec des rotini ou n'importe quelles autres pâtes courtes.

2	aubergines coupées en cubes (environ 2 lb/1 kg en tout)	2	2	branches de céleri coupées en dés	2
1 c. à thé	sel	5 ml	4	gousses d'ail hachées finement	4
3 c. à tab	huile d'olive	45 ml	2 c. à thé	origan séché	10 ml
1 1/2 lb	saucisses italiennes fortes ou douces, la peau enlevée et la chair émiettée	750 g	1/2 c. à thé	poivre noir du moulin	2 ml
			1/4 t	pâte de tomates	60 ml
2	oignons coupés en dés	2	2	boîtes de tomates (28 oz/796 ml chacune)	2

Trucs cuisine

**Pour une sauce relevée,
utiliser des saucisses
italiennes fortes et
ajouter une généreuse
pincée de flocons
de piment fort.**

❖

**Après avoir vidé des
boîtes de tomates,
de sauce tomate ou
de pâte de tomates,
mettre 1/2 t (125 ml)
d'eau dans les boîtes
pour récupérer tous
les résidus. On peut
ajouter ce liquide à une
sauce ou l'utiliser ici
pour déglacer le poêlon
après avoir mis
la préparation
d'aubergines dans
la mijoteuse.**

→ Dans une passoire placée sur un grand bol, mélanger les aubergines et 1/2 c. à thé (2 ml) du sel. Laisser dégorger pendant 30 minutes. Rincer à l'eau froide et éponger à l'aide d'essuie-tout. Réserver.

→ Entre-temps, dans un grand poêlon, chauffer 1 c. à tab (15 ml) de l'huile à feu moyen-vif. Ajouter la chair des saucisses et cuire, en brassant souvent, pendant environ 8 minutes ou jusqu'à ce qu'elle ait perdu sa teinte rosée. À l'aide d'une écumoire, mettre la chair des saucisses dans la mijoteuse.

→ Dégraisser le poêlon. Chauffer le reste de l'huile à feu moyen. Ajouter les oignons, le céleri, l'ail, l'origan, le poivre, les aubergines réservées et le reste du sel et cuire, en brassant de temps à autre, pendant environ 10 minutes ou jusqu'à ce que les aubergines aient ramolli. Ajouter la pâte de tomates et poursuivre la cuisson, en brassant souvent, pendant 5 minutes.

→ Entre-temps, mettre les tomates dans la mijoteuse et les défaire à l'aide d'une cuillère de bois. Ajouter la préparation d'aubergines. Couvrir et cuire à faible intensité de 5 à 6 heures. (Vous pouvez préparer la sauce à l'avance, la laisser refroidir et la mettre dans des contenants hermétiques. Elle se conservera jusqu'à 3 jours au réfrigérateur ou jusqu'à 1 mois au congélateur.)

PAR PORTION de 1 t (250 ml): cal.: 347; prot.: 16 g; m.g.: 23 g (6 g sat.); chol.: 43 mg; gluc.: 23 g; fibres: 5 g; sodium: 1 058 mg.

Sauce au boeuf braisé et au romarin

Le vinaigre balsamique apporte une touche de raffinement à cette riche sauce au boeuf. À servir avec vos pâtes courtes favorites.

↓
6 portions
↓
Préparation:
15 min
↓
Cuisson:
4 h 20 min

❖

Truc cuisine

❖

Le secret des pâtes cuites à la perfection: une grande quantité d'eau. Calculer 4 t (1 L) d'eau pour chaque 4 oz (125 g) de pâtes sèches.
Porter l'eau à ébullition à couvert dans une grande casserole, ajouter du sel, puis les pâtes et remuer souvent jusqu'à la reprise de l'ébullition. Commencer à calculer le temps de cuisson lorsque l'eau bout à gros bouillons.

1 c. à tab	huile végétale	15 ml	1/2 c. à thé	poivre noir du moulin	2 ml
1 1/2 lb	cubes de boeuf à ragoût de 1 po (2,5 cm)	750 g	1/4 t	eau	60 ml
1	oignon haché	1	1	boîte de tomates étuvées (28 oz/796 ml)	1
1 c. à tab	romarin séché	15 ml	2 c. à tab	vinaigre balsamique ou vinaigre de vin rouge	30 ml
1/2 c. à thé	sel	2 ml	1/4 t	parmesan râpé	60 ml

→ Dans un grand poêlon, chauffer l'huile à feu moyen-vif. Ajouter les cubes de boeuf, en plusieurs fois, et les faire dorer. À l'aide d'une écumoire, mettre le boeuf dans la mijoteuse.

→ Dégraisser le poêlon. Ajouter l'oignon, le romarin, le sel et le poivre et cuire à feu moyen-doux, en brassant de temps à autre, pendant environ 4 minutes ou jusqu'à ce que l'oignon ait ramolli. Mettre la préparation dans la mijoteuse.

→ Dans le poêlon, ajouter l'eau et porter à ébullition en raclant le fond pour en détacher les particules. Verser ce liquide dans la mijoteuse. Ajouter les tomates et le vinaigre balsamique. Couvrir et cuire à intensité élevée de 4 à 6 heures. (Vous pouvez préparer la sauce à l'avance, la laisser refroidir et la mettre dans des contenants hermétiques. Elle se conservera jusqu'à 3 jours au réfrigérateur ou jusqu'à 1 mois au congélateur.)

→ Au moment de servir, parsemer chaque portion du parmesan.

PAR PORTION: cal.: 258; prot.: 28 g; m.g.: 12 g (4 g sat.); chol.: 59 mg; gluc.: 9 g; fibres: 2 g; sodium: 557 mg.

Sauce consistante aux tomates

Une sauce passe-partout idéale avec des pâtes, qu'on peut aussi utiliser comme sauce à pizza, dans les préparations étagées ou dans tout autre plat qui nécessite une bonne sauce tomate. On peut la réduire en purée pour une texture plus lisse.

2 c. à tab	huile d'olive	30 ml	1 c. à thé	sel	5 ml
2	oignons coupés en dés	2	1/2 c. à thé	flocons de piment fort	2 ml
4	gousses d'ail hachées finement	4	1/4 t	pâte de tomates	60 ml
			1/2 t	eau	125 ml
2	carottes coupées en dés	2	2	boîtes de tomates en dés (28 oz/796 ml chacune)	2
2	branches de céleri coupées en dés	2			
			2 c. à tab	vinaigre balsamique	30 ml
1	poivron jaune ou rouge coupé en dés	1	1/2 t	parmesan râpé	125 ml
2 c. à thé	mélange de fines herbes séchées à l'italienne	10 ml	1/4 t	persil frais, haché finement	60 ml

→ Dans un grand poêlon, chauffer l'huile à feu moyen. Ajouter les oignons, l'ail, les carottes, le céleri, le poivron, le mélange de fines herbes, le sel et les flocons de piment fort. Cuire, en brassant de temps à autre, pendant environ 5 minutes ou jusqu'à ce que les légumes aient ramolli. Ajouter la pâte de tomates et poursuivre la cuisson, en brassant, pendant 2 minutes. Mettre la préparation dans la mijoteuse.

→ Dans le poêlon, ajouter l'eau et porter à ébullition en raclant le fond pour en détacher les particules. Verser ce liquide dans la mijoteuse. Ajouter les tomates et le vinaigre balsamique. Couvrir et cuire à faible intensité de 5 à 6 heures. Ajouter le parmesan et mélanger. (Vous pouvez préparer la sauce jusqu'à cette étape, la laisser refroidir et la mettre dans des contenants hermétiques. Elle se conservera jusqu'à 3 jours au réfrigérateur ou jusqu'à 1 mois au congélateur.)

→ Ajouter le persil et mélanger.

PAR PORTION de 1/2 t (125 ml): cal.: 86; prot.: 4 g; m.g.: 4 g (1 g sat.); chol.: 4 mg; gluc.: 11 g; fibres: 2 g; sodium: 447 mg.

Donne environ 6 t (1,5 L).

↓

Préparation: 30 min

↓

Cuisson: 5 h 10 min

❖ *Truc cuisine* ❖

Ne pas rincer les pâtes cuites: elles perdraient la couche d'amidon qui aide la sauce à adhérer. Par contre, il faut bien les égoutter pour ne pas diluer la sauce avec de l'eau de cuisson.

VARIANTE
Sauce aux tomates et aux champignons

Ajouter 1 à 2 t (250 à 500 ml) de champignons blancs ou café coupés en tranches en même temps que les carottes.

Sauce puttanesca

Cette sauce relevée dans laquelle se marient délicieusement tomates, ail, olives et câpres est un classique qu'on sert sur des pâtes longues (de type bucatini).

Donne environ
6 t (1,5 L).
↓
Préparation:
15 min
↓
Cuisson:
5 h 20 min

2 c. à tab	huile d'olive	30 ml
8	gousses d'ail hachées finement	8
1/2 c. à thé	origan séché	2 ml
1/2 c. à thé	flocons de piment fort	2 ml
1	pincée de poivre noir du moulin	1
2	boîtes de tomates (19 oz/540 ml chacune)	2
1	boîte de pâte de tomates (5 1/2 oz/156 ml)	1

1 t	olives noires dénoyautées (de type kalamata), coupées en tranches	250 ml
1 t	olives vertes farcies au poivron rouge, coupées en tranches	250 ml
1/4 t	câpres égouttées	60 ml
1/2 t	persil frais, haché finement	125 ml

→ Dans un poêlon, chauffer l'huile à feu moyen. Ajouter l'ail, l'origan, les flocons de piment fort et le poivre et cuire, en brassant, pendant environ 1 minute ou jusqu'à ce que l'ail dégage son arôme. Mettre la préparation dans la mijoteuse. Ajouter les tomates, en les défaisant à l'aide d'une cuillère de bois, puis la pâte de tomates. Couvrir et cuire à faible intensité pendant 5 heures. (Vous pouvez préparer la sauce jusqu'à cette étape, la laisser refroidir et la mettre dans des contenants hermétiques. Elle se conservera jusqu'à 3 jours au réfrigérateur ou jusqu'à 1 mois au congélateur.)

→ Ajouter les olives noires et vertes, les câpres et la moitié du persil et mélanger. Couvrir et poursuivre la cuisson à faible intensité pendant 15 minutes. Ajouter le reste du persil et mélanger.

PAR PORTION de 3/4 t (180 ml): cal.: 165; prot.: 3 g; m.g.: 13 g (2 g sat.); chol.: aucun; gluc.: 13 g; fibres: 3 g; sodium: 1 392 mg.

Sauce marinara

Besoin d'une sauce tomate de base? La sauce marinara est celle qu'il nous faut pour des pâtes, des escalopes, des plats de poulet ou de poisson, des boulettes de viande, des côtelettes et des pizzas.

↓
**Donne environ
6 t (1,5 L).**
↓
**Préparation:
15 min**
↓
**Cuisson:
5 h 10 min**

2 c. à tab	huile d'olive	30 ml	2	boîtes de tomates (28 oz/796 ml chacune)	2
4	gousses d'ail	4	1 c. à tab	vinaigre balsamique	15 ml
2 c. à thé	basilic séché	10 ml	1	pincée de sel	1
1 c. à tab	pâte de tomates	15 ml	1	pincée de sucre	1
1/2 t	eau	125 ml	1	pincée de flocons de piment fort	1

→ Dans un poêlon, chauffer l'huile à feu moyen-vif. Ajouter l'ail et le basilic et cuire, en brassant souvent, pendant environ 5 minutes ou jusqu'à ce que l'ail commence à ramollir (ne pas laisser dorer). Ajouter la pâte de tomates et poursuivre la cuisson, en brassant, pendant 2 minutes. Ajouter l'eau et mélanger. Verser la préparation dans la mijoteuse.

→ Ajouter les tomates et les défaire à l'aide d'une cuillère de bois. Ajouter le vinaigre balsamique, le sel, le sucre et les flocons de piment fort. Couvrir et cuire à faible intensité pendant 5 heures.

→ Au robot culinaire ou au mélangeur (ou à l'aide d'un mélangeur à main), réduire la sauce en purée lisse. (Vous pouvez préparer la sauce à l'avance, la laisser refroidir et la mettre dans des contenants hermétiques. Elle se conservera jusqu'à 3 jours au réfrigérateur ou jusqu'à 1 mois au congélateur.)

PAR PORTION de 1/4 t (60 ml): cal.: 23; prot.: 1 g; m.g.: 1 g (traces sat.); chol.: aucun; gluc.: 3 g; fibres: 1 g; sodium: 87 mg.

**SOLUTION
DE RECHANGE**

En saison, remplacer le basilic séché par 10 belles feuilles de basilic frais. Pour une sauce plus parfumée, hacher quelques feuilles et les ajouter quand la cuisson est terminée.

TOMATES EN BOÎTE: TRÉSORS DU GARDE-MANGER

● **Les tomates en boîte ordinaires** (il s'agit toujours de tomates italiennes) **ou en dés** sont indispensables. À essayer: les tomates réduites en sel. À moins d'indications contraires, on utilise toujours les tomates avec leur jus.

● **Les tomates broyées ou en purée** ajoutent instantanément de la saveur aux plats. Les **tomates étuvées** à l'ancienne ou assaisonnées à l'italienne réduisent le besoin d'ajouter d'autres assaisonnements. Plus chères, les **tomates San Marzano** sont une variété de tomates de forme allongée réputées pour leur saveur et vendues surtout dans les épiceries italiennes.

● **Le coulis de tomates** (ou *passata*) est tout simplement une préparation de tomates italiennes pelées et épépinées, qui ont été réduites en purée, légèrement salées et mises en conserve. On le trouve généralement en bouteille dans les épiceries italiennes, mais aussi dans les supermarchés.

● Il est souvent préférable d'utiliser la **pâte de tomates** plutôt que la sauce tomate, car elle est préparée sans sel et enrichit la saveur des sauces et autres préparations.

Sauce aux tomates et aux poivrons rouges grillés

1 c. à tab	huile végétale	15 ml	1/4 c. à thé	poivre noir du moulin	1 ml
2	oignons hachés	2	2	boîtes de tomates (28 oz/796 ml chacune)	2
4	gousses d'ail hachées finement	4	1	boîte de pâte de tomates (5 1/2 oz/156 ml)	1
1	carotte coupée en dés	1	1 t	poivrons rouges grillés, hachés	250 ml
2 c. à thé	basilic séché	10 ml			
1/4 c. à thé	sel	1 ml			

↓
Donne environ 8 t (2 L).
↓
Préparation: 10 min
↓
Cuisson: 4 h 10 min

→ Dans un grand poêlon, chauffer l'huile à feu moyen. Ajouter les oignons, l'ail, la carotte, le basilic, le sel et le poivre et cuire, en brassant de temps à autre, pendant environ 8 minutes ou jusqu'à ce que les oignons aient ramolli. Mettre la préparation dans la mijoteuse.

→ Ajouter les tomates, en les défaisant à l'aide d'une cuillère de bois, puis la pâte de tomates et les poivrons rouges grillés. Couvrir et cuire à faible intensité pendant 4 heures. (Vous pouvez préparer la sauce à l'avance, la laisser refroidir et la mettre dans des contenants hermétiques. Elle se conservera jusqu'à 3 jours au réfrigérateur ou jusqu'à 1 mois au congélateur.)

PAR PORTION de 3/4 t (180 ml): cal.: 76; prot.: 3 g; m.g.: 2 g (traces sat.); chol.: aucun; gluc.: 15 g; fibres: 3 g; sodium: 356 mg.

❖
Truc cuisine
❖

Remplacer les pâtes sèches par des pâtes fraîches en utilisant une fois et demie la quantité de pâtes sèches demandée. Cuire de 1 à 3 minutes en tout.

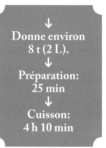

↓
Donne environ
8 t (2 L).
↓
Préparation:
25 min
↓
Cuisson:
4 h 10 min

Sauce aux tomates et aux lentilles

Une savoureuse sauce végétarienne à mettre à notre répertoire. Les amateurs de viande voudront peut-être y ajouter du bacon ou de la pancetta, bien que la sauce soit très goûteuse telle quelle. Comme elle peut servir jusqu'à huit personnes, il y aura certainement un surplus à congeler pour les soirs où on n'a pas envie de cuisiner.

2 c. à tab	huile d'olive	30 ml	1/2 c. à thé	sel	2 ml
2	oignons coupés en dés	2	1/2 c. à thé	poivre noir du moulin	2 ml
2	carottes coupées en dés	2	2	boîtes de tomates (28 oz/796 ml chacune)	2
2	branches de céleri coupées en dés	2	1 1/2 t	lentilles vertes sèches, rincées et égouttées	375 ml
6	gousses d'ail hachées finement	6	1/2 t	vin rouge ou eau	125 ml
1/2 t	pancetta (ou bacon) coupée en dés (facultatif)	125 ml	1 1/2 t	eau	375 ml
3	feuilles de laurier	3	1/4 t	feuilles de céleri (ou persil frais), hachées finement	60 ml
1 c. à thé	thym séché	5 ml			

→ Dans un grand poêlon, chauffer l'huile à feu moyen. Ajouter les oignons, les carottes, le céleri, l'ail, la pancetta, si désiré, les feuilles de laurier, le thym, le sel et le poivre et cuire, en brassant de temps à autre, pendant environ 8 minutes ou jusqu'à ce que les légumes aient ramolli.

→ Entre-temps, mettre les tomates dans la mijoteuse et les défaire à l'aide d'une cuillère de bois. Ajouter la préparation de légumes, les lentilles, le vin et l'eau. Couvrir et cuire à faible intensité de 4 à 5 heures. Retirer les feuilles de laurier. (Vous pouvez préparer la sauce jusqu'à cette étape, la laisser refroidir et la mettre dans des contenants hermétiques. Elle se conservera jusqu'à 3 jours au réfrigérateur ou jusqu'à 1 mois au congélateur.)

→ Ajouter les feuilles de céleri et mélanger.

PAR PORTION de 1/2 t (125 ml): cal.: 105; prot.: 6 g; m.g.: 2 g (traces sat.); chol.: aucun; gluc.: 17 g; fibres: 4 g; sodium: 213 mg.

↓
8 portions
↓
**Préparation:
30 min**
↓
**Cuisson:
4 h 25 min**

Boulettes de viande au gingembre

Gingembre et coriandre donnent une saveur fraîche à ces délicieuses boulettes, tandis que les châtaignes d'eau et les fèves germées leur apportent un petit croquant surprenant. À servir sur du riz ou des nouilles chinoises.

1	oeuf battu	1	2 t	bouillon de boeuf	500 ml
1/4 t	eau	60 ml	2 c. à tab	miel liquide	30 ml
1	oignon râpé	1	8	gousses d'ail hachées finement	8
1/2 t	chapelure nature	125 ml			
1/4 t	coriandre (ou persil) fraîche, hachée	60 ml	1	boîte de châtaignes d'eau en tranches, égouttées (14 oz/398 ml)	1
1/4 t	sauce soja	60 ml	2	carottes coupées en deux sur la longueur, puis en tranches fines	2
1 c. à tab	gingembre frais, haché finement ou	15 ml			
1 c. à thé	gingembre moulu	5 ml	1	pincée de sel	1
1/2 c. à thé	pâte de piment asiatique ou sauce tabasco	2 ml	1	pincée de poivre noir du moulin	1
1 lb	boeuf haché maigre	500 g	3 c. à tab	fécule de maïs	45 ml
1 lb	porc haché maigre	500 g	1 t	fèves germées (germes de soja)	250 ml

→ Dans un bol, mélanger l'oeuf, l'eau, l'oignon, la chapelure, la moitié de la coriandre et de la sauce soja, le gingembre et la pâte de piment. Ajouter le boeuf et le porc hachés et mélanger. Avec les mains mouillées, façonner la préparation en boulettes de 1 po (2,5 cm) de diamètre, environ 1 c. à tab (15 ml) à la fois. Disposer les boulettes sur des plaques de cuisson huilées et cuire au four préchauffé à 400°F (200°C) de 10 à 15 minutes ou jusqu'à ce qu'elles soient fermes. Mettre les boulettes dans la mijoteuse.

→ Dans un bol, mélanger le bouillon et le miel. Verser ce mélange dans la mijoteuse. Ajouter l'ail, les châtaignes d'eau, les carottes, le sel et le poivre. Couvrir et cuire à faible intensité de 4 à 5 heures.

→ Dans un petit bol, mélanger la fécule de maïs et le reste de la sauce soja, verser dans la mijoteuse et bien remuer. Couvrir et poursuivre la cuisson à intensité élevée pendant environ 15 minutes ou jusqu'à ce que la sauce ait épaissi et qu'elle soit brillante. (Vous pouvez préparer les boulettes à l'avance, les laisser refroidir et les mettre dans des contenants hermétiques. Elles se conserveront jusqu'à 3 jours au réfrigérateur.)

→ Au moment de servir, parsemer chaque portion des fèves germées et du reste de la coriandre.

PAR PORTION: cal.: 328; prot.: 25 g; m.g.: 15 g (6 g sat.); chol.: 94 mg; gluc.: 24 g; fibres: 2 g; sodium: 839 mg.

Boulettes de boeuf à la grecque, sauce aux tomates

Servir ce petit régal sur du riz, de la polenta ou des nouilles ou avec nos Pommes de terre à l'ail (voir recette, p. 231).

↓
6 portions
↓
Préparation:
30 min
↓
Cuisson:
4 h 10 min

Boulettes de boeuf

2 c. à tab	huile d'olive	30 ml
6	gousses d'ail coupées en deux	6
1	oignon coupé en quatre	1
4 c. à thé	cumin moulu	20 ml
2 c. à thé	poivre noir du moulin	10 ml
1 c. à thé	sel	5 ml
2	oeufs	2
1 t	chapelure nature	250 ml
1 lb	boeuf haché maigre	500 g
2 c. à tab	persil frais, haché finement	30 ml

Sauce aux tomates

1 c. à tab	huile d'olive	15 ml
1	oignon haché finement	1
1/2 c. à thé	sel	2 ml
1/2 c. à thé	poivre noir du moulin	2 ml
1/2 c. à thé	cumin moulu	2 ml
1	boîte de tomates broyées (28 oz/796 ml)	1
1/2 t	vin rouge ou bouillon de boeuf	125 ml
1 c. à thé	sucre	5 ml
1/4 t	persil frais, haché finement	60 ml

Préparation des boulettes

→ Au robot culinaire, mélanger l'huile, l'ail, l'oignon, le cumin, le poivre et le sel jusqu'à ce que la préparation soit lisse. Ajouter les oeufs et mélanger légèrement. Ajouter la chapelure, le boeuf haché et le persil et mélanger jusqu'à ce que la préparation soit homogène, sans plus (ne pas trop mélanger). Avec les mains mouillées, façonner la préparation en boulettes ovales de 2 po (5 cm) de longueur, environ 2 c. à tab (30 ml) à la fois. Disposer les boulettes sur des plaques de cuisson huilées et cuire au four préchauffé à 400°F (200°C) de 10 à 15 minutes ou jusqu'à ce qu'elles soient fermes Mettre les boulettes dans la mijoteuse.

Préparation de la sauce

→ Entre-temps, dans un grand poêlon, chauffer l'huile à feu moyen-vif. Ajouter l'oignon, le sel, le poivre et le cumin et cuire, en brassant, pendant environ 5 minutes ou jusqu'à ce que l'oignon soit doré. Ajouter les tomates, le vin et le sucre et mélanger. Verser la préparation sur les boulettes dans la mijoteuse. Couvrir et cuire à faible intensité pendant 4 heures. (Vous pouvez préparer les boulettes jusqu'à cette étape, les laisser refroidir et les mettre dans des contenants hermétiques. Elles se conserveront jusqu'à 3 jours au réfrigérateur ou jusqu'à 1 mois au congélateur.)

→ Ajouter le persil et mélanger.

PAR PORTION: cal.: 387; prot.: 22 g; m.g.: 21 g (6 g sat.); chol.: 107 mg; gluc.: 29 g; fibres: 4 g; sodium: 983 mg.

❖ Truc cuisine ❖

On a toujours le réflexe de garder un reste de vin, mais on n'est pas obligé de conserver la bouteille entamée sur le comptoir ou au frigo en attendant de l'utiliser. L'idéal, c'est de congeler le vin dans des bacs à glaçons ou d'autres petits contenants et de l'utiliser pour la cuisson. Notre conseil: congeler le vin dès que possible et le faire dégeler au besoin. Si le vin s'est séparé, le remuer.

Boulettes de viande à la suédoise

Le secret de cette sauce: le lait évaporé à 2 %. Il ajoute du calcium à la sauce tout en lui donnant une consistance crémeuse, mais sans les calories de la crème.

↓
8 portions
↓
Préparation:
30 min
↓
Cuisson:
4 h 35 min

Boulettes de viande

1	oeuf battu	1
1/4 t	eau	60 ml
1	petit oignon, râpé	1
1/2 t	chapelure nature	125 ml
1/2 c. à thé	sel	2 ml
1/2 c. à thé	poivre noir du moulin	2 ml
1/2 c. à thé	piment de la Jamaïque moulu	2 ml
1/4 c. à thé	noix de muscade râpée	1 ml
2 lb	porc ou boeuf haché maigre	1 kg

Sauce crémeuse aux champignons

1 c. à tab	huile végétale	15 ml
6 t	champignons coupés en tranches (1 lb/500 g en tout)	1,5 L
1 c. à thé	aneth séché	5 ml
1/4 c. à thé	sel	1 ml
1/4 c. à thé	poivre noir du moulin	1 ml
1 t	bouillon de boeuf	250 ml
1	boîte de lait évaporé à 2 % (385 ml)	1
3 c. à tab	farine	45 ml
1/3 t	eau	80 ml
1 c. à tab	jus de citron	15 ml
2 c. à tab	persil frais, haché finement	30 ml

Préparation des boulettes

→ Dans un grand bol, mélanger l'oeuf, l'eau, l'oignon, la chapelure, le sel, le poivre, le piment de la Jamaïque et la muscade. Ajouter le porc haché et bien mélanger. Avec les mains mouillées, façonner la préparation en boulettes de 1 po (2,5 cm) de diamètre, environ 1 c. à tab (15 ml) à la fois. Disposer les boulettes sur des plaques de cuisson huilées et cuire au four préchauffé à 400°F (200°C) de 10 à 15 minutes ou jusqu'à ce qu'elles soient fermes. Mettre les boulettes dans la mijoteuse.

Préparation de la sauce

→ Entre-temps, dans un grand poêlon, chauffer l'huile à feu moyen-vif. Ajouter les champignons, l'aneth, le sel et le poivre et cuire, en brassant, pendant environ 10 minutes ou jusqu'à ce que le liquide des champignons se soit complètement évaporé. Mettre la préparation dans la mijoteuse.

→ Dans le poêlon, ajouter le bouillon et porter à ébullition en raclant le fond pour en détacher les particules. Verser ce liquide dans la mijoteuse et ajouter le lait évaporé. Couvrir et cuire à faible intensité pendant 4 heures.

→ Dans un petit bol, mélanger la farine et l'eau, verser dans la mijoteuse et bien remuer. Couvrir et poursuivre la cuisson à intensité élevée pendant environ 20 minutes ou jusqu'à ce que la sauce ait épaissi. Ajouter le jus de citron et mélanger. (Vous pouvez préparer les boulettes à l'avance, les laisser refroidir et les mettre dans des contenants hermétiques. Elles se conserveront jusqu'à 3 jours au réfrigérateur ou jusqu'à 1 mois au congélateur.)

→ Au moment de servir, parsemer chaque portion du persil.

PAR PORTION: cal.: 372; prot.: 29 g; m.g.: 21 g (7 g sat.); chol.: 94 mg; gluc.: 16 g; fibres: 1 g; sodium: 494 mg.

Spaghettis, sauce aux boulettes de viande

4 portions
↓
Préparation:
25 min
↓
Cuisson:
4 h 10 min

Truc cuisine

On peut en profiter pour préparer une plus grande quantité de boulettes et les congeler en prévision d'un autre spaghetti, à moins qu'on préfère les réchauffer dans une bonne sauce barbecue maison (voir nos recettes, pp. 216 et 217) et les servir dans des petits pains croûtés.

Boulettes de viande

1	oeuf battu	1
1/2 t	oignon râpé	125 ml
1	gousse d'ail hachée finement	1
1/4 t	chapelure nature	60 ml
1/4 t	parmesan râpé	60 ml
1/2 c. à thé	sel	2 ml
1/2 c. à thé	poivre noir du moulin	2 ml
1/2 c. à thé	basilic séché	2 ml
1/2 c. à thé	origan séché	2 ml
1 lb	boeuf haché maigre	500 g

Sauce aux tomates

1 c. à tab	huile d'olive	15 ml
1	oignon coupé en dés	1
2	gousses d'ail hachées finement	2
1/2 c. à thé	origan séché	2 ml
1/2 c. à thé	flocons de piment fort	2 ml
1/4 c. à thé	sel	1 ml
1	boîte de tomates broyées (28 oz/796 ml)	1
1/4 t	persil frais, haché finement	60 ml
1 lb	spaghettis cuits	500 g

Préparation des boulettes

→ Dans un bol, mélanger l'oeuf, l'oignon, l'ail, la chapelure, le parmesan, le sel, le poivre, le basilic et l'origan. Ajouter le boeuf haché et mélanger. Avec les mains mouillées, façonner la préparation en 16 boulettes. Disposer les boulettes sur une plaque de cuisson huilée et cuire au four préchauffé à 400°F (200°C) de 10 à 15 minutes ou jusqu'à ce qu'elles soient fermes. Mettre les boulettes dans la mijoteuse.

Préparation de la sauce

→ Entre-temps, dans un grand poêlon, chauffer l'huile à feu moyen. Ajouter l'oignon, l'ail, l'origan, les flocons de piment fort et le sel et cuire, en brassant de temps à autre, pendant environ 5 minutes ou jusqu'à ce que l'oignon ait ramolli. Ajouter les tomates et mélanger. Verser la préparation sur les boulettes dans la mijoteuse. Couvrir et cuire à faible intensité de 4 à 6 heures. (Vous pouvez préparer la sauce aux boulettes jusqu'à cette étape, la laisser refroidir et la mettre dans des contenants hermétiques. Elle se conservera jusqu'à 3 jours au réfrigérateur ou jusqu'à 1 mois au congélateur.)

→ Ajouter le persil et mélanger. Au moment de servir, napper les spaghettis de la sauce aux boulettes.

PAR PORTION: cal.: 849; prot.: 46 g; m.g.: 25 g (9 g sat.); chol.: 120 mg; gluc.: 111 g; fibres: 10 g; sodium: 1 024 mg.

Sous-marins aux boulettes de dindon

Ces boulettes en sauce sont aussi un régal sur des pâtes, du riz ou une purée de pommes de terre. Pour varier, on peut remplacer le dindon par du porc ou du boeuf haché maigre.

↓
4 portions
↓
Préparation:
30 min
↓
Cuisson:
4 h 10 min

Boulettes de dindon

1	oeuf battu	1
1/2 t	oignon râpé	125 ml
2	gousses d'ail hachées finement	2
2 c. à tab	chapelure nature	30 ml
2 c. à tab	parmesan râpé	30 ml
1/2 c. à thé	basilic séché	2 ml
1/2 c. à thé	origan séché	2 ml
1/4 c. à thé	sel	1 ml
1/4 c. à thé	poivre noir du moulin	1 ml
1 lb	dindon ou poulet haché maigre	500 g

Sauce tomate

1 c. à tab	huile végétale	15 ml
1	oignon haché	1
1/2 c. à thé	basilic séché	2 ml
1/2 c. à thé	origan séché	2 ml
1/4 c. à thé	sel	1 ml
1/4 c. à thé	poivre noir du moulin	1 ml
1	boîte de tomates broyées (28 oz/796 ml)	1
2 c. à tab	persil frais, haché	30 ml

Sous-marins

4	pains à sous-marin coupés en deux horizontalement	4
1	poivron vert haché finement	1
1/2 t	parmesan râpé	125 ml

Préparation des boulettes

→ Dans un bol, mélanger l'oeuf, l'oignon, l'ail, la chapelure, le parmesan, le basilic, l'origan, le sel et le poivre. Ajouter le dindon haché et mélanger. Avec les mains mouillées, façonner la préparation en 16 boulettes. Disposer les boulettes sur une plaque de cuisson tapissée de papier d'aluminium. Cuire au four préchauffé à 400°F (200°C) de 10 à 15 minutes ou jusqu'à ce qu'elles soient fermes. Mettre les boulettes dans la mijoteuse.

Préparation de la sauce

→ Entre-temps, dans un poêlon, chauffer l'huile à feu moyen. Ajouter l'oignon, le basilic, l'origan, le sel et le poivre et cuire pendant environ 5 minutes ou jusqu'à ce que l'oignon ait ramolli. Mettre la préparation et les tomates dans la mijoteuse. Couvrir et cuire à faible intensité pendant 4 heures. (Vous pouvez préparer les boulettes jusqu'à cette étape, les laisser refroidir et les mettre dans des contenants hermétiques. Elles se conserveront jusqu'à 3 jours au réfrigérateur ou jusqu'à 1 mois au congélateur.) Ajouter le persil et mélanger.

Préparation des sous-marins

→ Répartir les boulettes dans les pains à sous-marin et les napper de la sauce. Parsemer du poivron et du parmesan.

PAR PORTION: cal.: 684; prot.: 41 g; m.g.: 25 g (6 g sat.); chol.: 133 mg; gluc.: 75 g; fibres: 8 g; sodium: 1 323 mg.

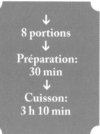

Lasagne aux épinards, sauce aux tomates et aux champignons

Évidemment, la lasagne à la mijoteuse n'est pas aussi croustillante que celle cuite au four, mais sa garniture de fromage fondant est irrésistible.

Sauce aux tomates et aux champignons

1 c. à tab	huile végétale	15 ml
1	oignon haché	1
1	carotte coupée en petits dés	1
3	gousses d'ail hachées finement	3
4 t	champignons café ou blancs coupés en tranches (12 oz/375 g en tout)	1 L
2 c. à thé	mélange de fines herbes séchées à l'italienne	10 ml
1/4 c. à thé	sel	1 ml
1/4 c. à thé	poivre noir du moulin	1 ml
1	pincée de flocons de piment fort	1
1	pot de sauce tomate (700 ml)	1
1 1/2 t	eau	375 ml

Lasagne

1	contenant de fromage cottage à 2 % (500 g)	1
1/4 t	parmesan râpé	60 ml
1	paquet d'épinards surgelés décongelés, égouttés et hachés (300 g)	1
1	oeuf battu légèrement	1
1/4 c. à thé	noix de muscade râpée	1 ml
1/4 c. à thé	sel	1 ml
1/4 c. à thé	poivre noir du moulin	1 ml
12	lasagnes prêtes pour le four	12
1 t	fromage provolone ou mozzarella râpé	250 ml

Préparation de la sauce

→ Dans une grande casserole, chauffer l'huile à feu moyen-vif. Ajouter l'oignon, la carotte, l'ail, les champignons, le mélange de fines herbes, le sel, le poivre et les flocons de piment fort et cuire, en brassant, pendant environ 8 minutes ou jusqu'à ce que le liquide des champignons se soit évaporé. Ajouter la sauce tomate et l'eau et porter à ébullition.

Préparation de la lasagne

→ Entre-temps, dans un bol, mélanger le fromage cottage, le parmesan, les épinards, l'oeuf, la muscade, le sel et le poivre.

→ Mettre 1 t (250 ml) de la sauce aux tomates et aux champignons dans la mijoteuse. Couvrir de trois lasagnes, puis de la moitié du mélange d'épinards. Couvrir de trois autres lasagnes, puis de la moitié du reste de la sauce. Répéter ces opérations avec le reste des lasagnes, du mélange d'épinards et de la sauce. Parsemer du fromage provolone. Couvrir et cuire à faible intensité pendant 3 heures.

PAR PORTION: cal.: 363; prot.: 22 g; m.g.: 11 g (5 g sat.); chol.: 41 mg; gluc.: 44 g; fibres: 5 g; sodium: 999 mg.

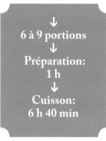

Cigares au chou

Un grand classique toujours apprécié, à servir avec des pommes de terre au four ou bouillies, garnies de crème sure.

1	chou, le coeur enlevé (environ 3 1/2 lb/1,75 kg)	1
6	tranches de bacon coupées en dés	6
2	oignons coupés en dés	2
2	gousses d'ail hachées finement	2
1/3 t	poivron rouge coupé en dés	80 ml
1 c. à thé	origan séché	5 ml
1/2 c. à thé	sel	2 ml
1/4 c. à thé	graines de carvi broyées (facultatif)	1 ml
1/4 c. à thé	poivre noir du moulin	1 ml
1/4 c. à thé	thym séché	1 ml
1/3 t	riz étuvé	80 ml
1 t	bouillon de poulet	250 ml
1	oeuf	1
1/3 t	persil frais, haché finement	80 ml
2 c. à tab	aneth frais, haché	30 ml
1 lb	porc haché maigre	500 g
3 t	jus de tomate	750 ml
2 c. à tab	pâte de tomates	30 ml
1 c. à tab	cassonade tassée	15 ml
2 t	choucroute rincée et essorée	500 ml

→ Dans une grande casserole d'eau bouillante salée, cuire le chou à couvert pendant 8 minutes ou jusqu'à ce que les feuilles aient ramolli et qu'elles se détachent facilement. Plonger le chou dans de l'eau froide pour le refroidir. Détacher délicatement 18 feuilles sans les déchirer (remettre le chou dans la casserole d'eau bouillante de 2 à 3 minutes, au besoin) et les éponger avec des essuie-tout. Amincir la partie la plus épaisse de la nervure centrale de chaque feuille. Réserver les feuilles.

→ Dans une autre casserole, cuire le bacon à feu moyen jusqu'à ce qu'il soit croustillant. À l'aide d'une écumoire, mettre le bacon dans une assiette tapissée d'essuie-tout et réserver. Dégraisser la casserole. Ajouter les oignons, l'ail, le poivron, l'origan, le sel, les graines de carvi, si désiré, le poivre et le thym et cuire à feu moyen, en brassant, pendant 5 minutes ou jusqu'à ce que les légumes aient ramolli. Ajouter le riz et cuire pendant 1 minute. Ajouter le bouillon et porter à ébullition. Couvrir, réduire le feu et laisser mijoter pendant 20 minutes ou jusqu'à ce que le riz soit tendre et que le liquide soit absorbé. Ajouter le bacon réservé. Laisser refroidir. Ajouter l'oeuf, le persil, l'aneth et le porc haché et mélanger.

→ Mettre 1/4 t (60 ml) de la garniture au porc au centre de chaque feuille de chou réservée. Rouler les feuilles en repliant les côtés sur la garniture de façon à obtenir des cigares.

→ Dans un grand bol, mélanger le jus de tomate, la pâte de tomates et la cassonade. Couvrir le fond de la mijoteuse du tiers de la choucroute. Déposer la moitié des cigares au chou sur la choucroute, l'ouverture dessous. Couvrir de la moitié du reste de la choucroute et napper de la moitié du mélange de jus de tomate. Répéter ces opérations avec le reste des cigares au chou, de la choucroute et du mélange de jus. Couvrir directement la surface de la préparation de papier d'aluminium. Couvrir et cuire à faible intensité de 6 à 7 heures. (Vous pouvez préparer les cigares au chou à l'avance, les laisser refroidir et les mettre dans des contenants hermétiques. Ils se conserveront jusqu'à 3 jours au réfrigérateur.)

PAR PORTION: cal.: 245; prot.: 15 g; m.g.: 12 g (4 g sat.); chol.: 56 mg; gluc.: 21 g; fibres: 4 g; sodium: 963 mg.

Pâté chinois végétarien

Cette version végé du célèbre pâté chinois est remplie de beaux morceaux de légumes. Le sans-viande hachée (ou protéines de soja texturées), vendu dans la section bio des supermarchés, remplace très bien la viande.

1 c. à tab	huile végétale	15 ml	3/4 c. à thé	poivre noir du moulin	4 ml
1	oignon haché	1	2 c. à tab	farine	30 ml
3	gousses d'ail hachées finement	3	1	paquet de sans-viande hachée (protéines de soja texturées) (de type Yves Veggie Cuisine) (340 g)	1
2	carottes coupées en dés	2			
2	branches de céleri coupées en dés	2	1 t	bouillon de légumes	250 ml
1	poivron rouge coupé en dés	1	2 c. à tab	pâte de tomates	30 ml
			1 c. à thé	paprika	5 ml
3 t	champignons blancs coupés en deux	750 ml	8	pommes de terre pelées et coupées en morceaux	8
1 c. à thé	basilic séché	5 ml			
3/4 c. à thé	sel	4 ml	1/4 t	lait	60 ml
			2 c. à tab	beurre	30 ml

→ Dans un grand poêlon, chauffer l'huile à feu moyen-vif. Ajouter l'oignon, l'ail, les carottes, le céleri, le poivron, les champignons, le basilic et 1/4 c. à thé (1 ml) chacun du sel et du poivre. Cuire, en brassant, pendant environ 8 minutes ou jusqu'à ce que le liquide des champignons se soit évaporé. Parsemer de la farine et poursuivre la cuisson, en brassant, pendant 1 minute. Mettre la préparation de légumes dans la mijoteuse. Ajouter le sans-viande hachée, le bouillon, la pâte de tomates et le paprika. Couvrir et cuire à faible intensité pendant 3 heures.

→ Entre-temps, dans une casserole d'eau bouillante salée, cuire les pommes de terre à couvert pendant environ 12 minutes ou jusqu'à ce qu'elles soient tendres. Égoutter les pommes de terre et les remettre dans la casserole. Ajouter le lait, le beurre et le reste du sel et du poivre et réduire les pommes de terre en purée.

→ Étendre la purée de pommes de terre sur la préparation de légumes dans la mijoteuse. Couvrir et poursuivre la cuisson à intensité élevée pendant environ 20 minutes ou jusqu'à ce que la préparation soit bouillonnante.

PAR PORTION: cal.: 325; prot.: 16 g; m.g.: 7 g (3 g sat.); chol.: 13 mg; gluc.: 51 g; fibres: 8 g; sodium: 1 169 mg.

VARIANTE
Pâté chinois traditionnel

Remplacer le sans-viande hachée par 1 lb (500 g) de boeuf ou d'agneau haché maigre. Avant de cuire les légumes dans le poêlon, chauffer 1 c. à tab (15 ml) d'huile végétale à feu moyen-vif et cuire le boeuf haché, en brassant souvent, pendant environ 8 minutes ou jusqu'à ce qu'il ait perdu sa teinte rosée. À l'aide d'une écumoire, mettre le boeuf haché dans la mijoteuse. Dégraisser le poêlon et poursuivre la recette tel qu'indiqué.

❖
Truc cuisine
❖

Quand on achète des pommes de terre emballées dans des sacs de plastique, on évite celles qui ont des parties vertes. Cette coloration apparaît quand elles ne sont pas protégées de la lumière: la chlorophylle monte à la surface et leur donne une teinte verdâtre et un goût amer.
À la maison, on les conserve dans un sac de papier épais, dans un endroit sec, sombre, bien ventilé et frais (entre 45°F et 50°F/7°C et 10°C). On évite de les mettre au frigo, car le froid leur donne un goût sucré désagréable et fait noircir la chair après la cuisson. Le mieux, c'est de les acheter en petite quantité.

Cigares au chou à l'orge et aux tomates

↓
6 portions
↓
Préparation:
35 min
↓
Cuisson:
7 h

Cette version végé des traditionnels cigares au chou est préparée avec de l'orge, qui cuit d'ailleurs très bien dans la mijoteuse. La choucroute leur donne une saveur inoubliable: c'est pourquoi on conseille d'acheter un produit de qualité (celle vendue en pot est souvent supérieure).

1	chou, le coeur enlevé (environ 3 1/2 lb/1,75 kg)	1	1 t	orge mondé	250 ml
1 c. à tab	huile végétale	15 ml	2 t	bouillon de légumes	500 ml
1	oignon haché	1	1	carotte coupée en dés	1
1	gousse d'ail hachée finement	1	1	courgette coupée en dés	1
			1	oeuf battu	1
1 c. à thé	origan séché	5 ml	2 1/2 t	jus de tomate	625 ml
1/2 c. à thé	thym séché	2 ml	1/4 t	pâte de tomates	60 ml
1/2 c. à thé	sel	2 ml	1 c. à thé	sucre	5 ml
1/2 c. à thé	poivre noir du moulin	2 ml	3 t	choucroute rincée et essorée	750 ml
1/4 c. à thé	graines de carvi broyées (facultatif)	1 ml			

→ Dans une grande casserole d'eau bouillante salée, cuire le chou à couvert pendant 8 minutes ou jusqu'à ce que les feuilles aient ramolli et qu'elles se détachent facilement. Plonger le chou dans de l'eau froide pour le refroidir. Détacher délicatement 12 feuilles sans les déchirer (remettre le chou dans la casserole d'eau bouillante de 2 à 3 minutes, au besoin) et les éponger avec des essuie-tout. Amincir la partie la plus épaisse de la nervure centrale de chaque feuille. Réserver les feuilles.

→ Dans une autre casserole, chauffer l'huile à feu moyen. Ajouter l'oignon, l'ail, l'origan, le thym, le sel, le poivre et les graines de carvi, si désiré, et cuire, en brassant souvent, pendant 5 minutes ou jusqu'à ce que l'oignon ait ramolli. Ajouter l'orge et le bouillon et porter à ébullition. Réduire le feu, couvrir et laisser mijoter pendant 40 minutes ou jusqu'à ce que l'orge soit tendre et que le liquide soit absorbé. Ajouter la carotte et la courgette et mélanger. Laisser refroidir. Ajouter l'oeuf et mélanger.

→ Mettre 1/3 t (80 ml) de la garniture à l'orge au centre de chaque feuille de chou réservée. Rouler les feuilles en repliant les côtés sur la garniture de façon à obtenir des cigares.

→ Dans un grand bol, mélanger le jus de tomate, la pâte de tomates et le sucre. Couvrir le fond de la mijoteuse du tiers de la choucroute. Déposer la moitié des cigares au chou sur la choucroute, l'ouverture dessous. Couvrir de la moitié du reste de la choucroute et napper de la moitié du mélange de jus de tomate. Répéter ces opérations avec le reste des cigares au chou, de la choucroute et du mélange de jus. Couvrir directement la surface de la préparation de papier d'aluminium. Couvrir et cuire à faible intensité de 6 à 7 heures. (Vous pouvez préparer les cigares au chou à l'avance, les laisser refroidir et les mettre dans des contenants hermétiques. Ils se conserveront jusqu'à 3 jours au réfrigérateur.)

PAR PORTION: cal.: 251; prot.: 7 g; m.g.: 5 g (1 g sat.); chol.: 31 mg; gluc.: 49 g; fibres: 10 g; sodium: 1 817 mg.

Haricots aux pommes

Pommes et mélasse donnent à ces haricots un goût savoureux qui rappelle celui des traditionnelles fèves au lard, mais avec la moitié du gras et des calories.

↓
8 portions
↓
Préparation:
15 min
↓
Cuisson:
6 h

6 t	haricots (de type pinto ou navy) cuits maison (voir encadré, p. 213) ou	1,5 L	2	gousses d'ail hachées finement	2
3	boîtes de haricots (de type pinto ou navy), égouttés et rincés (19 oz/540 ml chacune)	3	1 t	jus de pomme à l'ancienne (de type Tradition)	250 ml
			3 c. à tab	mélasse	45 ml
2 t	pommes séchées, hachées	500 ml	2 c. à tab	vinaigre de cidre	30 ml
1	boîte de tomates broyées (28 oz/796 ml)	1	1 c. à tab	moutarde sèche	15 ml
			1 c. à thé	sel	5 ml
1	oignon coupé en dés	1	1/4 c. à thé	poivre noir du moulin	1 ml
			1	pomme pelée, le coeur enlevé, coupée en dés	1

→ Dans la mijoteuse, mélanger tous les ingrédients, sauf la pomme en dés. Couvrir et cuire à faible intensité de 6 à 8 heures. (Vous pouvez préparer les haricots jusqu'à cette étape, les laisser refroidir et les mettre dans des contenants hermétiques. Ils se conserveront jusqu'à 3 jours au réfrigérateur.)

→ Ajouter la pomme en dés et mélanger.

PAR PORTION: cal.: 328; prot.: 14 g; m.g.: 2 g (traces sat.); chol.: aucun; gluc.: 70 g; fibres: 16 g; sodium: 341 mg.

FINIS LES GAZ!

● Malheureusement, les légumineuses peuvent causer des gaz. Ils se forment lorsque leur amidon non digéré dans l'estomac atteint l'intestin, où il fermente sous l'action de bactéries amies, ce qui provoque des sensations de ballonnement. On peut éliminer une bonne partie de ces désagréments en suivant les méthodes de trempage et de cuisson expliquées à la page 213.

● Heureusement, plus on mange de légumineuses, plus on s'habitue. Autrement dit, si on les met souvent au menu, notre estomac améliore sa capacité à digérer leur amidon.

Haricots blancs à l'espagnole

Pour une version plus consistante de ce petit régal hispanique, on peut ajouter 8 oz (250 g) de saucisson sec (de type chorizo), un morceau de bacon fumé maigre ou une cuisse de dindon fumé. Notre conseil: utiliser des haricots cuits maison. Ils sont moins salés que les haricots en boîte, même rincés.

↓
6 à 8 portions
↓
Préparation:
15 min
↓
Cuisson:
6 h 10 min

1/3 t	huile d'olive	80 ml	1	boîte de tomates en dés (28 oz/796 ml)	1
4 t	oignon espagnol coupé en tranches (1 gros oignon)	1 L	1 1/2 c. à thé	sel	7 ml
4	gousses d'ail coupées en tranches	4	1	feuille de laurier	1
2 1/2 c. à thé	paprika fumé ou doux	12 ml	1 c. à thé	romarin séché	5 ml
6 t	haricots blancs (de type navy), cuits maison (voir encadré, p. 213) ou	1,5 L			
3	boîtes de haricots blancs (de type navy), égouttés et rincés (19 oz/540 ml chacune)	3			

→ Dans un grand poêlon, chauffer l'huile à feu moyen. Ajouter l'oignon, l'ail et le paprika et cuire, en brassant souvent, pendant environ 10 minutes ou jusqu'à ce que l'oignon ait ramolli. Mettre la préparation dans la mijoteuse. Ajouter les haricots blancs, les tomates, le sel, la feuille de laurier et le romarin.

→ Couvrir et cuire à faible intensité pendant 6 heures. Retirer la feuille de laurier. (Vous pouvez préparer les haricots à l'avance, les laisser refroidir et les mettre dans des contenants hermétiques. Ils se conserveront jusqu'à 3 jours au réfrigérateur.)

PAR PORTION: cal.: 319; prot.: 13 g; m.g.: 10 g (2 g sat.); chol.: aucun; gluc.: 47 g; fibres: 11 g; sodium: 563 mg.

Fèves au lard

Tomates, bacon et mélasse: tous les ingrédients sont réunis pour faire de vraies bonnes fèves au lard classiques.

↓
6 à 8 portions
↓
Préparation:
15 min
↓
Cuisson:
6 h

1	boîte de tomates (28 oz/796 ml)	1	4 oz	bacon ou lard salé coupé en dés	125 g
6 t	haricots blancs (de type navy), cuits maison (voir encadré, page suivante) ou	1,5 L	2 t	oignons hachés	500 ml
			1 t	ketchup	250 ml
			1/2 t	mélasse	125 ml
3	boîtes de haricots blancs (de type navy), égouttés et rincés (19 oz/540 ml chacune)	3	1/3 t	cassonade tassée	80 ml
			1 c. à tab	moutarde sèche	15 ml
			1/2 c. à thé	sel	2 ml
			1/4 c. à thé	poivre noir du moulin	1 ml

VARIANTE
Fèves végé
Omettre le bacon.
Ajouter une pincée de
piment de Cayenne
pour les relever.

→ Dans la mijoteuse, défaire les tomates à l'aide d'une cuillère de bois. Ajouter le reste des ingrédients et mélanger. Couvrir et cuire à faible intensité pendant 6 heures. (Vous pouvez préparer les fèves au lard à l'avance, les laisser refroidir et les mettre dans des contenants hermétiques. Elles se conserveront jusqu'à 3 jours au réfrigérateur ou jusqu'à 1 mois au congélateur.)

PAR PORTION: cal.: 550; prot.: 22 g; m.g.: 10 g (5 g sat.); chol.: 13 mg; gluc.: 99 g; fibres: 15 g; sodium: 1 072 mg.

Légumineuses cuites maison

Pois chiches, lentilles, haricots à oeil noir, haricots blancs et rouges sont tous des légumineuses. Aliments santé par excellence, les légumineuses ne coûtent presque rien et même si elles existent depuis belle lurette, on dirait qu'elles ont été inventées pour la cuisson à la mijoteuse. À l'exception des lentilles, il faut faire tremper et cuire toutes les légumineuses sèches avant de les utiliser dans les recettes.

ÉTAPE 1 - TREMPAGE

Méthode longue. Rincer les légumineuses sèches, les mettre dans un grand bol et les couvrir de trois fois leur volume d'eau. Laisser tremper de 6 à 24 heures à la température ambiante. Égoutter, jeter l'eau de trempage et rincer.

Méthode rapide. Rincer les légumineuses sèches, les mettre dans une grande casserole et les couvrir de trois fois leur volume d'eau. Porter à ébullition. Réduire le feu, couvrir et laisser mijoter pendant 2 minutes. Retirer du feu et laisser tremper pendant 1 heure. Égoutter, jeter l'eau de trempage et rincer.

ÉTAPE 2 - CUISSON

Sur la cuisinière. Mettre les légumineuses dans une casserole et les couvrir de trois fois leur nouveau volume d'eau. Porter à ébullition. Réduire le feu, couvrir et laisser mijoter de 30 à 80 minutes ou jusqu'à ce qu'elles soient tendres. Égoutter et jeter l'eau de cuisson. À noter: le temps de cuisson varie selon la variété et l'âge des légumineuses (voir Temps de cuisson sur la cuisinière, ci-contre). Commencer à calculer le temps de cuisson au début de l'ébullition.

À la mijoteuse. Mettre les légumineuses dans la mijoteuse et les couvrir de trois fois leur nouveau volume d'eau. Couvrir et cuire à faible intensité pendant 10 heures pour les pois chiches ou 12 heures pour d'autres haricots secs. Égoutter et jeter l'eau de cuisson.

TEMPS DE CUISSON SUR LA CUISINIÈRE

- Gros haricots de Lima: 55 minutes
- Haricots à oeil noir: 35 minutes
- Haricots blancs (de type navy): 40 minutes
- Haricots blancs ou rouges: 50 minutes
- Haricots noirs: 30 minutes
- Haricots romano: 45 minutes
- Pois chiches: 45 minutes

CONSEILS

- Cuire de 5 à 10 minutes de moins si on a utilisé la méthode rapide de trempage.
- Peu importe la méthode de trempage, commencer à vérifier la cuisson des légumineuses 10 minutes avant le temps de cuisson indiqué, puis toutes les 5 minutes jusqu'à ce qu'elles soient prêtes. Goûter pour vérifier la cuisson; les légumineuses sont prêtes lorsqu'elles sont tendres et faciles à écraser.

QUANTITÉ APRÈS LA CUISSON

- En général, 1 t (250 ml) de légumineuses sèches donne environ 2 t (500 ml) de légumineuses cuites. Certaines variétés en donnent 1/2 t (125 ml) de plus.

CONSERVATION

- Laisser refroidir les légumineuses jusqu'à ce qu'elles soient à la température ambiante. Elles se conserveront dans des contenants hermétiques jusqu'à 3 jours au réfrigérateur ou jusqu'à 1 mois au congélateur.

VARIANTE
Légumineuses maison aromatisées

Faire tremper 3 t (750 ml) de légumineuses sèches (voir méthodes ci-contre). Égoutter, jeter l'eau de trempage et rincer. Dans une grande casserole ou une mijoteuse (selon la méthode de cuisson choisie), ajouter 18 t (4,5 L) d'eau aux légumineuses qui ont trempé (vous devriez obtenir 6 t/1,5 L de légumineuses trempées). Mettre 1 petit oignon, coupé en quatre, 3 gousses d'ail écrasées, 2 feuilles de laurier, 6 brins de persil frais et 10 grains de poivre noir sur un carré d'étamine (coton à fromage) de 6 po (15 cm) de côté et l'attacher avec de la ficelle à rôti de manière à former une pochette. Mettre la pochette avec les légumineuses, puis ajouter 1 carotte et 1 branche de céleri coupées en quatre. Couvrir et cuire sur la cuisinière ou à la mijoteuse (voir méthodes ci-contre). Égoutter la préparation, jeter les légumes et la pochette. Utiliser dans des salades ou comme accompagnement.

↓
6 à 8 portions
↓
Préparation:
20 min
↓
Trempage:
12 h
↓
Cuisson:
6 h 15 min

Casserole de haricots noirs aux saucisses

La salsa ajoute une touche spéciale à ce petit plat réconfortant fait sur mesure pour les soirées d'hiver. Ici, la méthode de cuisson diffère légèrement de celle donnée à la page 213: les haricots cuisent dans un bouillon, ce qui augmente leur saveur.

3 t	haricots noirs secs	750 ml	1/2 t	mélasse	125 ml
4 t	bouillon de poulet ou de légumes	1 L	1/4 t	cassonade tassée	60 ml
8 oz	saucisses fumées hachées	250 g	2 c. à thé	moutarde sèche	10 ml
3 t	oignons hachés (environ 4 oignons)	750 ml	1/2 c. à thé	sel	2 ml
			1/4 c. à thé	poivre noir du moulin	1 ml
2 t	salsa	500 ml	2 c. à tab	fécule de maïs	30 ml
			2 c. à tab	eau	30 ml

→ Rincer les haricots noirs, les mettre dans un grand bol et les couvrir de trois fois leur volume d'eau. Laisser tremper pendant 12 heures ou jusqu'au lendemain.

→ Égoutter les haricots, les rincer et les mettre dans la mijoteuse. Ajouter le bouillon, couvrir et cuire à intensité élevée pendant 3 heures.

→ Ajouter les saucisses, les oignons, la salsa, la mélasse, la cassonade, la moutarde, le sel et le poivre. Couvrir et cuire à intensité élevée pendant 3 heures.

→ Dans un petit bol, mélanger la fécule de maïs et l'eau, verser dans la mijoteuse et bien remuer. Couvrir et poursuivre la cuisson à intensité élevée de 15 à 20 minutes ou jusqu'à ce que la préparation ait épaissi. (Vous pouvez préparer la casserole à l'avance, la laisser refroidir et la mettre dans des contenants hermétiques. Elle se conservera jusqu'à 3 jours au réfrigérateur.)

PAR PORTION: cal.: 452; prot.: 23 g; m.g.: 8 g (3 g sat.); chol.: 25 mg; gluc.: 75 g; fibres: 13 g; sodium: 1 021 mg.

SUPER NUTRITIVES, LES LÉGUMINEUSES

• Les haricots, les pois chiches et les lentilles contiennent une foule de vitamines et de minéraux, comme le potassium et le folate. Ils sont également riches en antioxydants et en fibres.

• Les légumineuses sont de bons glucides avec un indice glycémique peu élevé. En d'autres mots, elles aident à ralentir la digestion et à équilibrer le taux de sucre sanguin.

• Avec leur teneur élevée en protéines, les légumineuses constituent un ingrédient idéal pour la préparation de repas végé et non végé.

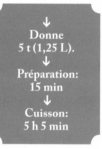

↓
Donne
5 t (1,25 L).
↓
Préparation:
15 min
↓
Cuisson:
5 h 5 min

Sauce barbecue

Aujourd'hui, on est continuellement exposé à de nouvelles saveurs, mais on a parfois envie d'une valeur sûre, d'une sauce passe-partout qui plaira à tout le monde. Notre sauce barbecue appartient à cette catégorie, une sauce qu'on voudra essayer avec des boulettes de viande, des côtes levées, des morceaux de poulet, du filet ou des côtelettes de porc, de la poitrine de boeuf ou sur tout autre aliment qu'on a envie de badigeonner d'une vraie bonne sauce barbecue.

2 c. à tab	huile végétale	30 ml		1 t	eau	250 ml
1	oignon haché	1		1/4 t	sauce Worcestershire	60 ml
4	gousses d'ail hachées finement	4		1/4 t	mélasse	60 ml
				1/3 t	cassonade tassée	80 ml
2 t	coulis de tomates (voir encadré, p. 194) ou tomates en boîte, épépinées et hachées	500 ml		3 c. à tab	assaisonnement au chili	45 ml
				2 c. à tab	moutarde jaune	30 ml
				2 c. à thé	poivre noir du moulin	10 ml

→ Dans un grand poêlon, chauffer l'huile à feu moyen. Ajouter l'oignon et l'ail et cuire, en brassant, pendant environ 5 minutes ou jusqu'à ce qu'ils aient ramolli. Mettre la préparation dans la mijoteuse. Ajouter le reste des ingrédients et bien mélanger. Couvrir et cuire à faible intensité de 5 à 7 heures. (Vous pouvez préparer la sauce à l'avance, la laisser refroidir et la mettre dans des contenants hermétiques. Elle se conservera jusqu'à 1 semaine au réfrigérateur ou jusqu'à 1 mois au congélateur.)

PAR PORTION de 1/2 t (125 ml): cal.: 111; prot.: 1 g; m.g.: 3 g (traces sat.); chol.: aucun; gluc.: 21 g; fibres: 1 g; sodium: 227 mg.

Sauce barbecue à l'érable

C'est une bonne idée de faire des réserves de cette sauce pour les grillades de l'été et pour badigeonner les côtes levées, les ailes de poulet et les hamburgers le reste de l'année.

↓
Donne
5 t (1,25 L).
↓
Préparation:
15 min
↓
Cuisson:
5 h 5 min

2 c. à tab	huile végétale	30 ml	1/2 t	vinaigre de cidre	125 ml
1	oignon haché	1	2 c. à tab	moutarde sèche	30 ml
4	gousses d'ail hachées finement	4	2 c. à tab	cassonade tassée	30 ml
			2 c. à tab	sauce Worcestershire	30 ml
1 1/2 t	sauce chili	375 ml	4 c. à thé	assaisonnement au chili	20 ml
1 t	sirop d'érable médium ou ambré	250 ml	2 c. à thé	graines de céleri	10 ml
			1 c. à thé	cannelle moulue	5 ml
2/3 t	jus d'orange	160 ml	1/2 c. à thé	sel	2 ml

À PROPOS

Le sirop d'érable médium est celui qu'on trouve le plus souvent dans les supermarchés. On peut se procurer du sirop ambré, le plus foncé, directement d'un producteur ou dans une cabane à sucre.

→ Dans un grand poêlon, chauffer l'huile à feu moyen. Ajouter l'oignon et l'ail et cuire, en brassant, pendant environ 5 minutes ou jusqu'à ce qu'ils aient ramolli. Mettre la préparation dans la mijoteuse. Ajouter le reste des ingrédients et bien mélanger. Couvrir et cuire à faible intensité de 5 à 7 heures. (Vous pouvez préparer la sauce à l'avance, la laisser refroidir et la mettre dans des contenants hermétiques. Elle se conservera jusqu'à 1 semaine au réfrigérateur ou jusqu'à 1 mois au congélateur.)

PAR PORTION de 1/2 t (125 ml): cal.: 191; prot.: 2 g; m.g.: 4 g (traces sat.); chol.: aucun; gluc.: 39 g; fibres: 3 g; sodium: 710 mg.

légumes ET
ACCOMPAGNEMENTS

↓
8 portions
↓
**Préparation:
15 min**
↓
**Cuisson:
5 h**

Betteraves glacées à l'orange

Cuites lentement, ces betteraves sont juteuses et prennent un arôme d'orange et un aspect brillant. Si possible, choisir des betteraves de grosseur moyenne.

12	betteraves pelées et coupées en quatre (environ 2 lb/1 kg en tout)	12	2 c. à tab	huile d'olive	30 ml
			1/2 c. à thé	sel	2 ml
2	gousses d'ail coupées en tranches	2	1/2 c. à thé	poivre noir du moulin	2 ml
			1/4 c. à thé	coriandre moulue	1 ml
1 c. à thé	zeste d'orange râpé	5 ml	1	oignon vert coupé en tranches fines	1
1/4 t	jus d'orange	60 ml			

→ Mettre les betteraves dans la mijoteuse. Ajouter l'ail, le zeste et le jus d'orange, l'huile, le sel, le poivre et la coriandre. Couvrir et cuire à faible intensité de 5 à 6 heures ou jusqu'à ce que les betteraves soient tendres. Mélanger délicatement. Au moment de servir, parsemer de l'oignon vert.

PAR PORTION: cal.: 77; prot.: 2 g; m.g.: 4 g (1 g sat.); chol.: aucun; gluc.: 11 g; fibres: 2 g; sodium: 215 mg.

VARIANTE
Betteraves rôties au thym

Mettre les betteraves dans la mijoteuse. Ajouter 4 gousses d'ail en tout. Omettre le zeste d'orange et remplacer le jus d'orange par 1/4 t (60 ml) d'eau. Mettre l'huile, le sel et le poivre. Remplacer la coriandre par 1 c. à thé (5 ml) de thym séché. Cuire tel qu'indiqué dans la recette. Au moment de servir, parsemer de 1 c. à tab (15 ml) de persil frais, haché finement, plutôt que d'oignon vert.

❖
Truc cuisine
❖

Le rutabaga est dur et
rond, ce qui le rend
difficile à maintenir en
place et, du coup, à
peler et à couper en
cubes. Le secret?
Commencer par le
couper en tranches.
Sur une planche à
découper, à l'aide d'un
gros couteau, retirer
d'abord une tranche
épaisse à la base du
rutabaga. Le poser
ensuite sur la planche,
le côté coupé dessous,
pour le stabiliser.
À l'aide du couteau
(en s'aidant d'un
maillet, au besoin),
couper le rutabaga en
deux. Mettre chaque
moitié sur la planche,
le côté coupé dessous,
et les couper en
tranches d'environ
3/4 po (2 cm)
d'épaisseur. Peler
les tranches, les couper
en bâtonnets, puis
en cubes.

Purée de rutabaga et de pomme

Une pomme suffit pour rehausser délicieusement cette traditionnelle purée de
rutabaga (appelé navet, au Québec).

1	pomme pelée, le coeur enlevé, hachée	1	2 c. à tab	jus de citron	30 ml
8 t	rutabaga pelé et coupé en cubes (environ 3 lb/1,5 kg en tout)	2 L	1/2 c. à thé	sel	2 ml
			2 c. à tab	beurre	30 ml
2 t	jus de pomme à l'ancienne (de type Tradition)	500 ml	1/4 c. à thé	noix de muscade râpée	1 ml

→ Dans la mijoteuse, mélanger la pomme, le rutabaga, les jus de pomme et de citron et le sel. Couvrir
et cuire à intensité élevée de 4 à 6 heures ou jusqu'à ce que le rutabaga soit tendre et que presque tout
le liquide se soit évaporé.

→ À l'aide d'un presse-purée ou d'un mélangeur à main, réduire la préparation en purée. Ajouter
le beurre et la muscade et mélanger. (Vous pouvez préparer la purée de rutabaga à l'avance, la
laisser refroidir et la mettre dans un contenant hermétique. Elle se conservera jusqu'à 3 jours au
réfrigérateur.)

PAR PORTION: cal.: 114; prot.: 2 g; m.g.: 3 g (2 g sat.); chol.: 8 mg; gluc.: 21 g; fibres: 3 g; sodium: 193 mg.

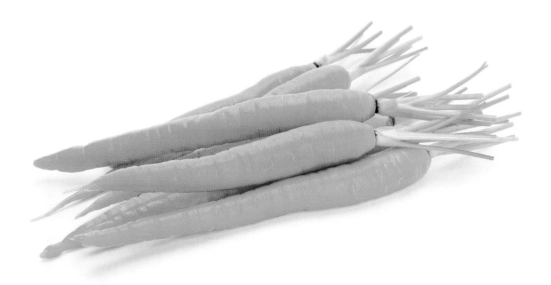

Carottes et panais glacés à l'érable et à la moutarde

Lorsqu'on attend beaucoup de monde et qu'il y a plein d'activité dans la cuisine, un petit plat de légumes qui ne se prépare pas sur la cuisinière est toujours le bienvenu. Surtout lorsqu'il est composé de beaux légumes colorés et glacés.

↓
8 à 10 portions
↓
Préparation:
7 min
↓
Cuisson:
5 h 15 min

16	carottes coupées en tranches fines (environ 3 lb/1,5 kg en tout)	16	1/4 t	beurre coupé en cubes	60 ml
			1/4 t	sirop d'érable	60 ml
			2 c. à tab	moutarde de Dijon	30 ml
10	panais coupés en tranches fines (environ 2 lb/1 kg en tout)	10	1/2 c. à thé	sel	2 ml
			1/2 c. à thé	poivre noir du moulin	2 ml
1 t + 2 c. à tab	eau	280 ml	1 c. à tab	fécule de maïs	15 ml
			1 c. à tab	persil frais, haché	15 ml

→ Dans la mijoteuse, mélanger les carottes, les panais, 1 t (250 ml) de l'eau, le beurre, le sirop d'érable, la moutarde de Dijon, le sel et le poivre. Couvrir et cuire à faible intensité pendant 5 heures ou jusqu'à ce que les légumes soient tendres.

→ Dans un petit bol, mélanger la fécule de maïs et le reste de l'eau, verser dans la mijoteuse et remuer pour enrober les légumes. Ajouter le persil et mélanger. Couvrir et poursuivre la cuisson à intensité élevée pendant environ 15 minutes ou jusqu'à ce que la sauce ait épaissi.

PAR PORTION: cal.: 196; prot.: 3 g; m.g.: 5 g (3 g sat.); chol.: 15 mg; gluc.: 37 g; fibres: 6 g; sodium: 290 mg.

Trucs cuisine

❖

Pour une pleine saveur d'érable, il est préférable de choisir du sirop d'érable médium. C'est celui qu'on trouve le plus souvent en épicerie.

❖

Si possible, remuer délicatement les légumes à la mi-cuisson.

Carottes à la marocaine

Les carottes peuvent se marier à une multitude de saveurs. Ici, le cumin leur donne un accent marocain. Dans la variante, le gingembre et le citron leur confèrent une touche asiatique. Deux petits plats nutritifs qui se servent en toute saison pour accompagner la volaille, le porc, l'agneau et les plats végé.

↓
4 à 6 portions
↓
Préparation:
20 min
↓
Cuisson:
3 h 10 min

12	carottes coupées en bâtonnets de 2 po (5 cm) de longueur (environ 2 lb/1 kg en tout)	12	2 c. à tab	beurre	30 ml
			1/2 c. à thé	sel	2 ml
			1/4 c. à thé	cumin moulu	1 ml
1	oignon coupé en deux, puis en tranches	1	1	pincée de piment de Cayenne (facultatif)	1
3	gousses d'ail coupées en tranches	3	1 c. à tab	fécule de maïs	15 ml
1/3 t	bouillon de poulet ou de légumes, ou eau	80 ml	2 c. à tab	eau	30 ml
			1 c. à tab	coriandre (ou persil) fraîche, hachée finement	15 ml

→ Dans la mijoteuse, mélanger les carottes, l'oignon et l'ail. Ajouter le bouillon, le beurre, le sel, le cumin, le piment de Cayenne, si désiré, et mélanger pour enrober les carottes. Couvrir et cuire à faible intensité pendant 3 heures ou jusqu'à ce que les carottes soient tendres.

→ Dans un petit bol, mélanger la fécule de maïs et l'eau, verser sur les carottes et bien remuer. Couvrir et poursuivre la cuisson à intensité élevée pendant environ 10 minutes ou jusqu'à ce que les carottes soient glacées.

→ Au moment de servir, parsemer chaque portion de la coriandre.

PAR PORTION: cal.: 93; prot.: 1 g; m.g.: 4 g (3 g sat.); chol.: 10 mg; gluc.: 14 g; fibres: 4 g; sodium: 341 mg.

VARIANTE
Carottes au gingembre et au citron

Dans la mijoteuse, mélanger les carottes, l'oignon, l'ail, le bouillon, le beurre et le sel. Remplacer le cumin par 1 c. à tab (15 ml) de gingembre frais, râpé, ou par 1/2 c. à thé (2 ml) de gingembre moulu. Ajouter 2 c. à tab (30 ml) de jus de citron et 1 c. à tab (15 ml) de miel liquide. Cuire tel qu'indiqué dans la recette. Ajouter la fécule de maïs et l'eau. Au moment de servir, parsemer de 1 oignon vert coupé en tranches fines plutôt que de la coriandre.

Purée de courge épicée

↓
6 portions
↓
Préparation:
15 min
↓
Cuisson:
5 h 10 min

2 c. à tab	huile végétale	30 ml	1/4 c. à thé	sel	1 ml
1	oignon coupé en dés	1	1	courge musquée (de type butternut), pelée et coupée en cubes de 1 po (2,5 cm) (environ 2 lb/1 kg)	1
2	gousses d'ail hachées finement	2			
1 c. à thé	cumin moulu	5 ml			
1 c. à thé	paprika doux	5 ml	1/2 t	eau	125 ml
1/2 c. à thé	gingembre moulu	2 ml	2 c. à tab	beurre	30 ml

VARIANTE
Purée de patates douces

Remplacer la courge par 4 grosses patates douces, pelées et coupées en cubes (environ 3 lb/1,5 kg en tout). Cuire tel qu'indiqué dans la recette. Ajouter 2 c. à tab (30 ml) de jus de citron à la purée.

→ Dans un poêlon, chauffer l'huile à feu moyen. Ajouter l'oignon, l'ail, le cumin, le paprika, le gingembre et le sel et cuire, en brassant souvent, pendant environ 6 minutes ou jusqu'à ce que l'oignon ait ramolli. Mettre la préparation dans la mijoteuse. Ajouter la courge et l'eau. Couvrir et cuire à faible intensité de 5 à 6 heures ou jusqu'à ce que la courge soit tendre. Ajouter le beurre.

→ À l'aide d'un mélangeur à main ou d'un presse-purée, ou au robot culinaire, réduire la préparation en purée lisse. (Vous pouvez préparer la purée de courge à l'avance, la laisser refroidir et la mettre dans un contenant hermétique. Elle se conservera jusqu'à 2 jours au réfrigérateur.)

PAR PORTION: cal.: 136; prot.: 2 g; m.g.: 9 g (3 g sat.); chol.: 10 mg; gluc.: 16 g; fibres: 3 g; sodium: 129 mg.

Chou rouge braisé

6 t	chou rouge coupé en tranches fines	1,5 L	1	pomme pelée, le coeur enlevé, coupée en tranches	1
3/4 t	vin rouge	180 ml	1	feuille de laurier	1
1 c. à tab	sirop d'érable ou miel liquide	15 ml	3/4 c. à thé	sel	4 ml
			1/2 c. à thé	thym séché	2 ml
2 c. à thé	huile végétale	10 ml	5	baies de genièvre broyées ou	5
1	oignon rouge coupé en tranches	1	2 c. à tab	gin	30 ml

→ Dans la mijoteuse, mélanger le chou, le vin, le sirop d'érable, l'huile, l'oignon, la pomme, la feuille de laurier, le sel et le thym. Mettre les baies de genièvre sur un carré d'étamine (coton à fromage) de 4 po (10 cm) de côté et l'attacher avec de la ficelle à rôti de manière à former une pochette. Mettre la pochette d'épices sur la préparation de chou dans la mijoteuse. Couvrir et cuire à faible intensité pendant 4 heures.

→ Bien remuer la préparation. Couvrir et poursuivre la cuisson à intensité élevée pendant environ 15 minutes ou jusqu'à ce que le chou soit tendre. Retirer la feuille de laurier et la pochette d'épices.

PAR PORTION: cal.: 56; prot.: 1 g; m.g.: 1 g (traces sat.); chol.: aucun; gluc.: 10 g; fibres: 2 g; sodium: 227 mg.

↓
8 à 10 portions
↓
**Préparation:
20 min**
↓
**Cuisson:
6 h**

Purée de pommes de terre et de céleri-rave

Les pommes de terre se prêtent à d'heureuses associations avec d'autres légumes: céleri-rave, chou ou chou-fleur. Les puristes qui préfèrent leur purée nature remplaceront le céleri-rave ou les autres légumes en ajoutant 3 pommes de terre de plus. Pour une purée à l'ail rôti, écraser 1 ou 2 bulbes d'ail rôti (voir recette, p. 236) et mélanger à la purée de pommes de terre nature.

VARIANTES
Purée de pommes de terre au chou
Cette combinaison est typiquement irlandaise. Remplacer le céleri-rave par du chou vert haché. Omettre l'ail, si désiré.

Purée de pommes de terre au chou-fleur
Remplacer le céleri-rave par du chou-fleur haché grossièrement.

10	pommes de terre (de type Russet), pelées et coupées en cubes (environ 3 lb/1,5 kg en tout)	10	1 1/2 c. à thé	sel	7 ml
			1/2 c. à thé	poivre noir du moulin	2 ml
				eau	
4 t	céleri-rave pelé et coupé en cubes (environ la moitié d'un céleri-rave)	1 L	2/3 t	lait	160 ml
			1/4 t	beurre coupé en cubes	60 ml
			2 c. à tab	ciboulette (ou oignon vert) fraîche, hachée	30 ml
3	gousses d'ail	3			

→ Mettre les pommes de terre dans la mijoteuse. Ajouter le céleri-rave, l'ail, la moitié du sel et le poivre. Ajouter suffisamment d'eau pour couvrir les légumes, sans plus. Couvrir et cuire à faible intensité pendant 6 heures ou jusqu'à ce que les légumes soient tendres. Égoutter les légumes et les remettre dans la mijoteuse.

→ À l'aide d'un presse-purée, réduire les légumes en purée grossière. Ajouter le lait, le beurre et le reste du sel et réduire en purée lisse.

→ Au moment de servir, parsemer chaque portion de la ciboulette.

PAR PORTION: cal.: 163; prot.: 4 g; m.g.: 5 g (3 g sat.); chol.: 13 mg; gluc.: 27 g; fibres: 3 g; sodium: 448 mg.

Pommes de terre à la normande

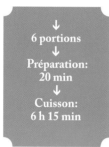

6 portions

Préparation:
20 min

Cuisson:
6 h 15 min

1/4 t	beurre	60 ml	1 t	gruyère ou emmental râpé	250 ml
1	petit oignon, coupé en dés	1	1 c. à tab	persil séché (facultatif)	15 ml
1/4 t	farine	60 ml	6	pommes de terre (de type Yukon Gold), pelées et coupées en tranches fines	6
1 c. à thé	sel	5 ml			
1/2 c. à thé	poivre noir du moulin	2 ml			
1/2 c. à thé	thym (ou marjolaine) séché	2 ml	1/2 t	jambon ou dindon cuit, haché (facultatif)	125 ml
2 1/2 t	lait	625 ml			

→ Dans une grande casserole à fond épais, faire fondre le beurre à feu moyen. Ajouter l'oignon et cuire, en brassant de temps à autre, pendant environ 5 minutes ou jusqu'à ce qu'il ait ramolli. Ajouter la farine, le sel, le poivre et le thym et poursuivre la cuisson, en brassant, pendant 1 minute. Ajouter le lait petit à petit et porter à ébullition. Réduire à feu moyen-doux et cuire, en brassant, de 5 à 8 minutes ou jusqu'à ce que la sauce ait épaissi. Ajouter la moitié du fromage et du persil, si désiré, et mélanger jusqu'à ce que le fromage ait fondu.

→ Ajouter les pommes de terre et le jambon, si désiré, et mélanger pour bien les enrober. Mettre la préparation dans la mijoteuse et lisser le dessus. Parsemer du reste du fromage et du persil. Couvrir et cuire à faible intensité pendant 6 heures ou jusqu'à ce que les pommes de terre soient tendres.

PAR PORTION: cal.: 360; prot.: 13 g; m.g.: 16 g (10 g sat.); chol.: 53 mg; gluc.: 42 g; fibres: 3 g; sodium: 587 mg.

Riz aux haricots rouges

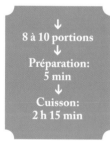

8 à 10 portions

Préparation:
5 min

Cuisson:
2 h 15 min

2 t	riz étuvé	500 ml	2	gousses d'ail hachées finement	2
1	boîte de haricots rouges, égouttés et rincés (19 oz/540 ml) ou	1	1/2 c. à thé	thym séché	2 ml
2 t	haricots rouges cuits maison (voir encadré, p. 213)	500 ml	1/2 c. à thé	sel	2 ml
2 1/4 t	bouillon de légumes	560 ml	1	pincée de piment de Cayenne	1
1	boîte de lait de coco (400 ml)	1	1/2	poivron vert coupé en dés	1/2
1	oignon haché	1	4	oignons verts coupés en tranches	4

→ Dans la mijoteuse, mélanger tous les ingrédients, sauf le poivron et les oignons verts. Couvrir et cuire à faible intensité pendant 2 heures ou jusqu'à ce que le liquide soit absorbé.

→ Ajouter le poivron et les oignons verts et mélanger à l'aide d'une fourchette. Couvrir et poursuivre la cuisson à intensité élevée pendant environ 15 minutes ou jusqu'à ce que le poivron soit tendre mais encore croquant.

PAR PORTION: cal.: 263; prot.: 3 g; m.g.: 9 g (7 g sat.); chol.: aucun; gluc.: 40 g; fibres: 4 g; sodium: 387 mg.

Pommes de terre à l'ail

Le duo pommes de terre et ail forme une purée qui se sert en tout temps.
À découvrir avec des biftecks, des côtelettes ou du filet de porc, du poulet
rôti ou grillé et du poisson.

↓
6 à 8 portions
↓
Préparation:
15 min
↓
Cuisson:
2 h

6	pommes de terre (de type Russet), pelées ou non et coupées en cubes de 3/4 po (2 cm) (environ 2 1/2 lb/1,25 kg en tout)	6	1/4 c. à thé	sel	1 ml
			1/4 c. à thé	poivre noir du moulin	1 ml
			4	gousses d'ail hachées finement	4
3/4 t	bouillon de poulet ou eau	180 ml	2 c. à tab	persil frais, haché finement	30 ml
1 c. à tab	huile d'olive	15 ml			

→ Dans la mijoteuse, mélanger les pommes de terre, le bouillon, l'huile, le sel et le poivre. Couvrir et cuire à intensité élevée de 2 à 2 1/2 heures ou jusqu'à ce que les pommes de terre soient tendres.

→ Retirer le récipient intérieur en grès de la mijoteuse. Parsemer les pommes de terre de l'ail. Couvrir et laisser reposer pendant 5 minutes. Au moment de servir, mélanger délicatement la préparation et la parsemer du persil.

PAR PORTION: cal.: 131; prot.: 3 g; m.g.: 2 g (traces sat.); chol.: aucun; gluc.: 26 g; fibres: 2 g; sodium: 166 mg.

Casserole de légumes d'hiver

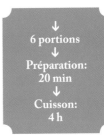

↓
6 portions
↓
Préparation:
20 min
↓
Cuisson:
4 h

2	pommes de terre (de type Yukon Gold), pelées et coupées en cubes de 1 po (2,5 cm)	2	1/2	courge poivrée pelée et coupée en cubes de 1 po (2,5 cm)	1/2
2	carottes coupées en tranches de 1/4 po (5 mm) d'épaisseur	2	2 t	bouillon de légumes	500 ml
2	panais coupés en tranches de 1/4 po (5 mm) d'épaisseur	2	1 c. à thé	sauge séchée	5 ml
			1/2 c. à thé	sel	2 ml
1	oignon avec la racine, coupé en six quartiers	1	1/2 c. à thé	poivre noir du moulin	2 ml
			2 c. à tab	beurre	30 ml

→ Mettre les légumes dans la mijoteuse. Ajouter le bouillon, la sauge, le sel et le poivre. Couvrir et cuire à faible intensité de 4 à 6 heures ou jusqu'à ce que les légumes soient tendres et qu'il reste un peu de liquide dans la mijoteuse. Ajouter le beurre et mélanger délicatement pour bien enrober les légumes.

PAR PORTION: cal.: 156; prot.: 3 g; m.g.: 4 g (3 g sat.); chol.: 12 mg; gluc.: 30 g; fibres: 4 g; sodium: 496 mg.

❖
Truc cuisine
❖

Les casseroles
de légumes
permettent toutes
les combinaisons.
On peut utiliser
d'autres variétés de
courges ou augmenter
la quantité d'un
légume demandé, le
panais, par exemple.

Oignons perlés à la sauce aigre-douce

Les oignons perlés prennent du temps à peler (voir Truc cuisine, p. 98), mais ils sont tellement délicieux, surtout lorsqu'ils braisent doucement comme dans ce plat aux saveurs méditerranéennes, où se marient oignons, raisins secs et vinaigre de vin. On peut utiliser les oignons perlés blancs traditionnels, ou les jaunes ou les rouges, qu'on trouve depuis peu dans les supermarchés.

↓
8 portions
↓
Préparation:
12 min
↓
Cuisson:
4 h 10 min

8 t	oignons perlés pelés (environ quatre sacs de 10 oz/284 g chacun)	2 L	1		feuille de laurier	1
			1/2 c. à thé		sel	2 ml
			1/4 c. à thé		poivre noir du moulin	1 ml
1 t	raisins secs	250 ml	1		gousse d'ail coupée en tranches fines	1
2 c. à tab	huile d'olive	30 ml				
2 c. à tab	vinaigre de vin rouge	30 ml	1 t + 2 c. à tab		eau	280 ml
1 c. à tab	pâte de tomates	15 ml				
1 c. à thé	zeste d'orange râpé	5 ml	1 c. à tab		fécule de maïs	15 ml

→ Dans la mijoteuse, mélanger tous les ingrédients, sauf 2 c. à tab (30 ml) de l'eau et la fécule de maïs. Couvrir et cuire à faible intensité pendant 4 heures ou jusqu'à ce que les oignons perlés soient tendres. Retirer la feuille de laurier.

→ Dans un petit bol, mélanger la fécule de maïs et le reste de l'eau, verser dans la mijoteuse et remuer délicatement. Couvrir et poursuivre la cuisson à intensité élevée pendant environ 10 minutes ou jusqu'à ce que la sauce ait épaissi.

PAR PORTION: cal.: 140; prot.: 2 g; m.g.: 4 g (1 g sat.); chol.: aucun; gluc.: 27 g; fibres: 3 g; sodium: 154 mg.

Riz sauvage

La cuisson du riz sauvage est longue: pour cette raison, c'est un plat d'accompagnement à réserver aux occasions spéciales. S'il en reste, on pourra le réchauffer au micro-ondes ou l'ajouter à des salades, soupes ou farces. Le riz sauvage cuit se congèle aussi très bien.

3 t	bouillon de poulet réduit en sel ou eau	750 ml	1	feuille de laurier	1
1 1/2 t	riz sauvage	375 ml	2 c. à tab	beurre	30 ml
1	lanière de zeste de citron	1	2 c. à tab	jus de citron	30 ml

→ Dans la mijoteuse, mélanger le bouillon, le riz, le zeste de citron et la feuille de laurier. Couvrir et cuire à intensité élevée pendant 1 1/2 heure ou jusqu'à ce que le riz soit tendre, que les grains soient ouverts et que le liquide soit absorbé.

→ Retirer la feuille de laurier. Ajouter le beurre et le jus de citron et mélanger délicatement pour enrober le riz. (Vous pouvez préparer le riz à l'avance, le laisser refroidir et le mettre dans un contenant hermétique. Il se conservera jusqu'au lendemain au réfrigérateur ou jusqu'à 1 mois au congélateur.)

PAR PORTION: cal.: 185; prot.: 7 g; m.g.: 4 g (3 g sat.); chol.: 10 mg; gluc.: 31 g; fibres: 3 g; sodium: 327 mg.

VARIANTES
Riz sauvage aux fines herbes
Au riz cuit, ajouter 1/4 t (60 ml) de persil frais, haché finement, et 2 c. à tab (30 ml) de ciboulette fraîche, hachée, et mélanger.

Riz sauvage aux champignons
Dans un grand poêlon, chauffer 2 c. à tab (30 ml) de beurre à feu moyen-vif. Ajouter 3 t (750 ml) de champignons coupés en tranches et cuire, en brassant, jusqu'à ce que leur liquide se soit évaporé. Ajouter 1/2 t (125 ml) de vin blanc sec et 1/2 c. à thé (2 ml) de thym séché. Réduire le feu et laisser mijoter jusqu'à ce que le vin soit absorbé. Au riz cuit, ajouter les champignons cuits et, si désiré, 1/4 t (60 ml) de persil frais, haché finement, puis 1/4 t (60 ml) d'amandes en bâtonnets grillées, et mélanger.

Riz sauvage aux noix
Au riz cuit, ajouter 1/3 t (80 ml) d'amandes en bâtonnets grillées ou de noix de Grenoble hachées et, si désiré, 1/4 t (60 ml) de persil frais, haché finement, et mélanger.

Salade de riz sauvage
Préparer le riz tel qu'indiqué dans la recette en omettant le beurre. Tandis que le riz est chaud, ajouter 3/4 t (180 ml) de raisins de Corinthe, ou de cerises, de canneberges ou d'abricots séchés hachés, 1/2 t (125 ml) de vinaigrette à l'italienne du commerce et 1/4 t (60 ml) de ciboulette fraîche, hachée, et mélanger.

Oignons caramélisés

Caraméliser les oignons leur fait perdre leur côté fort et piquant. Préparés ainsi, ils sont extra pour accompagner le foie de veau ou garnir les biftecks, les côtelettes et les hamburgers. En fait, ce ne sont pas les raisons qui manquent pour en garder sous la main au frigo (voir nos suggestions dans l'encadré ci-dessous).

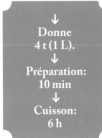

↓
Donne
4 t (1 L).
↓
Préparation:
10 min
↓
Cuisson:
6 h

12 t	oignons espagnols coupés en tranches fines (environ 3 lb/1,5 kg ou 4 gros oignons en tout)	3 L	1 c. à tab	cassonade tassée	15 ml
			1 c. à tab	vinaigre de cidre	15 ml
			1 c. à thé	sel	5 ml
1/4 t	beurre coupé en cubes	60 ml			

→ Mettre les oignons dans la mijoteuse. Ajouter le reste des ingrédients et mélanger pour bien enrober les oignons. Couvrir et cuire à intensité élevée, en brassant de temps à autre, de 6 à 7 heures ou jusqu'à ce que les oignons soient dorés mais encore humides. (Vous pouvez préparer les oignons à l'avance, les laisser refroidir et les mettre dans des contenants hermétiques. Ils se conserveront jusqu'à 3 jours au réfrigérateur ou jusqu'à 1 mois au congélateur.)

PAR PORTION de 1/2 t (125 ml): cal.: 130; prot.: 2 g; m.g.: 6 g (4 g sat.); chol.: 15 mg; gluc.: 19 g; fibres: 2 g; sodium: 333 mg.

DES OIGNONS CARAMÉLISÉS PARTOUT, PARTOUT

Un extra à garder précieusement à portée de la main au frigo. Une fois qu'on y a goûté, on veut en mettre partout. Voici quelques idées savoureuses.

- En étendre sur de la pizza.
- En farcir des quesadillas.
- En mettre avec des tomates et du fromage dans un sandwich grillé ou un panini.
- En ajouter dans un sandwich au fromage fondant (à essayer avec l'un de ces fromages: oka, havarti, brie).
- Les mélanger à des pâtes cuites avec du parmesan râpé et un peu d'eau de cuisson des pâtes.
- S'en servir pour préparer notre Soupe à l'oignon (voir recette, p. 44).

↓
**Donne
6 bulbes.**
↓
**Préparation:
10 min**
↓
**Cuisson:
2 h**

Ail rôti

L'ail rôti se compare aux oignons caramélisés: il ajoute tellement de saveur qu'on veut aussi en mettre partout. Le plus merveilleux, c'est que la mijoteuse permet de faire cuire plusieurs bulbes à la fois et que l'ail rôti se congèle très bien. On peut donc toujours en avoir sous la main pour l'intégrer aux vinaigrettes, sauces pour pâtes, purées de pommes de terre, pizzas, etc. On peut aussi simplement le tartiner sur des tranches de pain baguette grillées qu'on garnit ensuite de fromage de chèvre, d'une demi-tomate cerise et de basilic haché.

6	bulbes d'ail	6	1 c. à thé	thym séché	5 ml
1 c. à tab	huile d'olive	15 ml			

SOLUTION
DE RECHANGE

Remplacer le thym par de la sauge, de l'origan ou de la marjolaine séchés, ou par un mélange de fines herbes, comme le mélange de fines herbes séchées à l'italienne.

→ Frotter les bulbes d'ail pour enlever leur fine pelure. Couper une tranche sur le dessus des bulbes de manière à exposer l'extrémité des gousses, si désiré. Sur une feuille de papier d'aluminium de dimensions suffisantes pour les envelopper, disposer les bulbes côte à côte, la racine dessous. Arroser de l'huile et parsemer du thym. Replier le papier d'aluminium sur les bulbes de manière à former une papillote et sceller hermétiquement. Mettre la papillote dans la mijoteuse.

→ Couvrir et cuire à faible intensité pendant 2 heures ou jusqu'à ce que l'ail soit tendre et doré et qu'il dégage son arôme. (Vous pouvez préparer l'ail rôti à l'avance, le laisser refroidir et le mettre dans un contenant hermétique. Il se conservera jusqu'à 3 jours au réfrigérateur ou jusqu'à 1 mois au congélateur.)

PAR BULBE: cal.: 76; prot.: 2 g; m.g.: 2 g (traces sat.); chol.: aucun; gluc.: 13 g; fibres: 1 g; sodium: 7 mg.

↓
8 portions
↓
Préparation:
20 min
↓
Cuisson:
2 h 20 min

Casserole de courge au maïs et aux haricots de Lima

Le succotash est un mets traditionnel d'origine amérindienne composé de courge, de tomates, de maïs et de haricots. La cuisson lente fait ressortir toute la saveur de ces aliments et leur petit côté sucré.

3	oignons verts (la partie blanche coupée en tranches et la partie verte, en tranches fines)	3	2	gousses d'ail hachées finement	2
			1 c. à thé	thym séché	5 ml
1	boîte de tomates en dés, égouttées (19 oz/540 ml)	1	1/2 c. à thé	sel	2 ml
			1/2 c. à thé	poivre noir du moulin	2 ml
3 t	courge musquée (de type butternut), pelée et coupée en cubes (environ la moitié d'une courge)	750 ml	2 t	haricots de Lima surgelés	500 ml
			3 c. à tab	pâte de tomates	45 ml
			2 c. à tab	persil frais, haché	30 ml
2 t	maïs en grains surgelé	500 ml			

❖
Truc cuisine
❖

Pas de gaspillage, on conserve le jus des tomates égouttées. Il s'avère un petit extra santé qu'on peut facilement intégrer aux sauces pour pâtes, aux soupes ou aux boissons. Le mieux, c'est de le mettre au frigo ou de le congeler jusqu'au moment de l'utiliser.

→ Mettre la partie blanche des oignons verts dans la mijoteuse. Ajouter les tomates, la courge, le maïs, l'ail, le thym, le sel et le poivre. Couvrir et cuire à faible intensité pendant 2 heures ou jusqu'à ce que la courge soit tendre.

→ Ajouter les haricots de Lima, la pâte de tomates et la partie verte des oignons verts et mélanger délicatement. Couvrir et poursuivre la cuisson à intensité élevée pendant environ 20 minutes ou jusqu'à ce que la sauce ait épaissi.

→ Ajouter le persil et mélanger.

PAR PORTION: cal.: 120; prot.: 5 g; m.g.: 1 g (aucun sat.); chol.: aucun; gluc.: 27 g; fibres: 4 g; sodium: 233 mg.

Pilaf d'orge aux champignons

Ce pilaf, qui marie orge et champignons, fera un accompagnement réconfortant ou un délicieux plat de résistance végé. L'orge mondé est fait sur mesure pour la mijoteuse, car il reste ferme et ne se défait pas, même s'il cuit longtemps.

1	paquet de champignons séchés mélangés (14 g)	1	4	gousses d'ail hachées finement	4
1 1/2 t	eau chaude	375 ml	1/2 c. à thé	thym séché	2 ml
2 c. à tab	huile végétale	30 ml	1/2 c. à thé	sel	2 ml
1	oignon haché	1	1/2 c. à thé	poivre noir du moulin	2 ml
2 t	champignons blancs coupés en tranches	500 ml	3 1/2 t	bouillon de légumes	875 ml
2 t	champignons shiitake, les pieds enlevés, coupés en tranches	500 ml	2 t	orge mondé	500 ml
			2	carottes coupées en dés	2
			2 c. à tab	pâte de tomates	30 ml
			2 c. à tab	persil frais, haché	30 ml

→ Mettre les champignons séchés dans un bol et les couvrir de l'eau chaude. Laisser tremper pendant 30 minutes. Dans une passoire fine placée sur un bol, égoutter les champignons (réserver le liquide de trempage), puis les hacher finement.

→ Dans un grand poêlon, chauffer l'huile à feu moyen-vif. Ajouter les champignons hachés, l'oignon, les champignons blancs et shiitake, l'ail, le thym, le sel et le poivre. Cuire, en brassant, pendant environ 8 minutes ou jusqu'à ce que le liquide des champignons se soit évaporé et que l'oignon soit doré. Mettre la préparation dans la mijoteuse.

→ Ajouter le liquide de trempage réservé, le bouillon, l'orge, les carottes et la pâte de tomates. Couvrir et cuire à faible intensité pendant 6 heures ou jusqu'à ce que le liquide soit absorbé. Ajouter le persil et mélanger.

PAR PORTION: cal.: 198; prot.: 4 g; m.g.: 4 g (traces sat.); chol.: aucun; gluc.: 39 g; fibres: 4 g; sodium: 356 mg.

↓
8 à 10 portions
↓
Préparation:
25 min
↓
Trempage:
30 min
↓
Cuisson:
6 h 10 min

Salade chaude de haricots et de fenouil

Il est préférable d'ajouter la vinaigrette à la salade lorsque les légumineuses sont chaudes. De cette façon, elles absorbent mieux la vinaigrette. Au moment de servir, on conseille d'arroser la salade d'huile et de vinaigre pour l'humecter, mais on peut aussi utiliser de l'eau: le goût et la teneur en matière grasse restent alors inchangés.

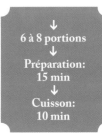

↓
6 à 8 portions
↓
Préparation:
15 min
↓
Cuisson:
10 min

4 c. à tab	huile d'olive (environ)	60 ml	1/2 c. à thé	thym séché	2 ml
1 t	fenouil, le coeur enlevé, coupé en tranches fines (la moitié d'un bulbe de fenouil)	250 ml	1/2 c. à thé	sel	2 ml
			3 t	haricots à oeil noir cuits maison (voir encadré, p. 213)	750 ml
1/2 t	céleri coupé en tranches fines	125 ml	1/4 t	persil frais, haché	60 ml
3	gousses d'ail hachées finement	3	4 c. à thé	vinaigre de vin blanc (environ)	20 ml

→ Dans un grand poêlon, chauffer 3 c. à tab (45 ml) de l'huile à feu moyen. Ajouter le fenouil, le céleri, l'ail, le thym et le sel et cuire, en brassant de temps à autre, pendant environ 8 minutes ou jusqu'à ce que le fenouil ait ramolli et qu'il commence à dorer. Ajouter les haricots à oeil noir, le persil et 3 c. à thé (15 ml) du vinaigre de vin et mélanger. Poursuivre la cuisson, en brassant, pendant environ 2 minutes ou jusqu'à ce que les haricots soient chauds.

→ Mettre la préparation de haricots dans un grand bol de service. Ajouter le reste de l'huile et du vinaigre et mélanger pour bien enrober les ingrédients (ajouter de l'huile et du vinaigre, au besoin). Servir chaud.

PAR PORTION: cal.: 142 prot.: 5 g; m.g.: 7 g (1 g sat.); chol.: aucun; gluc.: 15 g; fibres: 5 g; sodium: 159 mg.

❖
Truc cuisine
❖

On peut préparer cette délicieuse salade avec d'autres légumineuses. À essayer avec des lentilles vertes ou brunes, des pois chiches ou d'autres haricots cuits maison (voir encadré, p. 213).

desserts

Pommes farcies, sauce au beurre

C'est le genre de dessert d'hiver qui ne passe jamais de mode, surtout lorsqu'on le garnit d'une boule de crème glacée ou de yogourt glacé à la vanille. On peut même napper ces délicieuses pommes de yogourt et les servir au petit déjeuner ou comme collation.

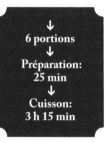

↓
6 portions
↓
Préparation:
25 min
↓
Cuisson:
3 h 15 min

6	pommes	6	1/2 t	jus de pomme à l'ancienne (de type Tradition)	125 ml
1/2 t	cassonade tassée	125 ml	2 c. à tab	beurre fondu	30 ml
1/2 t	cerises, abricots ou canneberges séchés, hachés, ou raisins secs	125 ml	2 c. à thé	fécule de maïs	10 ml
1/2 c. à thé	cannelle moulue	2 ml	1 c. à tab	eau	15 ml
1/4 c. à thé	noix de muscade râpée	1 ml			

❖
Truc cuisine
❖

Pour une belle présentation, choisir des pommes qui gardent leur forme à la cuisson, comme les Cortland, Spartan et Délicieuse jaunes.

→ À l'aide d'un vide-pomme ou d'un petit couteau, retirer le coeur des pommes sans percer le fond. Sur le dessus de chaque pomme, retirer une bande de pelure de 3/4 po (2 cm) de largeur autour de la cavité. Au besoin, égaliser la base des pommes pour les stabiliser.

→ Dans un bol, mélanger la cassonade, les cerises, la cannelle et la muscade. Remplir la cavité des pommes de ce mélange et les mettre dans la mijoteuse. Dans un petit bol, mélanger le jus de pomme et le beurre, puis verser sur les pommes. Couvrir et cuire à faible intensité de 3 à 4 heures ou jusqu'à ce que les pommes soient tendres et que la pelure soit plissée (les arroser souvent du liquide de cuisson). Mettre les pommes dans un plat de service peu profond et réserver au chaud.

→ Dans un autre petit bol, mélanger la fécule de maïs et l'eau, verser dans la mijoteuse et bien remuer. Couvrir et poursuivre la cuisson à intensité élevée pendant 15 minutes ou jusqu'à ce que la sauce ait épaissi. (Vous pouvez préparer les pommes et la sauce à l'avance, les laisser refroidir et les mettre sé-parément dans des contenants hermétiques. Elles se conserveront jusqu'à 8 heures à la température ambiante ou jusqu'à 3 jours au réfrigérateur. Réchauffer avant de servir.)

→ Au moment de servir, napper les pommes réservées de la sauce.

PAR PORTION: cal.: 229; prot.: 1 g; m.g.: 4 g (3 g sat.); chol.: 10 mg; gluc.: 50 g; fibres: 3 g; sodium: 40 mg.

Donne
4 t (1 L).

↓

Préparation:
25 min

↓

Cuisson:
6 h

Compote de pommes

Les pommes McIntosh et Empire sont parfaites pour préparer de la compote, car elles se défont facilement à la cuisson. Le mélangeur à main est pratique puisqu'il permet de réduire la compote en purée directement dans la mijoteuse, mais on peut aussi utiliser un presse-purée ou même écraser la compote à la fourchette pour une version avec des morceaux. On peut également la servir telle quelle sans la réduire en purée.

8 t	pommes pelées, le coeur enlevé, coupées en tranches	2 L	2 c. à tab	jus de citron	30 ml
1/2 t	cassonade tassée	125 ml	1	pincée de cannelle moulue (facultatif)	1
1/4 t	jus de pomme à l'ancienne (de type Tradition)	60 ml	1	pincée de noix de muscade râpée (facultatif)	1
1	lanière de zeste de citron	1			

Truc cuisine

Une pomme coupée en tranches donne environ 1 t (250 ml).

→ Dans la mijoteuse, mélanger délicatement les pommes avec la cassonade, le jus de pomme, le zeste et le jus de citron pour bien les enrober. Couvrir et cuire à faible intensité de 6 à 8 heures ou jusqu'à ce que les pommes soient tendres et qu'elles se défassent facilement. À l'aide d'une écumoire, retirer la lanière de zeste de citron.

→ À l'aide d'un mélangeur à main ou d'un presse-purée, réduire la préparation en purée à la consistance désirée. Ajouter la cannelle et la muscade, si désiré, et mélanger. (Vous pouvez préparer la compote à l'avance, la laisser refroidir et la mettre dans des contenants hermétiques. Elle se conservera jusqu'à 3 jours au réfrigérateur ou jusqu'à 1 mois au congélateur.)

PAR PORTION de 1/2 t (125 ml): cal.: 109; prot.: traces; m.g.: traces (aucun sat.); chol.: aucun; gluc.: 29 g; fibres: 1 g; sodium: 6 mg.

Poires pochées aux cinq épices

Les épices entières donnent un arôme exquis à ces poires pochées. Un délice sur de la crème glacée ou du yogourt glacé. Les poires Bosc sont indiquées pour cette recette, car elles gardent leur forme.

4 à 6 portions

↓

Préparation:
15 min

↓

Cuisson:
3 h 10 min

4	poires mûres mais fermes, pelées, le coeur enlevé, coupées en quatre (environ 2 lb/1 kg en tout)	4	4	clous de girofle	4
			4	gousses de cardamome	4
			4	grains de poivre noir	4
2 c. à tab	jus de citron	30 ml	2	tranches de gingembre frais	2
1 t	eau	250 ml	1	lanière de zeste de citron	1
1 t	vin blanc	250 ml	1	anis étoilé	1
1/2 t	sucre	125 ml			

Truc cuisine

❖

Si possible, à la mi-cuisson, mettre les poires du dessous sur le dessus.

→ Mettre les poires dans la mijoteuse et les arroser du jus de citron. Dans une petite casserole ou dans un bol allant au micro-ondes, mélanger le reste des ingrédients et chauffer jusqu'à ce que le sucre soit dissous. Verser le mélange de vin blanc sur les poires dans la mijoteuse. Couvrir et cuire à faible intensité de 3 à 4 heures ou jusqu'à ce que les poires soient tendres.

→ À l'aide d'une écumoire, mettre les poires dans un plat de service. Retirer les épices et la lanière de zeste de citron. Verser le liquide de cuisson dans une petite casserole, porter à ébullition et laisser bouillir de 8 à 10 minutes ou jusqu'à ce qu'il ait réduit à environ 3/4 t (180 ml). Verser le liquide de cuisson sur les poires. (Vous pouvez préparer les poires pochées à l'avance, les laisser refroidir et les couvrir. Elles se conserveront jusqu'à 4 jours au réfrigérateur.)

PAR PORTION: cal.: 136; prot.: 1 g; m.g.: traces (aucun sat.); chol.: aucun; gluc.: 36 g; fibres: 4 g; sodium: 4 mg.

Compote de rhubarbe

↓
Donne
4 t (1 L).
↓
Préparation:
20 min
↓
Cuisson:
2 h

La compote de rhubarbe cuite sur la cuisinière a une texture plutôt filandreuse. Dans la mijoteuse, les morceaux de rhubarbe restent intacts, car on ne brasse pas la compote. Une petite douceur qu'on peut déguster nature ou sur de la crème glacée, du yogourt glacé ou un gâteau des anges. On peut aussi la servir au petit déjeuner en superposant des couches de yogourt, de compote et de céréales granola.

VARIANTE
Compote de rhubarbe et de fraises

À la compote refroidie, ajouter 1 1/2 t (375 ml) de fraises fraîches, coupées en tranches, et mélanger. On peut aussi ajouter la même quantité de framboises, de bleuets, de cubes d'ananas frais ou de tranches de bananes.

1	bâton de cannelle brisé en deux morceaux	1	1/2 t	jus de raisin blanc ou de pomme	125 ml
6 t	rhubarbe coupée en morceaux de 1 po (2,5 cm)	1,5 L	2	lanières de zeste d'orange	2
1 t	sucre	250 ml			

→ Mettre tous les ingrédients dans la mijoteuse et mélanger délicatement pour enrober la rhubarbe. Couvrir et cuire à faible intensité pendant 2 heures ou jusqu'à ce que la rhubarbe soit tendre. Retirer le récipient intérieur en grès de la mijoteuse et laisser refroidir. À l'aide d'une écumoire, retirer la cannelle et les lanières de zeste d'orange. (Vous pouvez préparer la compote à l'avance, la laisser refroidir et la mettre dans un contenant hermétique. Elle se conservera jusqu'à 4 jours au réfrigérateur.)

PAR PORTION de 1/2 t (125 ml): cal.: 125; prot.: 1 g; m.g.: traces (aucun sat.); chol.: aucun; gluc.: 31 g; fibres: 2 g; sodium: 4 mg.

Compote de fruits séchés au brandy

Ces fruits gorgés de brandy font une garniture raffinée sur de la crème glacée ou des gâteaux. Un bon point de départ pour cette recette, c'est de choisir des fruits séchés bien moelleux.

↓
Donne
8 t (2 L).
↓
Préparation:
15 min
↓
Cuisson:
2 h

1 1/2 t	figues séchées	375 ml	1	lanière de zeste de citron	1
1 1/2 t	abricots séchés	375 ml	1	lanière de zeste d'orange	1
1 1/2 t	pruneaux dénoyautés	375 ml	1/4 t	miel liquide	60 ml
1 t	cerises ou canneberges séchées	250 ml	2 c. à tab	jus de citron	30 ml
1 t	pommes séchées	250 ml	1	bâton de cannelle	1
3 t	jus de pomme	750 ml	2	tranches de gingembre frais	2
1 t	eau bouillante	250 ml	1/2 t	brandy	125 ml

➜ Retirer la pointe dure des figues. Dans la mijoteuse, mettre les figues, les abricots, les pruneaux, les cerises et les pommes. Ajouter le jus de pomme, l'eau bouillante, les zestes de citron et d'orange, le miel, le jus de citron, la cannelle et le gingembre. Couvrir et cuire à intensité élevée de 2 à 3 heures ou jusqu'à ce que les fruits soient tendres et gonflés (remuer deux fois).

➜ Ajouter le brandy. Retirer le récipient intérieur en grès de la mijoteuse, couvrir et laisser refroidir. (Vous pouvez préparer la compote à l'avance, la laisser refroidir et la mettre dans des contenants hermétiques. Elle se conservera jusqu'à 4 jours au réfrigérateur.)

PAR PORTION de 1/2 t (125 ml): cal.: 187; prot.: 2 g; m.g.: 1 g (traces sat.); chol.: aucun; gluc.: 48 g; fibres: 5 g; sodium: 13 mg.

Pouding aux petits fruits à l'ancienne

Préparé avec des petits fruits surgelés ou un mélange de fruits congelés maison, ce pouding exquis peut se servir toute l'année.

Garniture aux petits fruits					
4 t	mélange de petits fruits surgelés	1 L	1/4 t	sucre	60 ml
			4 c. à thé	poudre à pâte	20 ml
1/4 t	sucre	60 ml	1/2 c. à thé	bicarbonate de sodium	2 ml
1 c. à tab	farine	15 ml	1/4 c. à thé	sel	1 ml
1 c. à tab	jus de citron	15 ml	1/3 t	beurre froid, coupé en cubes	80 ml
Pâte au babeurre			1/2 t	babeurre	125 ml
1 1/2 t	farine	375 ml			

Préparation de la garniture

➔ Beurrer le fond et la paroi du récipient intérieur en grès de la mijoteuse. Ajouter les petits fruits, le sucre, la farine et le jus de citron et mélanger délicatement pour enrober les petits fruits. Réserver.

Préparation de la pâte

➔ Dans un grand bol, mélanger la farine, le sucre, la poudre à pâte, le bicarbonate de sodium et le sel. Ajouter le beurre et, à l'aide d'un coupe-pâte ou de deux couteaux, travailler la préparation jusqu'à ce qu'elle ait la texture d'une chapelure grossière. Ajouter le babeurre d'un seul coup et mélanger à l'aide d'une fourchette jusqu'à ce que la pâte soit souple et légèrement collante. Avec les mains farinées, façonner la pâte en boule.

➔ Sur une surface légèrement farinée, pétrir la pâte une dizaine de fois ou jusqu'à ce qu'elle soit lisse. Aplatir la pâte en un cercle ou un ovale de 8 po (20 cm) de diamètre, selon les dimensions du récipient intérieur de la mijoteuse. Couper l'abaisse en huit pointes et les disposer sur la garniture aux petits fruits réservée.

➔ Couvrir et cuire à intensité élevée pendant 3 heures ou jusqu'à ce que le dessous de la pâte soit cuit. Retirer le récipient intérieur de la mijoteuse et laisser refroidir à découvert pendant 1 heure avant de servir.

PAR PORTION: cal.: 253; prot.: 4 g; m.g.: 9 g (5 g sat.); chol.: 22 mg; gluc.: 42 g; fibres: 3 g; sodium: 371 mg.

Pouding au pain et aux abricots

Il n'y a pas si longtemps, le pouding au pain était un bon moyen de passer les restes de pain. Aujourd'hui, on le prépare même avec du pain frais coupé en tranches qu'on laisse sécher environ 8 heures. On sert ce dessert avec de la crème ou nappé d'une crème anglaise pour une version plus raffinée (voir recette, ci-dessous).

↓
8 portions
↓
Préparation:
15 min
↓
Repos:
30 min
↓
Cuisson:
3 h

12 t	cubes de pain aux oeufs rassis (1 pain)	3 L		1 t	lait	250 ml
1 1/2 t	abricots séchés hachés grossièrement	375 ml		3/4 t	sucre	180 ml
				1 c. à thé	vanille	5 ml
6	oeufs	6		1/2 t	amandes en tranches, grillées	125 ml
2	boîtes de lait évaporé (385 ml chacune)	2				

❧
Truc cuisine
❧

Pour éviter que ce genre de pouding ne colle dans la mijoteuse, il faut beurrer généreusement le récipient intérieur en grès: 2 c. à tab (30 ml) de beurre devrait suffire.

→ Beurrer généreusement le fond et la paroi du récipient intérieur en grès de la mijoteuse. Ajouter les cubes de pain et les abricots. Dans un grand bol, à l'aide d'un fouet, battre les oeufs avec le lait évaporé, le lait, le sucre et la vanille. Verser le mélange d'oeufs sur le pain et laisser reposer pendant 30 minutes. Bien mélanger pour imbiber uniformément le pain.

→ Couvrir et cuire à faible intensité de 3 à 4 heures ou jusqu'à ce que le pouding soit ferme et qu'un couteau inséré au centre en ressorte propre. Au moment de servir, parsemer des amandes.

PAR PORTION: cal.: 565; prot.: 20 g; m.g.: 22 g (9 g sat.); chol.: 208 mg; gluc.: 75 g; fibres: 4 g; sodium: 468 mg.

UNE SAUCE QUI FAIT LA DIFFÉRENCE

Peu importe son nom, crème anglaise ou sauce pour pouding, cette sauce rehaussera délicieusement les poudings au pain, comme celui-ci, et les Poires pochées aux cinq épices (voir recette, p. 247). En plus, elle se prépare en un clin d'oeil sur la cuisinière pendant que le dessert cuit à la mijoteuse. On peut aussi facilement doubler les quantités.

→ Dans un bol à l'épreuve de la chaleur, à l'aide d'un fouet, battre 3 jaunes d'oeufs, 1/4 t (60 ml) de sucre et 1/2 c. à thé (2 ml) de fécule de maïs jusqu'à ce que le mélange soit lisse. Incorporer 1 1/4 t (310 ml) de crème à 10 % ou 15 % en fouettant. Déposer le bol sur une casserole d'eau chaude mais non bouillante et cuire, en brassant, pendant environ 6 minutes ou jusqu'à ce que la sauce ait suffisamment épaissi pour napper le dos d'une cuillère.

→ Retirer la casserole du feu. Ajouter 1 c. à thé (5 ml) de vanille et mélanger. Dans une passoire fine placée sur un petit pichet ou un bol, filtrer la crème anglaise. (Vous pouvez préparer la crème anglaise à l'avance et couvrir directement sa surface d'une pellicule de plastique. Elle se conservera jusqu'à 2 jours au réfrigérateur. Servir froid ou réchauffer dans un bol à l'épreuve de la chaleur placé sur une casserole d'eau chaude mais non bouillante.) Donne environ 1 1/2 t (375 ml).

Pouding au riz

Le riz arborio (riz italien à grain rond) donne une consistance crémeuse à ce pouding. Pour une touche épicée, râper un peu de cannelle en bâton sur le pouding.

5 t	lait à 3,25 %	1,25 L	1 c. à thé	vanille	5 ml
1 t	riz arborio	250 ml	1	pincée de cannelle moulue	1
2/3 t	sucre	160 ml	1	pincée de sel	1
2 c. à thé	zeste de citron râpé	10 ml			

↓
4 à 6 portions
↓
Préparation:
10 min
↓
Cuisson:
4 h
↓
Repos:
20 min

→ Dans la mijoteuse, mélanger tous les ingrédients. Couvrir et cuire à faible intensité de 4 à 4 1/2 heures ou jusqu'à ce que le riz soit tendre et que la préparation soit crémeuse (remuer de temps à autre).

→ Retirer le récipient intérieur en grès de la mijoteuse. Laisser refroidir le pouding pendant 20 minutes (remuer souvent). Servir chaud ou le réfrigérer jusqu'à ce qu'il soit froid. (Vous pouvez préparer le pouding au riz à l'avance, le laisser refroidir et le mettre dans un contenant hermétique. Il se conservera jusqu'à 3 jours au réfrigérateur. Au besoin, ajouter du lait pour éclaircir le pouding.)

PAR PORTION: cal.: 331; prot.: 9 g; m.g.: 7 g (4 g sat.); chol.: 28 mg; gluc.: 58 g; fibres: traces; sodium: 100 mg.

Truc cuisine

Le pouding au riz est rehaussé ici de cannelle, mais on pourrait aussi le garnir de fruits frais. À essayer: bleuets, framboises, mûres ou fraises coupées en tranches. Des quartiers d'orange ou des morceaux d'ananas seront aussi délicieux. Sinon, un simple filet de sirop d'érable fera l'affaire.

6 à 8 portions

Préparation: 25 min

Cuisson: 3 h

Repos: 1 h

Gâteau-pouding aux bleuets

Après la cuisson, la garniture aux bleuets peut paraître liquide, mais elle épaissira en refroidissant. C'est pourquoi on conseille de laisser reposer tous les gâteaux-poudings (il y en a un bel éventail dans ce chapitre) quelques minutes, voire jusqu'à 1 heure, avant de servir.

Garniture aux bleuets					
4 t	bleuets surgelés	1 L	1 c. à thé	zeste de citron râpé	5 ml
1/2 t	sucre	125 ml	1/2 c. à thé	vanille	2 ml
4 c. à thé	fécule de maïs	20 ml	1 1/4 t	farine	310 ml
Pâte à pouding			1 1/2 c. à thé	poudre à pâte	7 ml
1/2 t	beurre ramolli	125 ml	1	pincée de sel	1
3/4 t + 1/4 t	sucre	240 ml	1/2 t	lait	125 ml
			3/4 t	eau	180 ml
2	oeufs	2	1/4 t	jus de citron	60 ml

Préparation de la garniture

➔ Beurrer le fond et la paroi du récipient intérieur en grès de la mijoteuse. Ajouter les bleuets, le sucre et la fécule de maïs et mélanger pour enrober les bleuets. Réserver.

Préparation de la pâte

➔ Dans un grand bol, à l'aide d'un batteur électrique, battre le beurre et 3/4 t (180 ml) du sucre jusqu'à ce que le mélange soit léger. Ajouter les oeufs un à un, en battant bien après chaque addition. Incorporer le zeste de citron et la vanille en battant. Dans un autre bol, mélanger la farine, la poudre à pâte et le sel. À l'aide d'une cuillère de bois, incorporer les ingrédients secs au mélange de beurre en trois fois, en alternant deux fois avec le lait, jusqu'à ce que la pâte soit homogène. Étendre uniformément la pâte sur la garniture aux bleuets réservée et lisser le dessus.

➔ Dans une petite casserole, mélanger l'eau, le jus de citron et le reste du sucre. Porter à ébullition en brassant jusqu'à ce que le sucre soit dissous. Verser ce mélange sur la pâte (ne pas mélanger). Couvrir et cuire à intensité élevée pendant 3 heures ou jusqu'à ce qu'un cure-dents inséré au centre du pouding en ressorte propre. Retirer le récipient intérieur de la mijoteuse. Laisser refroidir à découvert pendant 1 heure avant de servir.

PAR PORTION: cal.: 392; prot.: 5 g; m.g.: 14 g (8 g sat.); chol.: 78 mg; gluc.: 65 g; fibres: 3 g; sodium: 162 mg.

Gâteau-pouding épicé aux pommes

Les gâteaux-poudings nous font craquer parce qu'ils sont composés d'une savoureuse garniture de fruits au fond et d'un gâteau moelleux sur le dessus. Ce dessert toujours réconfortant et parfait pour les brunchs d'automne ou d'hiver se prépare avec des pommes Délicieuse jaunes, Cortland ou McIntosh.

↓
8 portions
↓
Préparation:
25 min
↓
Cuisson:
2 h
↓
Repos:
20 min

Garniture aux pommes		
7 t	pommes pelées, le coeur enlevé, coupées en tranches épaisses (environ 2 lb/1 kg ou 7 pommes en tout)	1,75 L
2 c. à tab	jus de citron	30 ml
1/2 t	cassonade tassée	125 ml
Pâte à pouding		
1/2 t	beurre ramolli	125 ml
1 1/4 t	cassonade tassée	310 ml
1	oeuf	1
1 c. à thé	vanille	5 ml

1 1/3 t	farine	330 ml
1 1/2 c. à thé	poudre à pâte	7 ml
1 c. à thé	cannelle moulue	5 ml
1/2 c. à thé	noix de muscade râpée	2 ml
1/4 c. à thé	sel	1 ml
1/4 c. à thé	clou de girofle moulu	1 ml
3/4 t	lait	180 ml
1 1/4 t	jus de pomme à l'ancienne (de type Tradition)	310 ml
4 c. à thé	fécule de maïs	20 ml

❖
Truc cuisine
❖

Pour verser la sauce chaude uniformément sur la pâte à pouding, la laisser couler sur le dos d'une grosse cuillère placée au centre du pouding. De cette façon, on évite de trouer la pâte et la sauce s'étale également.

Préparation de la garniture

→ Beurrer le fond et la paroi du récipient intérieur en grès de la mijoteuse. Ajouter les pommes et les arroser du jus de citron. Couvrir de la cassonade et mélanger pour bien enrober les pommes. Presser délicatement la préparation pour l'égaliser. Réserver.

Préparation de la pâte

→ Dans un grand bol, à l'aide d'un batteur électrique, battre le beurre et la cassonade jusqu'à ce que le mélange soit léger. Ajouter l'oeuf et la vanille en battant. Dans un autre bol, mélanger la farine, la poudre à pâte, la cannelle, la muscade, le sel et le clou de girofle. À l'aide d'une cuillère de bois, incorporer les ingrédients secs au mélange de beurre en trois fois, en alternant deux fois avec le lait, jusqu'à ce que la pâte soit homogène. Étendre uniformément la pâte sur la garniture aux pommes réservée et lisser le dessus.

→ Dans une petite casserole ou une tasse à mesurer en verre, à l'aide d'un fouet, mélanger le jus de pomme et la fécule de maïs. Porter à ébullition sur la cuisinière ou au micro-ondes en remuant délicatement de temps à autre jusqu'à ce que la sauce ait épaissi légèrement. Verser la sauce sur la pâte (ne pas mélanger). Couvrir et cuire à intensité élevée de 2 à 3 heures ou jusqu'à ce qu'un cure-dents inséré au centre du pouding en ressorte propre et que les pommes soient tendres. Retirer le récipient intérieur de la mijoteuse. Laisser refroidir pendant 20 minutes avant de servir.

PAR PORTION: cal.: 454; prot.: 4 g; m.g.: 13 g (8 g sat.); chol.: 56 mg; gluc.: 84 g; fibres: 2 g; sodium: 249 mg.

Gâteau-pouding aux dattes, sauce au caramel

12 portions
↓
Préparation:
30 min
↓
Repos:
20 min
↓
Cuisson:
2 h 10 min

Gâteau-pouding

2 1/2 t	dattes dénoyautées, hachées	625 ml
1 1/2 t	eau	375 ml
1 c. à tab	zeste d'orange râpé grossièrement	15 ml
1 1/2 c. à thé	bicarbonate de sodium	7 ml
3/4 t	beurre ramolli	180 ml
3/4 t	cassonade tassée	180 ml
3	oeufs	3
2 c. à thé	vanille	10 ml
2 1/2 t	farine	625 ml
2 c. à thé	poudre à pâte	10 ml
1/2 c. à thé	sel	2 ml

Sauce au caramel

3/4 t	beurre	180 ml
1 1/4 t	cassonade tassée	310 ml
1 t	crème à 35 %	250 ml
1/4 t	rhum brun ou brandy (facultatif)	60 ml
2 c. à thé	vanille	10 ml

Préparation du gâteau-pouding

➔ Beurrer le fond et la paroi du récipient intérieur en grès de la mijoteuse. Dans une casserole, mélanger les dattes, l'eau et le zeste d'orange. Porter à ébullition, réduire le feu et laisser mijoter pendant 3 minutes ou jusqu'à ce que la préparation ait épaissi et que les dattes aient ramolli. Ajouter le bicarbonate de sodium et mélanger. Laisser refroidir la préparation pendant environ 20 minutes.

➔ Dans un grand bol, à l'aide d'un batteur électrique, battre le beurre et la cassonade jusqu'à ce que le mélange soit léger. Ajouter les oeufs un à un, en battant bien après chaque addition. Incorporer la vanille en battant. Dans un autre bol, mélanger la farine, la poudre à pâte et le sel. Parsemer la moitié des ingrédients secs sur le mélange de beurre et mélanger délicatement à l'aide d'une cuillère de bois. Incorporer la préparation de dattes refroidie, puis le reste des ingrédients secs jusqu'à ce que la pâte soit homogène. Verser la pâte dans la mijoteuse et lisser le dessus. Couvrir et cuire à faible intensité de 2 à 2 1/2 heures ou jusqu'à ce que le dessus du pouding soit ferme et qu'un cure-dents inséré au centre en ressorte propre.

Préparation de la sauce

➔ Entre-temps, dans une casserole, faire fondre le beurre à feu moyen. Ajouter la cassonade et cuire en brassant jusqu'à ce qu'elle soit dissoute. Ajouter la crème et porter au point d'ébullition. Réduire le feu et laisser mijoter, en brassant de temps à autre, pendant 5 minutes ou jusqu'à ce que la sauce ait légèrement épaissi. Ajouter le rhum, si désiré, et la vanille et mélanger. Réserver au chaud.

➔ À l'aide d'une brochette, faire environ 25 petits trous à la surface du pouding et l'arroser d'environ 1/2 t (125 ml) de la sauce. Servir le pouding avec le reste de la sauce.

PAR PORTION: cal.: 624; prot.: 6 g; m.g.: 32 g (19 g sat.); chol.: 133 mg; gluc.: 84 g; fibres: 4 g; sodium: 506 mg.

Gâteau-pouding au chocolat et au beurre d'arachides

Impossible de ne pas succomber à ce dessert gourmand hyper facile à préparer.
Si désiré, remplacer le beurre d'arachides par d'autres beurres de noix.

↓
4 à 6 portions
↓
Préparation:
20 min
↓
Cuisson:
2 h
↓
Repos:
10 min

3/4 t	farine	180 ml		1/3 t	lait	80 ml
1/3 t	sucre	80 ml		3/4 t	cassonade tassée	180 ml
1 c. à thé	poudre à pâte	5 ml		1/4 t	poudre de cacao	60 ml
1	oeuf	1		1 t	eau bouillante	250 ml
3 c. à tab	beurre d'arachides naturel	45 ml				

→ Beurrer le fond et la paroi du récipient intérieur en grès de la mijoteuse. Dans un grand bol, mélanger la farine, le sucre et la poudre à pâte. Dans un autre bol, à l'aide d'un fouet, mélanger l'oeuf, le beurre d'arachides et le lait jusqu'à ce que la préparation soit lisse. Verser la préparation sur les ingrédients secs et mélanger à l'aide d'une cuillère de bois jusqu'à ce que la pâte soit homogène. Verser la pâte dans la mijoteuse et lisser le dessus.

→ Dans un bol à l'épreuve de la chaleur, à l'aide du fouet, mélanger la cassonade et la poudre de cacao. Ajouter l'eau bouillante en fouettant jusqu'à ce que la sauce soit lisse. Verser la sauce sur la pâte (ne pas mélanger). Couvrir et cuire à intensité élevée pendant 2 heures ou jusqu'à ce que le pouding soit ferme au toucher. Retirer le récipient intérieur de la mijoteuse. Laisser refroidir pendant 10 minutes avant de servir.

PAR PORTION: cal.: 281; prot.: 6 g; m.g.: 6 g (1 g sat.); chol.: 32 mg; gluc.: 54 g; fibres: 2 g; sodium: 81 mg.

LA MESURE PARFAITE

Ingrédients secs (sucre granulé, farines tout usage et de blé entier ou farine complète)

● Utiliser des mesures pour ingrédients secs. En métal ou en plastique, elles viennent habituellement en jeu de quatre formats qui s'emboîtent.

● À l'aide d'une cuillère, remplir la tasse à mesurer de l'ingrédient sec, sans tasser, jusqu'à ce que le contenu déborde légèrement. Avec le côté plat d'un couteau, laisser tomber l'excédent dans le sac ou le contenant.

● Tamiser la farine à gâteau et à pâtisserie avant de la mesurer.

● Utiliser aussi les mesures pour ingrédients secs pour le yogourt, la crème sure, le fromage cottage, la confiture et le beurre d'arachides.

Ingrédients liquides

● Utiliser une tasse à mesurer pour ingrédients liquides: généralement en verre, elle est graduée et munie d'un bec verseur pratique.

● Pour s'assurer que la quantité d'ingrédients est bonne, poser la tasse sur le comptoir et vérifier la mesure à la hauteur des yeux.

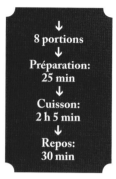

Gâteau-pouding au chocolat décadent

Les gourmands serviront ce dessert avec une boule de crème glacée au dulce de leche, tendance et différente, ou à la vanille classique, toujours gagnante.

1 3/4 t	cassonade tassée	430 ml	2/3 t	lait	160 ml
1 t	farine	250 ml	1/4 t	beurre fondu	60 ml
1/2 t	poudre de cacao	125 ml	2 c. à thé	vanille	10 ml
2 c. à thé	poudre à pâte	10 ml	2 t	eau	500 ml
1/4 c. à thé	sel	1 ml	2 c. à thé	fécule de maïs	10 ml
1	oeuf	1			

→ Beurrer le fond et la paroi du récipient intérieur en grès de la mijoteuse. Dans une passoire fine placée sur un grand bol, tamiser 1 t (250 ml) de la cassonade, la farine, 1/4 t (60 ml) de la poudre de cacao, la poudre à pâte et le sel. Bien mélanger.

→ Dans un autre bol, à l'aide d'un fouet, battre l'oeuf, le lait, le beurre fondu et la vanille. Verser le mélange de lait sur les ingrédients secs et mélanger à l'aide d'une cuillère de bois jusqu'à ce que la pâte soit homogène. Verser la pâte dans la mijoteuse et lisser le dessus.

→ Dans une casserole, à l'aide du fouet, mélanger l'eau, le reste de la cassonade et de la poudre de cacao et la fécule de maïs. Porter à ébullition et laisser bouillir, en fouettant souvent, pendant environ 3 minutes ou jusqu'à ce que la sauce ait légèrement épaissi. Verser la sauce sur la pâte (ne pas mélanger). Couvrir et cuire à intensité élevée pendant 2 heures ou jusqu'à ce qu'un cure-dents inséré au centre du pouding en ressorte propre et que la sauce soit bouillonnante sur le pourtour. Retirer le récipient intérieur de la mijoteuse. Laisser reposer pendant environ 30 minutes ou jusqu'à ce que la sauce ait légèrement épaissi et réduit.

PAR PORTION: cal.: 325; prot.: 4 g; m.g.: 8 g (5 g sat.); chol.: 40 mg; gluc.: 64 g; fibres: 2 g; sodium: 226 mg.

VARIANTE

Gâteau-pouding au chocolat et au café

Remplacer l'eau par du café noir liquide ou de l'espresso instantané.

Fondue au chocolat

C'est le dessert convivial par excellence. Il suffit de mettre la fondue au centre de la table ou du buffet pour que tout le monde se retrouve sans façon. Toujours un délice avec des fraises, des morceaux d'ananas, de kiwis, de poires, de pommes ou de bananes. Pour sortir des sentiers battus, y piquer des cubes de gâteau, comme du quatre-quarts ou du pain aux bananes, ou de petits biscuits, comme des amaretti ou des macarons.

12 portions

↓

Préparation:
20 min

↓

Cuisson:
1 h

1 t	crème à 35 %	250 ml	2 c. à tab	brandy, rhum ou liqueur d'amande (de type Amaretto)	30 ml
9 oz	chocolat mi-amer haché finement	270 g			
6 oz	chocolat au lait haché finement	180 g			

→ Dans la mijoteuse, mélanger la crème et les chocolats mi-amer et au lait. Couvrir et cuire à faible intensité de 1 à 1 1/2 heure ou jusqu'à ce que le chocolat ait fondu et que la préparation soit lisse (la fouetter plusieurs fois). Ajouter le brandy et mélanger. Régler la mijoteuse sur la fonction maintien au chaud (*warm*) et servir dans un délai d'environ 1 heure.

PAR PORTION: cal.: 259; prot.: 3 g; m.g.: 19 g (12 g sat.); chol.: 29 mg; gluc.: 20 g; fibres: 3 g; sodium: 19 mg.

VARIANTE
Fondue au chocolat et au nougat
Réduire la quantité de chocolat mi-amer à 3 oz (90 g). Omettre le chocolat au lait.
Ajouter 12 oz (375 g) de chocolat au nougat (de type Toblerone), haché finement.

❖

Truc cuisine

❖

Pour accélérer la préparation de la fondue, porter la crème à ébullition dans une petite casserole et la verser sur le chocolat dans la mijoteuse. Régler la mijoteuse à faible intensité et brasser à l'aide d'un fouet jusqu'à ce que le chocolat ait fondu. Régler la mijoteuse sur la fonction maintien au chaud (*warm*) et servir la fondue dans un délai d'environ 1 heure.

quelques substitutions

S'il nous manque un aliment pour réaliser un plat, ces substitutions peuvent nous dépanner.
Évidemment, il n'est pas recommandé de remplacer l'un des ingrédients principaux d'une recette.

Au lieu de...	*on utilise...*
poireaux ou oignons verts	des oignons jaunes ou blancs.
oignons perlés	1 petit oignon jaune, coupé en quatre ou six morceaux (ne pas couper la base pour qu'il ne se défasse pas).
ciboulette	la partie verte d'un oignon vert.
poivron rouge, jaune ou orange	l'un ou l'autre; ces couleurs sont interchangeables en ce qui concerne la saveur. On garde les poivrons verts pour un ajout en fin de cuisson ou comme garniture. Pour varier et rehausser les saveurs, essayer les piments doux cubanelle, shepherd ou banane.
maïs en grains surgelé	du maïs en conserve ou du maïs frais (augmenter le temps de cuisson de 10 minutes).
petits pois frais	des petits pois surgelés.
haricots, pois chiches, lentilles	l'un ou l'autre; sèches ou en conserve, les légumineuses sont interchangeables.
orge perlé	de l'orge mondé.
fines herbes fraîches	des fines herbes séchées (utiliser le tiers de la quantité).
bouillon de poulet ou fumet de poisson	du bouillon de légumes réduit en sodium ou maison (voir recette, p. 54).
bouillon de poulet ou de boeuf maison	du bouillon du commerce prêt à utiliser, condensé, en poudre ou en cube, idéalement réduit en sodium. Si on utilise la variété ordinaire, on réduit la quantité de sel de la recette et on ajuste l'assaisonnement au moment de servir.
fécule de maïs	le double de la quantité de farine.
vinaigre de vin (blanc ou rouge)	du vinaigre de cidre ou du jus de citron; les vinaigres de vin sont habituellement interchangeables.
vin • jusqu'à 1/2 t (125 ml) • plus de 1/2 t (125 ml)	du bouillon. 1 c. à tab (15 ml) de vinaigre de vin mélangé à une quantité suffisante de bouillon pour obtenir 1 t (250 ml) de liquide. Réduire la quantité de sel de la recette et assaisonner le plat au moment de servir.
sauce soja ordinaire	de la sauce soja réduite en sodium.
épaule de boeuf ou de porc désossée	la même quantité d'épaule de boeuf ou de porc non désossée ou d'autres coupes provenant de l'épaule.
pâtes courtes, pâtes longues	l'une ou l'autre. Les variétés larges et épaisses nécessiteront une cuisson légèrement plus longue.
1/2 t (125 ml) de sauce tomate	1/4 t (60 ml) chacune de pâte de tomate et d'eau.
1 t (250 ml) de sucre	1 t (250 ml) de cassonade. Les cassonades foncée et dorée sont interchangeables; la version foncée a un goût de mélasse plus prononcé.
1 c. à thé (5 ml) de moutarde sèche	1 c. à tab (15 ml) de moutarde de Dijon.

index

A

Abricots (séchés)

Compote de fruits séchés au brandy 249

Pommes farcies, sauce au beurre 244

Porc aux fruits séchés 171

Pouding au pain et aux abricots 252

Agneau

Casserole d'agneau à la grecque 99

Jarrets d'agneau au fenouil
et aux haricots blancs 181

Jarrets d'agneau braisés à l'italienne 179

Jarrets d'agneau braisés
à la provençale 182

Pâté chinois traditionnel 207

Ragoût d'agneau
à la courge et à la menthe 100

Ragoût d'agneau
aux haricots de Lima 103

Rôti d'agneau et haricots verts,
sauce balsamique 178

Ail

Ail rôti 236

Pommes de terre à l'ail 231

Poulet aux 40 gousses d'ail 104

Poulet braisé au citron, au fenouil
et à l'ail, sauce au citron 119

Ragoût de boeuf à l'ail rôti
et aux légumes 71

Tartinade aux haricots blancs
et à l'ail rôti 20

Amandes

Amandes au tamari 17

Casserole de poulet à l'espagnole 114

Pot-au-feu à l'espagnole 146

Pouding au pain et aux abricots 252

Riz sauvage aux noix 234

Ananas

Tacos au porc effiloché à l'ananas 170

Arachides et beurre d'arachides

Cari aux légumes
et au tofu à la thaïe 130

Gâteau-pouding au chocolat
et au beurre d'arachides 259

Hauts de cuisses de poulet, sauce
crémeuse au beurre d'arachides 117

Méli-mélo de céréales et d'arachides
au cari 16

Poulet à l'indonésienne,
sauce au beurre d'arachides 124

Aubergines

Cari aux légumes
et au tofu à la thaïe 130

Cari aux légumes et aux oeufs durs 128

Casserole de moules, de poisson
et de saucisses 126

Poulet au cari vert à la thaïe 121

Ratatouille aux pois chiches 134

Sauce à l'aubergine et aux saucisses 188

Avocats

Chili aux haricots noirs,
salsa à l'avocat 131

B

Bacon

Boeuf à la bière 78

Boeuf bourguignon 69

Boeuf braisé au vin rouge 76

Chili au porc et aux haricots noirs 95

Choucroute traditionnelle 175

Cigares au chou 206

Fèves au lard 212

Pain de viande au boeuf 177

Pot-au-feu à la jamaïcaine 77

Soupe aux haricots rouges
et au bacon 35

Betteraves

Betteraves glacées à l'orange 220

Betteraves rôties au thym 220

Bortsch aux légumes 49

Bière

Boeuf à la bière 78

Poitrine de boeuf braisée à la bière 153

Bifteck à la cajun 158

Bifteck aux fines herbes
et aux oignons 160

Boeuf

Bifteck à la cajun 158

Bifteck aux fines herbes
et aux oignons 160

Boeuf à la bière 78

Boeuf à la cubaine 157

Boeuf bourguignon 69

Boeuf braisé à la chinoise 72

Boeuf braisé au vin rouge 76

Boeuf effiloché 165

Boeuf haché à l'espagnole 84

Boeuf salé 156

Boulettes de boeuf à la grecque,
sauce aux tomates 199

Boulettes de viande au gingembre 198

Casserole de saucisses
aux champignons 85

Chili au boeuf à la mexicaine 140

Chili au boeuf et aux pois chiches 83

Chili au boeuf
et aux saucisses italiennes 143

Côtes levées de boeuf,
sauce au vin rouge 162

Côtes levées de boeuf,
sauce barbecue 161

Pain de viande à l'italienne 177

Pain de viande au boeuf 177

Pâté chinois traditionnel 207

Poitrine de boeuf au vin rouge 155

Poitrine de boeuf braisée à la bière 153

Pot-au-feu à l'espagnole 146

Pot-au-feu à la jamaïcaine 77

Pot-au-feu traditionnel 149

Ragoût à la grecque 73

Ragoût de boeuf à l'ail rôti
et aux légumes 71

Ragoût de boeuf à l'américaine 75

Ragoût de boeuf à l'ancienne 79

Ragoût de boeuf au paprika 93

Rôti de boeuf aux champignons 150

Rôti de boeuf aux panais
et aux navets 152

Rôti de boeuf braisé au gingembre 148

Sauce à spaghetti aux tomates
et aux fines herbes 187

Sauce au boeuf braisé et au romarin 190

Sauce bolognaise 186

Soupe aux champignons et à l'orge 31

Soupe aux légumes, au boeuf haché
et au riz 30

Spaghettis, sauce aux boulettes
de viande 202

Tacos au boeuf haché 132

Boisson chaude à la pomme
et à la grenade 25

Boisson chaude à la tomate et au céleri 25

Bortsch aux légumes 49

Bouchées de noix au miel et à la cannelle ... 17

Bouillon de dindon 63

Bouillon de poulet maison 64

Boulettes de boeuf à la grecque,
sauce aux tomates 199

Boulettes de viande à la suédoise 201

Boulettes de viande au gingembre 198

C

Canneberges (fruit et jus)
Compote de fruits séchés au brandy 249

Pommes farcies, sauce au beurre 244

Salade de riz sauvage 234

Thé chaud à la canneberge 22

Vin rouge chaud à la canneberge 21

Cari aux légumes et au tofu à la thaïe 130

Cari aux légumes et aux oeufs durs 128

Cari de poulet 111

Carottes
Carottes à la marocaine 225

Carottes au gingembre et au citron 225

Carottes et panais glacés à l'érable
et à la moutarde 223

Casserole de légumes d'hiver 231

Potage aux carottes 51

Potage aux poireaux et aux carottes 48

Ragoût de boeuf à l'ancienne 79

Casserole d'agneau à la grecque 99

Casserole de courge au maïs
et aux haricots de Lima 238

Casserole de haricots noirs aux saucisses ... 214

Casserole de légumes d'hiver 231

Casserole de moules, de poisson
et de saucisses 126

Casserole de porc aux légumes et au citron .. 89

Casserole de porc aux oignons perlés 88

Casserole de poulet à l'espagnole 114

Casserole de saucisses aux champignons ... 85

Casserole de saucisses aux tomates 96

Casserole de veau aux champignons 82

Cerises (séchées)
Compote de fruits séchés au brandy 249

Pommes farcies, sauce au beurre 244

Champignons
Boeuf bourguignon 69

Boeuf braisé au vin rouge 76

Bouillon de dindon 63

Boulettes de viande à la suédoise 201

Casserole de saucisses
aux champignons 85

Casserole de veau aux champignons 82

Côtes levées de boeuf,
sauce au vin rouge 162

Lasagne aux épinards, sauce
aux tomates et aux champignons 204

Pâté chinois végétarien 207

Pilaf d'orge aux champignons 239

Poulet aux champignons 105

Poulet glacé au soja 120

Ragoût de porc aux oignons perlés
et aux champignons 98

Riz sauvage aux champignons 234

Rôti de boeuf aux champignons 150

Sauce à spaghetti aux tomates
et aux fines herbes 187

Sauce aux tomates
et aux champignons 191

Soupe au poulet et aux nouilles 39

Soupe aux champignons et à l'orge 31

Soupe aux champignons exotiques 56

Soupe aux épinards et aux raviolis 54

Tofu braisé à la chinoise 129

Chaudrée de crevettes et de poisson 41

Chili au boeuf à la mexicaine 140

Chili au boeuf et aux pois chiches 83

Chili au boeuf et aux saucisses italiennes ... 143

Chili au dindon et aux haricots noirs 125

Chili au porc et aux haricots noirs 95

Chili au poulet 122

Chili aux haricots noirs, salsa à l'avocat 131

Chili végétarien 141

Chocolat et cacao
Chocolat chaud classique 27

Fondue au chocolat 261

Fondue au chocolat et au nougat 261

Gâteau-pouding
au chocolat décadent 260

Gâteau-pouding au chocolat
et au beurre d'arachides 259

Gâteau-pouding au chocolat
et au café 260

Chou-fleur
Cari aux légumes et aux oeufs durs 128

Minestrone aux saucisses 38

Potage au chou-fleur 45

Purée de pommes de terre
au chou-fleur 228

Choux
Chou rouge braisé 227

Choucroute traditionnelle 175

Cigares au chou 206

Cigares au chou à l'orge
et aux tomates 209

Purée de pommes de terre au chou 228

Cigares au chou 206

Cigares au chou à l'orge
et aux tomates 209

Cœurs d'artichauts
Casserole d'agneau à la grecque 99

Casserole de porc aux légumes
et au citron 89

Trempette au fromage à la crème,
aux tomates séchées
et aux artichauts 14

Compote de fruits séchés au brandy 249

Compote de pommes 246

Compote de rhubarbe 248

Compote de rhubarbe et de fraises 248

Côtes levées de boeuf, sauce au vin rouge ... 162

Côtes levées de boeuf, sauce barbecue 161

Côtes levées de porc, sauce barbecue 173

Côtes levées, sauce à la moutarde
et au miel 173

Côtes levées, sauce aux haricots noirs 173

Courges
Casserole de courge au maïs
et aux haricots de Lima 238

Casserole de légumes d'hiver 231

Purée de courge épicée 226

Ragoût d'agneau à la courge
et à la menthe 100

Ragoût de porc au fenouil
et à la courge......................................91

Soupe à la courge et aux crevettes
à la thaïe..43

Soupe crémeuse à la courge,
coulis de poivrons rouges 53

Courgettes

Cari aux légumes et au tofu
à la thaïe..130

Chili au dindon et aux haricots noirs 125

Cigares au chou à l'orge
et aux tomates 209

Minestrone aux saucisses.......................38

Ratatouille aux pois chiches..................134

D

Dindon

Bouillon de dindon 63

Chili au dindon et aux haricots noirs 125

Sauce bolognaise 186

Soupe au dindon et aux nouilles.............39

Soupe aux boulettes de dindon...............40

Sous-marins aux boulettes
de dindon..203

E

Épinards

Lasagne aux épinards, sauce
aux tomates et aux champignons..........204

Soupe aux épinards et aux raviolis............54

Soupe aux lentilles citronnée 62

F

Fenouil

Jarrets d'agneau au fenouil
et aux haricots blancs..........................181

Poulet braisé au citron, au fenouil
et à l'ail, sauce au citron.....................119

Ragoût de porc au fenouil
et à la courge......................................91

Ragoût de porc aux tomates
et au fenouil.......................................87

Salade chaude de haricots
et de fenouil 241

Fèves au lard 212

Fèves végé 212

Filets de saumon aux poireaux braisés 183

Fondue au chocolat 261

Fondue au chocolat et au nougat 261

Fondue suisse 18

Fromage

Casserole d'agneau à la grecque.............99

Fondue suisse......................................18

Lasagne aux épinards, sauce
aux tomates et aux champignons..........204

Pain de viande à l'italienne 177

Ragoût à la grecque 73

Sauce consistante aux tomates..............191

Soupe à l'oignon, croûtons au gruyère.....44

Sous-marins aux boulettes
de dindon..203

Tacos végé 132

Tartinade aux haricots noirs
et au cheddar 20

Trempette au fromage à la crème,
aux tomates séchées
et aux artichauts 14

Fruits (voir nom du fruit)

G

Gâteau-pouding au chocolat décadent 260

Gâteau-pouding au chocolat
et au beurre d'arachides 259

Gâteau-pouding au chocolat et au café 260

Gâteau-pouding aux bleuets....................254

Gâteau-pouding aux dattes,
sauce au caramel 257

Gâteau-pouding épicé aux pommes.........256

Gingembre

Boeuf braisé à la chinoise 72

Boulettes de viande au gingembre 198

Carottes au gingembre et au citron........225

Casserole de porc aux oignons perlés.......88

Poires pochées aux cinq épices 247

Poulet au cari vert à la thaïe..................121

Poulet glacé au soja 120

Rôti de boeuf braisé au gingembre 148

Rôti de porc au cinq-épices 168

Soupe à la courge et aux crevettes
à la thaïe..43

Gombo au poulet et aux saucisses 106

H

Haricots aux pommes 210

Haricots blancs à l'espagnole............................211

Haricots secs (voir Légumineuses et Pois secs)

Haricots verts

Casserole de porc aux légumes
et au citron..89

Rôti d'agneau et haricots verts,
sauce balsamique.................................178

Soupe au poulet et aux nouilles 39

Hauts de cuisses de poulet, sauce
crémeuse au beurre d'arachides 117

J

Jambon à la mijoteuse............................171

Jarrets d'agneau au fenouil
et aux haricots blancs 181

Jarrets d'agneau braisés à l'italienne..........179

Jarrets d'agneau braisés à la provençale....182

L

Lait de coco

Cari aux légumes et au tofu
à la thaïe..130

Hauts de cuisses de poulet, sauce
crémeuse au beurre d'arachides 117

Poulet au cari vert à la thaïe..................121

Soupe à la courge et aux crevettes
à la thaïe..43

Lait et crème

Boulettes de viande à la suédoise...........201

Chaudrée de crevettes et de poisson 41

Chocolat chaud classique.......................27

Fondue au chocolat...............................261

Fondue au chocolat et au nougat 261

Gâteau-pouding
au chocolat décadent 260

Gâteau-pouding aux dattes,
sauce au caramel 257

Pommes de terre à la normande.............230

Potage au chou-fleur.............................45

Pouding au pain et aux abricots 252

Pouding au riz.....................................253

Lasagne aux épinards, sauce aux tomates
et aux champignons................................204

Légumineuses

Casserole de courge au maïs
et aux haricots de Lima.........................238

Casserole de haricots noirs
aux saucisses......................................214

Cassoulet au poulet et au porc..................139

Chili au boeuf à la mexicaine 140

Chili au boeuf et aux pois chiches............83

Chili au boeuf
et aux saucisses italiennes.......................143

Chili au dindon et aux haricots noirs 125

Chili au porc et aux haricots noirs 95

Chili aux haricots noirs,
salsa à l'avocat 131

Chili végétarien 141

Fèves au lard...212

Fèves végé 212

Haricots aux pommes 210

Haricots blancs à l'espagnole 211

Jarrets d'agneau au fenouil
et aux haricots blancs...............................181

Légumineuses cuites maison 213

Minestrone aux saucisses 38

Ragoût d'agneau aux haricots
de Lima...103

Ratatouille aux pois chiches.....................134

Riz aux haricots rouges..............................230

Salade chaude de haricots
et de fenouil 241

Sauce aux tomates et aux lentilles 196

Soupe à l'orge et aux lentilles....................61

Soupe aux haricots noirs et au chorizo....34

Soupe aux haricots rouges
et au bacon 35

Soupe aux lentilles citronnée 62

Soupe aux lentilles et aux pois chiches ...59

Soupe aux lentilles, aux pois chiches
et aux haricots à l'indienne 60

Soupe aux lentilles, aux pois chiches
et aux haricots à la mexicaine 60

Soupe aux pois 36

Tartinade aux haricots blancs
et à l'ail rôti 20

Tartinade aux haricots noirs
et au cheddar 20

Lentilles

Sauce aux tomates et aux lentilles 196

Soupe à l'orge et aux lentilles....................61

Soupe aux lentilles citronnée 62

Soupe aux lentilles et aux pois chiches ...59

Soupe aux lentilles, aux pois chiches
et aux haricots à l'indienne 60

Soupe aux lentilles, aux pois chiches
et aux haricots à la mexicaine 60

M

Maïs

Casserole de courge au maïs
et aux haricots de Lima..............................238

Chili au dindon et aux haricots noirs 125

Ragoût de boeuf à l'américaine 75

Soupe aux haricots noirs et au chorizo....34

Mélasse

Casserole de haricots noirs
aux saucisses 214

Fèves au lard...212

Sauce barbecue 216

Méli-mélo de céréales et d'arachides au cari ..16

Miel

Bouchées de noix au miel
et à la cannelle 17

Côtes levées, sauce à la moutarde
et au miel 173

Poulet à l'aigre-douce................................113

Minestrone aux saucisses 38

N

Noix

Amandes au tamari......................................17

Bouchées de noix au miel
et à la cannelle 17

Méli-mélo de céréales et d'arachides
au cari 16

Noix de Grenoble au sel et au poivre 17

Riz sauvage aux noix 234

Nouilles (voir Pâtes et nouilles)

O

Oeufs

Cari aux légumes et aux oeufs durs 128

Pouding au pain et aux abricots 252

Oignons

Bifteck aux fines herbes
et aux oignons 160

Boeuf à la bière 78

Boeuf bourguignon......................................69

Cari de poulet 111

Casserole de légumes d'hiver 231

Casserole de porc aux oignons perlés.......88

Oignons caramélisés 235

Oignons perlés à la sauce aigre-douce..233

Pot-au-feu traditionnel 149

Ragoût de boeuf à l'ancienne.....................79

Ragoût de porc aux oignons perlés
et aux champignons 98

Rôti de porc au cinq-épices 168

Rôti de porc aux oignons...........................163

Rôti de porc aux piments chilis...............166

Soupe à l'oignon, croûtons au gruyère.....44

Olives

Boeuf haché à l'espagnole..........................84

Casserole de poulet à l'espagnole...........114

Osso buco au vin blanc 80

Ragoût d'agneau aux haricots
de Lima 103

Ragoût de porc aux tomates
et au fenouil 87

Sauce puttanesca 193

Oranges et jus d'orange

Betteraves glacées à l'orange 220

Poulet à l'aigre-douce................................113

Orge

Cigares au chou à l'orge
et aux tomates 209

Pilaf d'orge aux champignons 239

Soupe à l'orge et aux lentilles....................61

Soupe aux champignons et à l'orge 31

Osso buco au vin blanc..................................80

P

Pain de viande à l'italienne 177

Pain de viande au boeuf.................................177

Panais

Carottes et panais glacés à l'érable
et à la moutarde 223

Casserole de légumes d'hiver 231

Ragoût de boeuf à l'ail rôti
et aux légumes...71

Ragoût de boeuf à l'ancienne.....................79

Rôti de boeuf aux panais
et aux navets 152

Pancetta (voir Bacon)

Patates douces

Casserole de porc aux légumes
et au citron 89

Potage aux patates douces rôties 52

Pot-au-feu à la jamaïcaine 77

Purée de patates douces 226

Pâté chinois traditionnel................................207

Pâté chinois végétarien..................................207

Pâtes et nouilles

Lasagne aux épinards, sauce
aux tomates et aux champignons..........204

Minestrone aux saucisses.......................38

Soupe au dindon et aux nouilles...............39

Soupe au poulet et aux nouilles...............39

Soupe aux boulettes de dindon.................40

Soupe aux épinards et aux raviolis...........54

Spaghettis, sauce aux boulettes
de viande..202

Pilaf d'orge aux champignons.....................239

Plats végé

Cari aux légumes et au tofu
à la thaïe..130

Cari aux légumes et aux oeufs durs......128

Casserole de courge au maïs
et aux haricots de Lima.......................238

Chili aux haricots noirs,
salsa à l'avocat................................131

Chili végétarien..................................141

Cigares au chou à l'orge
et aux tomates...................................209

Fèves végé..212

Haricots blancs à l'espagnole.................211

Lasagne aux épinards, sauce
aux tomates et aux champignons..........204

Pâté chinois végétarien..........................207

Pilaf d'orge aux champignons..................239

Ratatouille aux pois chiches....................134

Riz aux haricots rouges........................230

Salade chaude de haricots
et de fenouil.....................................241

Sauce aux tomates et aux lentilles........196

Soupe à l'orge et aux lentilles...............61

Soupe aux lentilles citronnée.................62

Soupe aux lentilles, aux pois chiches
et aux haricots à l'indienne..................60

Soupe aux lentilles, aux pois chiches
et aux haricots à la mexicaine..............60

Soupe crémeuse à la courge,
coulis de poivrons rouges....................53

Tacos végé.......................................132

Tofu braisé à la chinoise......................129

Poireaux

Casserole de veau aux champignons.......82

Chaudrée de crevettes et de poisson........41

Filets de saumon
aux poireaux braisés..........................183

Potage aux poireaux et aux carottes.......48

Poires pochées aux cinq épices.................247

Pois chiches (voir aussi Légumineuses)

Chili au boeuf et aux pois chiches.............83

Chili végétarien..................................141

Ragoût d'agneau à la courge
et à la menthe...................................100

Ratatouille aux pois chiches....................134

Soupe aux lentilles
et aux pois chiches.............................59

Soupe aux lentilles, aux pois chiches
et aux haricots à l'indienne..................60

Soupe aux lentilles, aux pois chiches
et aux haricots à la mexicaine..............60

Pois secs (voir aussi Légumineuses)

Soupe aux pois..................................36

Poissons et fruits de mer

Casserole de moules, de poisson
et de saucisses.................................126

Chaudrée de crevettes et de poisson........41

Filets de saumon
aux poireaux braisés..........................183

Soupe à la courge et aux crevettes
à la thaïe..43

Poitrine de boeuf au vin rouge..................155

Poitrine de boeuf braisée à la bière...........153

Poivrons

Potage aux tomates, au poivron grillé
et au piment chili................................57

Sauce aux tomates et aux poivrons
rouges grillés...................................195

Soupe crémeuse à la courge,
coulis de poivrons rouges....................53

Pommes de terre

Boeuf salé.......................................156

Bortsch aux légumes...........................49

Cari aux légumes et aux oeufs durs......128

Casserole de légumes d'hiver................231

Chaudrée de crevettes et de poisson........41

Pâté chinois végétarien........................207

Pommes de terre à l'ail.......................231

Pommes de terre à la normande.............230

Porc braisé aux pommes de terre
et au vin blanc...................................97

Potage au chou-fleur...........................45

Potage aux carottes............................51

Pot-au-feu traditionnel.........................149

Purée de pommes de terre au chou........228

Purée de pommes de terre
au chou-fleur...................................228

Purée de pommes de terre
et de céleri-rave................................228

Ragoût de boeuf à l'ail rôti
et aux légumes...................................71

Ragoût de boeuf à l'ancienne..................79

Ragoût de poulet aux boulettes
de pâte..116

Soupe aux champignons exotiques.........56

Soupe aux saucisses
et à la bette à carde...........................33

Soupe hongroise aux pommes
de terre...46

Pommes et jus de pomme

Boisson chaude à la pomme
et à la grenade..................................25

Chou rouge braisé..............................227

Choucroute traditionnelle......................175

Compote de fruits séchés au brandy.....249

Compote de pommes...........................246

Gâteau-pouding épicé aux pommes.....256

Haricots aux pommes..........................210

Pommes farcies, sauce au beurre.........244

Porc braisé aux pommes.......................167

Purée de rutabaga et de pomme.............222

Porc

Boulettes de viande à la suédoise...........201

Boulettes de viande au gingembre........198

Casserole de haricots noirs
aux saucisses...................................214

Casserole de porc aux légumes
et au citron.......................................89

Casserole de porc aux oignons perlés......88

Cassoulet au poulet et au porc...............139

Chili au porc et aux haricots noirs...........95

Choucroute traditionnelle......................175

Cigares au chou................................206

Côtes levées de porc, sauce barbecue....173

Côtes levées, sauce à la moutarde
et au miel..173

Côtes levées,
sauce aux haricots noirs......................173

Jambon à la mijoteuse.........................171

Pain de viande à l'italienne....................177

Porc à la jamaïcaine...........................174

Porc aux fruits séchés.........................171

Porc braisé aux pommes de terre
et au vin blanc...................................97

Porc braisé aux pommes.......................167

Porc effiloché en sauce........................165

Ragoût de porc à la hongroise................93

Ragoût de porc au fenouil
et à la courge.....................................91

Ragoût de porc aux oignons perlés
et aux champignons..98

Ragoût de porc aux tomates
et au fenouil..87

Rôti de porc au cinq-épices........................168

Rôti de porc aux oignons........................163

Rôti de porc aux piments chilis........................166

Sauce bolognaise........................186

Tacos au porc effiloché à l'ananas........................170

Potage au chou-fleur........................45

Potage aux carottes........................51

Potage aux patates douces rôties........................52

Potage aux poireaux et aux carottes........................48

Potage aux tomates, au poivron grillé
et au piment chili........................57

Pot-au-feu à l'espagnole........................146

Pot-au-feu à la jamaïcaine........................77

Pot-au-feu traditionnel........................149

Pouding au pain et aux abricots........................252

Pouding au riz........................253

Pouding aux petits fruits à l'ancienne........................250

Poulet et volaille

Bouillon de dindon........................63

Bouillon de poulet maison........................64

Cari de poulet........................111

Casserole de poulet à l'espagnole........................114

Cassoulet au poulet et au porc........................139

Chili au dindon et aux haricots noirs........................125

Chili au poulet........................122

Gombo au poulet et aux saucisses........................106

Hauts de cuisses de poulet, sauce
crémeuse au beurre d'arachides........................117

Poulet à l'aigre-douce........................113

Poulet à l'indonésienne,
sauce au beurre d'arachides........................124

Poulet à la marocaine........................109

Poulet au cari vert à la thaïe........................121

Poulet au paprika........................112

Poulet aux 40 gousses d'ail........................104

Poulet aux champignons........................105

Poulet aux haricots noirs........................108

Poulet braisé au citron, au fenouil
et à l'ail, sauce au citron........................119

Poulet glacé au soja........................120

Ragoût de poulet aux boulettes
de pâte........................116

Soupe au dindon et aux nouilles........................39

Soupe au poulet et aux nouilles........................39

Soupe aux boulettes de dindon........................40

Sous-marins aux boulettes
de dindon........................203

Tajine de poulet aux raisins secs........................136

Protéines de soja (voir aussi Tofu)

Pâté chinois végétarien........................207

Tacos végé........................132

Purée de courge épicée........................226

Purée de patates douces........................226

Purée de pommes de terre au chou........................228

Purée de pommes de terre au chou-fleur..228

Purée de pommes de terre et de céleri-rave..228

Purée de rutabaga et de pomme........................222

R

Ragoût à la grecque........................73

Ragoût d'agneau à la courge
et à la menthe........................100

Ragoût d'agneau aux haricots de Lima........................103

Ragoût de boeuf à l'ail rôti et aux légumes...71

Ragoût de boeuf à l'américaine........................75

Ragoût de boeuf à l'ancienne........................79

Ragoût de boeuf au paprika........................93

Ragoût de porc à la hongroise........................93

Ragoût de porc au fenouil et à la courge......91

Ragoût de porc aux oignons perlés
et aux champignons........................98

Ragoût de porc aux tomates
et au fenouil........................87

Ragoût de poulet aux boulettes
de pâte........................116

Ratatouille aux pois chiches........................134

Riz

Pouding au riz........................253

Riz aux haricots rouges........................230

Riz sauvage........................234

Riz sauvage aux champignons........................234

Riz sauvage aux fines herbes........................234

Riz sauvage aux noix........................234

Salade de riz sauvage........................234

Soupe aux légumes, au boeuf haché
et au riz........................30

Rôti d'agneau et haricots verts,
sauce balsamique........................178

Rôti de boeuf aux champignons........................150

Rôti de boeuf aux panais et aux navets........................152

Rôti de boeuf braisé au gingembre........................148

Rôti de porc au cinq-épices........................168

Rôti de porc aux oignons........................163

Rôti de porc aux piments chilis........................166

Rutabaga

Boeuf salé........................156

Potage aux carottes........................51

Purée de rutabaga et de pomme........................222

Ragoût de boeuf à l'ancienne........................79

S

Salade chaude de haricots et de fenouil....241

Salade de riz sauvage........................234

Sauce à l'aubergine et aux saucisses........................188

Sauce à spaghetti aux tomates
et aux fines herbes........................187

Sauce au boeuf braisé et au romarin........................190

Sauce aux tomates et aux champignons..191

Sauce aux tomates et aux lentilles........................196

Sauce aux tomates et aux poivrons
rouges grillés........................195

Sauce barbecue........................216

Sauce barbecue à l'érable........................217

Sauce bolognaise........................186

Sauce consistante aux tomates........................191

Sauce marinara........................194

Sauce puttanesca........................193

Saucisses

Casserole de haricots noirs
aux saucisses........................214

Casserole de moules, de poisson
et de saucisses........................126

Casserole de saucisses
aux champignons........................85

Casserole de saucisses aux tomates........................96

Cassoulet au poulet et au porc........................139

Chili au boeuf
et aux saucisses italiennes........................143

Choucroute traditionnelle........................175

Gombo au poulet et aux saucisses........................106

Minestrone aux saucisses........................38

Sauce à l'aubergine et aux saucisses........................188

Soupe aux haricots noirs et au chorizo....34

Soupe aux saucisses
et à la bette à carde........................33

Sirop d'érable

Carottes et panais glacés à l'érable
et à la moutarde........................223

Sauce barbecue à l'érable........................217

Soupes et potages

Bortsch aux légumes........................49

Bouillon de dindon 63

Bouillon de poulet maison................... 64

Chaudrée de crevettes et de poisson 41

Minestrone aux saucisses 38

Potage au chou-fleur........................ 45

Potage aux carottes 51

Potage aux patates douces rôties 52

Potage aux poireaux et aux carottes 48

Potage aux tomates, au poivron grillé
et au piment chili 57

Soupe à l'oignon, croûtons au gruyère 44

Soupe à l'orge et aux lentilles............. 61

Soupe à la courge et aux crevettes
à la thaïe 43

Soupe au dindon et aux nouilles 39

Soupe au poulet et aux nouilles 39

Soupe aux boulettes de dindon 40

Soupe aux champignons et à l'orge 31

Soupe aux champignons exotiques 56

Soupe aux épinards et aux raviolis......... 54

Soupe aux haricots noirs et au chorizo.... 34

Soupe aux haricots rouges
et au bacon 35

Soupe aux légumes, au boeuf haché
et au riz 30

Soupe aux lentilles citronnée.............. 62

Soupe aux lentilles et aux pois chiches ... 59

Soupe aux lentilles, aux pois chiches
et aux haricots à l'indienne 60

Soupe aux lentilles, aux pois chiches
et aux haricots à la mexicaine 60

Soupe aux pois 36

Soupe aux saucisses
et à la bette à carde....................... 33

Soupe crémeuse à la courge,
coulis de poivrons rouges 53

Soupe hongroise
aux pommes de terre 46

Sous-marins aux boulettes de dindon 203

Spaghettis, sauce aux boulettes
de viande 202

T

Tacos au boeuf haché....................... 132

Tacos au porc effiloché à l'ananas 170

Tacos végé................................. 132

Tajine de poulet aux raisins secs 136

Tartinade aux haricots blancs
et à l'ail rôti 20

Tartinade aux haricots noirs
et au cheddar 20

Thé chaud à la canneberge 22

Tofu

Cari aux légumes et au tofu
à la thaïe 130

Tofu braisé à la chinoise................. 129

Tomates et jus de tomate

Boisson chaude à la tomate et au céleri.. 25

Bortsch aux légumes 49

Casserole de courge au maïs
et aux haricots de Lima................... 238

Casserole de saucisses aux tomates 96

Chili au boeuf et aux pois chiches 83

Chili au dindon et aux haricots noirs 125

Chili aux haricots noirs,
salsa à l'avocat 131

Chili végétarien 141

Cigares au chou........................... 206

Cigares au chou à l'orge
et aux tomates 209

Gombo au poulet et aux saucisses 106

Jarrets d'agneau braisés à l'italienne ... 179

Jarrets d'agneau braisés
à la provençale 182

Lasagne aux épinards, sauce
aux tomates et aux champignons 204

Potage aux tomates, au poivron grillé
et au piment chili 57

Poulet au paprika 112

Ragoût à la grecque 73

Ragoût de porc aux tomates
et au fenouil 87

Ratatouille aux pois chiches............. 134

Sauce à l'aubergine et aux saucisses 188

Sauce à spaghetti aux tomates
et aux fines herbes....................... 187

Sauce au boeuf braisé et au romarin..... 190

Sauce aux tomates
et aux champignons 191

Sauce aux tomates et aux lentilles 196

Sauce aux tomates et aux poivrons
rouges grillés 195

Sauce barbecue 216

Sauce bolognaise 186

Sauce consistante aux tomates............ 191

Sauce marinara 194

Sauce puttanesca.......................... 193

Sous-marins aux boulettes
de dindon................................. 203

Tacos végé................................. 132

Trempette au fromage à la crème,
aux tomates séchées
et aux artichauts.......................... 14

V

Veau

Casserole de veau aux champignons 82

Osso buco au vin blanc 80

Pain de viande à l'italienne 177

Viandes (voir nom de l'espèce)

Vin

Boeuf bourguignon......................... 69

Boeuf braisé au vin rouge 76

Côtes levées de boeuf,
sauce au vin rouge 162

Osso buco au vin blanc 80

Poitrine de boeuf au vin rouge........... 155

Porc braisé aux pommes de terre
et au vin blanc 97

Vin blanc chaud........................... 21

Vin rouge chaud à la canneberge.......... 21

crédits photos

Michael Alberstat
Pages 118 et 159

Luis Albuquerque
Page 23

James Baigrie
Pages 2 et 137

Yvonne Duivenvoorden
Pages 26, 32, 47, 50, 58, 74, 81, 90, 110, 115, 127, 133,
147, 164, 172, 180, 197, 200, 221 et 270

Alexandra Grablewski
Page 138

Kevin Hewitt
Pages 37, 135, 194, 205 et 232

Edward Pond
Pages 42, 68, 86, 123, 151 et 229

Jodi Pudge
Pages 8, 15, 19, 55, 94, 101, 107, 154, 169, 176, 208,
215, 224, 237, 245, 251, 255 et 258

David Scott
Pages 102, 189 et 240

iStockphoto/Barbro Bergfeldt
Page 27

iStockphoto/Andrzej Burak
Page 89

iStockphoto/Kevin Dyer
Page 56

iStockphoto/Tatiana Emshanova
Page 65

iStockphoto/Stephanie Frey
Page 217

iStockphoto/Lasse Kristensen
Page 261

iStockphoto/Jon Larson
Page 190

iStockphoto/Inga Nielsen
Page 73

iStockphoto/Marina Parshina
Page 83

iStockphoto/Lauri Patterson
Page 124

iStockphoto/ranplett
Page 223

iStockphoto/RedHelga
Pages 160 et 247

iStockphoto/Frans Rombout
Page 35

iStockphoto/Elena Schweitzer
Page 183

iStockphoto/Sally Scott
Page 248

iStockphoto/Helen Shorey
Page 239

iStockphoto/Alasdair Thomson
Pages 211 et 226

iStockphoto/Natallia Yaumenenka
Page 21

iStockphoto/YinYang
Page 24

Nous remercions
les stylistes culinaires
qui ont rendu
ces recettes
si appétissantes:
Julie Aldis,
Donna Bartolini,
Carol Dudar,
Lucie Richard,
Claire Stancer,
Claire Stubbs
et Nicole Young.

Nous remercions
également les
stylistes accessoires
qui ont apporté leur
touche spéciale:
Catherine Doherty,
Lynda Felton,
Marc-Phillipe Gagné,
Maggi Jones
et Oksana Slavutych.

Enfin, nous
remercions de
leur collaboration
les magazines
*Canadian Living,
Family Circle*
et *Better Homes and
Gardens* ainsi que le
Centre de production
partagé de Médias
Transcontinental
(Montréal).

Les Éditions Transcontinental
1100, boul. René-Lévesque Ouest, 24e étage
Montréal (Québec) H3B 4X9
Téléphone : 514 392-9000 ou 1 800 361-5479
www.livres.transcontinental.ca

Pour connaître nos autres titres, consultez
www.livres.transcontinental.ca.
Pour bénéficier de nos tarifs spéciaux s'appliquant aux
bibliothèques d'entreprise ou aux achats en gros,
informez-vous au 1 866 800-2500.

Catalogage avant publication de Bibliothèque
et Archives nationales du Québec et Bibliothèque
et Archives Canada
Nos 180 meilleures recettes à la mijoteuse
(Coup de pouce)
Comprend un index.
ISBN 978-2-89472-461-3
1. Cuisson lente à l'électricité. I. Titre: Nos cent
quatre-vingts meilleures recettes à la mijoteuse.
II. Collection: Collection Coup de pouce.

TX827.N67 2010   641.5'884   C2010-941836-0

Rédactrice en chef de la bannière *Coup de pouce*:
Mélanie Thivierge
Coordonnatrices de la rédaction:
Marie-Annick Lalande, Isabel Tardif
Traduction: France Giguère
Révision et correction:
Jeanne Demers, Pierrette Dugal-Cochrane
Conception graphique: Marie-Josée Forest
Infographie: Diane Marquette
Impression: Transcontinental Interglobe
Photo de la couverture avant: photographie, Jodi Pudge;
stylisme culinaire, Claire Stubbs; stylisme accessoires, Lynda Felton.

Imprimé au Canada
© Les Éditions Transcontinental, 2010
Dépôt légal – Bibliothèque et Archives nationales du Québec,
4e trimestre 2010
Bibliothèque et Archives Canada

Nous reconnaissons l'aide financière du gouvernement du Canada
par l'entremise du Fonds du livre du Canada pour nos activités d'édition.
Nous remercions également la SODEC de son appui financier (programmes
Aide à l'édition et Aide à la promotion).

ASSOCIATION NATIONALE DES ÉDITEURS DE LIVRES

Les Éditions Transcontinental sont membres de
l'Association nationale des éditeurs de livres.